古代歷史文化研究輯刊

二六編

王明蓀 主編

第 15 冊

明代水利社會史研究論集（下）

蔡泰彬 著

國家圖書館出版品預行編目資料

明代水利社會史研究論集(下)／蔡泰彬 著 -- 初版 -- 新北市：
花木蘭文化事業有限公司，2021〔民110〕
目 2+172 面；19×26 公分
（古代歷史文化研究輯刊 二六編；第 15 冊）
ISBN 978-986-518-598-5（精裝）
1. 水利工程 2. 歷史 3. 明代
618   110011825

ISBN-978-986-518-598-5

古代歷史文化研究輯刊
二六編　第十五冊　　　　　　ISBN：978-986-518-598-5

明代水利社會史研究論集（下）

作　　者　蔡泰彬
主　　編　王明蓀
總 編 輯　杜潔祥
副總編輯　楊嘉樂
編　　輯　許郁翎、張雅淋、潘玟靜　美術編輯　陳逸婷
出　　版　花木蘭文化事業有限公司
發 行 人　高小娟
聯絡地址　235 新北市中和區中安街七二號十三樓
　　　　　電話：02-2923-1455／傳真：02-2923-1452
網　　址　http://www.huamulan.tw 信箱 service@huamulans.com
印　　刷　普羅文化出版廣告事業
初　　版　2021 年 9 月
全書字數　434817 字
定　　價　二六編 32 冊（精裝）台幣 88,000 元

明代水利社會史研究論集（下）

蔡泰彬　著

目

次

明代黃河沿岸州縣生祠之建置與水患災民賑濟

一、前言

　　黃河史上，明代河患最為嚴重，依近人沈怡之統計，明代二百七十六年，河患高達七百次（溢一三八，決三一六，大水二四六）；〔註1〕論其原因，「治黃（河）保漕（河）」影響治理黃河之成效。

　　黃河中下游沿岸州縣既飽受水患，若地方長官能體恤民艱，施予救濟，則百姓感恩不盡，為表達敬意，乃在地方為其建立生祠。故本文擬藉臨黃河沿岸州縣建置與水患有關之生祠，探討以下三個問題，第一，黃河水患災傷：此問題，雖然拙著《晚明黃河水患與潘季馴之治河》，第一章第二節，〈臨河州縣罹河患〉，已就「城池遷徙」、「人口遷移」、「田土漂蕩」三方面，予以論述，〔註2〕但仍無法全面反應災情；茲再以「田土流失」、「鬻妻賣子」、「村里驟減」、「河工弊政」四方面補強其內容，尤其著重河工弊政對於社會經濟之危害。第二，生祠之建置：欲藉此祠廟之建立，一則論述其建置之意義，以反應明代地方之風俗民情；二則為瞭解河患發生時，各州縣採行之濟民措施；三則為賑濟災民，甚多官員對於地方有重大貢獻，藉此表彰其事

〔註1〕沈怡，《黃河問題討論集》（臺北，臺灣商務印書館，1971），附錄六，〈黃河史料之研究〉，頁381。

〔註2〕蔡泰彬，《晚明黃河水患與潘季馴之治河》（臺北，樂學書局，1998），第一章第二節，〈緒論·臨河州縣罹河患〉，頁9～59。

功。第三,賑濟事蹟:有關明代災荒賑濟之研究,蔣武雄教授之博士論文《明代災荒與救濟政策之研究》,已全面探討各種自然災害發生時,為避免百姓流離失所,無以維生,平時所採行之救濟措施(恤貧、慈幼、醫療、助葬),以及災荒發生時之救濟方策(賑濟、調粟、治蝗、施粥);〔註3〕本文則配合各生祠建置之事蹟,針對黃河水患,深入探討河患較為嚴重州縣,為安定民生、招撫流民,所採行之興革措施(治河修堤、蠲免馬價、緝捕盜賊、裁減冗員)。

以上三問題為本文主要探討內容,希對於明代社會經濟史之研究園地有些許貢獻。

二、河患災傷

黃河潰決,災情必然慘重,茲以萬曆十五年(1586)七月十日黃河潰決儀封縣(河南蘭陽北)為例說明之。是日夜黃河水暴漲,洪水沖決縣城,「哀鳴慟苦之聲」遍於城內,僉都御史張鹵(儀封縣人)為反應災情,遂作「七哀歌」,茲載其中三首:

> 萬口嗷嗷百姓苦,旱極猶自思甘雨,可憐河漲更滔天,
> 眼看漂蕩無環堵,周圍波浪浮城闉,四野陸沈誰更數,
> 嗚呼一歌兮歌已慼,浪浪淚巾幅。

> 昨日飢民滿道周,丟兒棄女徧田疇,人人環視空悲嘆,
> 家家無食誰敢收,三更河漲陸如此,漂流應到海東頭,
> 嗚呼五歌兮悲切,眼中淚盡心流血。

> 新河決防十一股,皆是南通舊河潯,陵寢、河漕最緊關,
> 休教到天成尺五,幾欲作書與河公,姓名怕去投官府,
> 嗚呼六歌兮歌自嗟,邵平且救青門瓜。〔註4〕

此三首哀歌,悲淒反應:朝廷整治黃河,首重漕河、陵寢(祖陵、壽春諸王墳),而忽視民生,以致水患發生後,災民無以為生,不得不「丟兒棄女徧田疇」;由於「家家無食誰敢收」,只好「人人環視空悲嘆」。

〔註3〕蔣武雄,《明代災荒與救濟政策之研究》(臺北,中國文化大學史學研究所博士論文,1986),第三章,〈明代平時之救濟措施〉;第四章,〈明代災荒時之救濟工作〉,頁242~406。

〔註4〕清紀黃中,《儀封縣志》(臺北,成文出版社,1968,民國26年鉛印本),卷12,〈七哀歌〉,頁34。

前述災情並非個案，而是黃河中下游沿岸州縣重罹水患後，普遍存在之現象。為闡述明代黃河水患實情，茲分以下四方面論述。

（一）田土流失

黃河潰決，河道改遷，必將原為耕植之土地徒奪為河道，例如：

儀封縣，於弘治年間（1488～1505），黃河流經縣北，河道寬處有三里，狹窄處有一、二里，每逢黃河水潰決，不僅洪水沖淹田土，造成「東坍西塌，歲無虛日，甚至一村一落，百數十頃，盡入河渚，舊日大家，今為貧民，舊稱多丁，今盡亡。」而且為開挑減水河道以疏洩洪水，亦挖毀民田，「何啻數百餘頃」。〔註5〕由於田土坍塌無常，此為該縣「民窮財盡」之根源，故云：「黃河，自古為中國之害，于今尤為儀封大害。」〔註6〕

中牟縣（河南中牟）：正統十三年（1448），黃河沖決該縣朱固村之民田一百五十餘頃；又天順五年（1461），黃河北徙，不僅沖灌縣城，且徒奪聖水、敏德、原敦等里之民田二百一十七頃。〔註7〕至正德十年（1515），總計遭受黃河水「坍塌、衝作河道，及開河決壞，及兩崖土壓，被水淹占，不堪耕種」之田土，有六百零九頃七十一畝。〔註8〕

魚臺縣（山東魚臺）：從萬曆三十一年（1603）黃河決於單縣（山東單縣）蘇家莊後，黃河全流向北流，由於黃河水高於縣城「二、三尺」，以致該縣淪為「水國矣」，經查「十五之地，存者一舍有餘，八千餘頃之田，存者不及千頃。」〔註9〕

從以上三州縣，可知：沿河州縣之田土，遭黃河水徒奪後，有產之家，頓成貧戶。

（二）鬻妻賣子

黃河水患造成此一人倫悲劇之原因有二：

1. 缺乏糧食。農作物遭洪水浸淹，米價隨之高漲，如成化二年（1466），

〔註5〕清紀黃中，《儀封縣志》，卷12，〈與徐都憲朝儀書〉，頁3。

〔註6〕明不著撰人，《嘉靖·儀封縣志》（上海，上海書局，天一閣藏明代方志選刊續編，明藍絲抄本），卷上，〈黃河〉，頁116。

〔註7〕清孫和相，《中牟縣志》（清乾隆19年刻本），卷1，〈祥異〉，頁66。

〔註8〕明張民表，《中牟縣志》（明天啟6年刊本），卷2，〈稅糧〉，頁16。

〔註9〕明溫體仁，《明神宗實錄》（臺北，中央研究院歷史語言研究所，1966，北平圖書館紅格鈔本），卷408，頁2，萬曆33年4月己酉條。

潁州（安徽）水患，「斗米百錢」；〔註10〕又萬曆二十二年（1594），河南水患，「米石值五兩」。〔註11〕是時地方政府若未能開倉賑米，設廠煮粥，災民為求生存，被迫鬻妻賣子，如景泰五年（1454），淮安（江蘇淮安）等府，相繼發生大水，百姓「或食野菜、樹皮，或鬻賣妻妾、子女。」〔註12〕又弘治十四年（1501），徐州（江蘇銅山）、開封（河南開封）等所屬州縣遭黃河沖決，「人民流移滿道，十室九空，攜男帶女，鬻賣易食，啼號奔走。」〔註13〕又嘉靖二年（1523）、淮安、揚州（江蘇）、鳳陽（安徽鳳陽）、徐州、邳州（江蘇邳縣）諸府州，「水潦一望，百里之內，寂無爨煙」，以致男女幼童，論斤而賣，十餘歲者，僅得「二、三十錢」；賣妻者，亦僅者「銀數錢」而已。〔註14〕又嘉靖三十八年（1610），盱眙縣（安徽泗縣東南）遭淮河水逆浸，所屬四鄉，「鬻男女者，萬餘人。」〔註15〕又崇禎五年（1632），鹽城（江蘇鹽城）、興化（江蘇興化）等縣遭黃、淮二河水之浸灌，由於乏食，典賣妻子，僅得「銅錢三十餘文」；〔註16〕甚至因無人出價購買，被迫「母子相視痛哭，投水而死」，〔註17〕或「易子而食」。〔註18〕

　　2. 未減賦役。嘉靖十六年（1537）總理河道副都御史（以下簡稱總河官）劉天和於《問水集》一書中，引用蔡石岡之一段話：「黃河南徙，國家之福，

〔註10〕 明鄱陽胡，《潁州志》（上海，上海書局，天一閣藏明代方志選刊續編），卷1，〈郡紀〉，頁17。

〔註11〕 明鍾化民，《賑豫紀略》（臺北，新文豐出版社，1986），卷5，〈鍾忠惠公賑豫紀略〉，頁17。

〔註12〕 明何高遠，《名山藏》（臺北，成文出版社，1971，明崇禎13年刊本），〈英宗二〉，頁2。

〔註13〕 明馬文升，《端肅奏議》（臺北，臺灣商務印書館，1986，文淵閣四庫全書），卷10，〈賑恤飢民以固邦本事〉，頁1。

〔註14〕 明沈朝陽，《皇明嘉隆兩朝聞見錄》（臺北，臺灣學生書局，1969，明萬曆原刊本），卷1，頁106，嘉靖2年11月；明張鹵，《皇明嘉隆疏鈔》（明萬曆間刊本），卷8，〈懇乞俯恤非常災變停止作罷織造以固邦本以全聖德〉，頁55。

〔註15〕 清王錫元，《盱眙縣志稿》（臺北，成文出版社，清光緒17年刊本），卷14，〈祥祲〉，頁20。

〔註16〕 《皇明嘉隆疏鈔》，卷4，〈憫念地方災傷重大停止差官織造事〉，頁45。

〔註17〕 《皇明嘉隆疏鈔》，卷4，〈憫念地方災傷重大停止差官織造事〉，頁45。

〔註18〕 黎德芬，《夏邑縣志》（臺北，成文出版社，民國九年石印本），卷9，〈雜志〉，頁2；「萬曆三十二年甲辰，大飢，人相食。」又清周璣，《杞縣志》（清乾隆53年刻本），卷2，〈祥異〉，頁11：「嘉靖十七年，夏六月，大水，民飢相食。」又清張元鑑，《虞城縣志》（清乾隆10年刻本），卷6，〈災異〉，頁3：「萬曆二十六年甲辰大飢，人相食，河役繁興。」

運道之利也。當衝郡邑，作堤障之，不壞城郭已矣；被災軍民，免其租役，不至流徙已矣。」〔註19〕此段議論認為：黃河下游河道（徐州以東河道）導向南流，會同淮河入海，此一流向是「國家之福，運道之利」；至於黃河流經州縣，必然帶來嚴重水患，為避免水患造成民困與流徙，一則構築護城堤防以保護州縣城池，二則減除災民之賦役。但事實上，沿河州縣發生水患時，朝廷常不能立即而主動的減免賦役，如原武縣（河南原武），嘉靖三十二年（1553），「河決縣境，沃壤化為沙鹵，而賦稅猶前。」〔註20〕又夏邑縣（河南夏邑），依《嘉靖·夏邑志》載：「以百里卑濕，當（黃）河下流，時為洪水泛溢，民即蕩析離居，且賦役無減於常制，供費猶埒於他邑。」〔註21〕又萬曆三十三年（1595），為挽救泗州祖陵水患，於桃源縣（江蘇泗陽）開挑黃家壩新河以分洩黃河水，經由安東縣（江蘇漣水）入海；因此一分水河道佔用清河縣（江蘇淮陰東北）之田地計二千九百餘頃，導致百姓「包納無地之糧」。〔註22〕可見災區之百姓未能即時獲減賦役，災民為籌措稅款，常有鬻妻賣子之事發生，例如：

汜水縣（河南汜水）：其臨黃河兩岸有河灘地三百零七頃，於萬曆四十二年（1614），將該地賜予福王為養贍田，由農民承租耕作，每畝歲租銀三分。後黃河徙奪此地為河道，但承租者仍須繳納田租，導致「賣妻鬻子」繳納，或「逃散四方者無數」；至天啟二年（1622）徐成治出任知縣後，方奏請免徵。〔註23〕

興化縣：於隆慶、萬曆年間，該縣迭遭水患，「田變江湖」，百姓流徙，僅存「一、二遺黎」，但仍徵「全糧」，災民被迫「賣子鬻女」。〔註24〕

洪泛區未能即時賑濟米糧和減除賦役，是導致骨肉離散之主因。

〔註19〕 明劉天和，《問水集》（臺北，文海出版社，1970），卷1，〈治河之要〉，頁13。

〔註20〕 明張祥，《原武縣志》（明萬曆22年刊本），卷上，〈田賦〉，頁12。

〔註21〕 明李念，《嘉靖·夏邑縣志》（上海，上海書局，天一閣藏明代方志選刊），卷1，〈疆域〉，頁4。

〔註22〕 明畢自嚴，《度支奏議》（明崇禎6年刊本），四川司一，〈清河災民陳乞寬卹疏〉，頁80。

〔註23〕 清許勉燉，《汜水縣志》（清乾隆9年刊本），卷5，〈職官〉，頁24；又清吳與傳，《汜水縣志》（清順治15年刊本），卷3，〈官制紀〉，頁7。

〔註24〕 明歐陽東鳳，《興化縣志》（明萬曆19年刊本），卷3，〈人事紀上·直隸揚州府高郵州、興化縣災民謹奏〉，頁68。

（三）村里驟減

沿河州縣飽受水患，百姓逃徙，人口銳減，為避免村里內殘存見在百姓，擔負全里甲之賦役，必須合併村里。

村里之裁併，於黃河中游河道（潼關至徐州城），從知見資料，僅知金鄉縣（山東金鄉）於明初原有四十里，「尋遭黃河為患，民漸流移」，於嘉靖年間（1522～1566）併為二十四里。〔註25〕又夏邑縣（河南夏邑），原有六鄉三十八村，於嘉靖年間，亦因「近圮於河，蕩析離居，十不能存五、六」，遂廢除二十三村，僅存十五村。〔註26〕至於黃河下游沿岸州縣，由於晚明之黃河水患，主要發生於此，村里裁併情形，見於下表：

表一：晚明黃河下游沿岸州縣村里裁併知見表

縣　名	原里數	裁併時間	存留里數	資料來源
清河（江蘇淮陰東北）	40	嘉靖年間（1522～1566）	20	明孟仲遴，《清河縣志》（明嘉靖 30 年刊本），卷 1，〈里甲〉，頁 10。
沛縣（江蘇沛縣）	38	萬曆 9 年（1581）	30	明羅志學，《沛志》（明萬曆 37 年序刊本），卷 6，〈輿地志〉，頁 8。
蕭縣（河南蕭縣）	46	萬曆 10 年（1582）	37	《明神宗實錄》，卷 120，頁 5，萬曆 10 年 1 月壬午條。
安東（江蘇漣水）	61	萬曆 10 年（1582）	40	《明神宗實錄》，卷 120，頁 5，萬曆 10 年 1 月壬午條。
興化（江蘇興化）	108	崇禎 4 年（1631）	62	明吳甡，《淮南吳柴菴疏集》（臺北，偉文出版社，1976），卷 17，頁 7。
睢寧（江蘇睢寧）	34	崇禎 5 年（1632）	17	明畢自嚴，《度支奏議》（明崇禎 6 年刊本），卷 3，〈四川司五〉，頁 107。

從上表，清河等六縣之里數，於晚明均有大幅度裁併，其裁減之原因，從《萬曆‧沛志》載：

> 邑舊為里三十八，自嘉靖乙丑（四十四年）河變後，田廬蕩析，人民流徙，版籍空存，而戶口日趨凋落。萬曆九年，知縣周治升諜諸

〔註25〕清孫巽，《金鄉縣志》（清乾隆 33 年刊本），卷 8，〈方杜〉，頁 1。
〔註26〕明李念，《嘉靖‧夏邑縣志》，卷 1，〈鄉村〉，頁 6。

當道，報可，遂併為三十里。〔註27〕

又《康熙·興化縣志》載：

> 原設興化一百八里，……後隆慶、萬曆以來，迭遭大水，……是以民無可耕之田，野無可棲之地，災變異常。……前知縣底蘊，因見民窮消耗，併一百八里為七十二里；後知縣程鳴伊復因逃亡接踵，版圖虛空，又併為六十二里。〔註28〕

又《明神宗實錄》載：

> 萬曆五年一月壬午，戶部覆鳳陽巡撫凌雲翼題淮安府屬安東縣原額六十一里，徐州屬蕭縣四十六里，沛縣三十八里。邇因黃河變遷，地失人逃，議併安東縣為四十里，蕭縣三十七里，沛縣三十里。〔註29〕

可知村里合併之主因在於黃河之水患，而睢寧、安東、清河等三縣，各於隆慶三年（1569）、萬曆九年（1581）、崇禎四年（1631），因村里一再裁減，以及田土遭黃河之淤沙淹浸，不長五穀，曾有廢縣之議。〔註30〕

（四）河工弊政

整治黃河之重大工程，其河夫之徵調，為何嚴重危害當地之民生與經濟，茲分二方面論述：

1. 河工艱困

開挑河道等工程，被徵派治河之河夫，不僅疲於奔命，而且因工程艱巨而死傷累累，例如：

（1）南陽新河：嘉靖四十四年（1565），工部尚書朱衡為避免黃河潰決，洪水屢次沖阻「閘漕」（臨清州城至徐州城之運道，長六百八十九里）南段運道，乃於昭陽湖（沛縣、滕縣間，周圍八十餘里）東岸，另開一條新運道，稱為「南陽新河」（從魚臺縣南陽至沛縣留城，長一百四十一里）。（見圖一）朱衡為求治河工程能順利如期完成，催督嚴峻，以致河夫死傷無數，飽受各方

〔註27〕明羅志學，《萬曆·沛志》（明萬曆37年序刊本），卷6，〈輿地志〉，頁9。
〔註28〕清張可立，《興化縣志》（清康熙24年重修本），卷3，〈興民縣災民本〉，頁33。
〔註29〕《明神宗實錄》，卷112，頁3，萬曆9年5月丙子條。
〔註30〕同前註。又《度支奏議》，四川司一，〈題為清河災民陳乞寬卹疏〉，頁80；又清葛之莫，《睢寧縣舊志》（清康熙22年重修本），卷9，〈災祥〉，頁2。

指責，如《伯仲諫臺疏草》載：

> 蓋由（朱）衡剛愎自用，……及工之難成，復驅民於不可堪之法，
> 張銅鍘之刑，布腰斬之令，鞭笞之辱，濫及于州縣正官。……且當
> 天氣沍寒，謾不加恤，斃非命而殞凍餒者，不下萬餘。〔註31〕

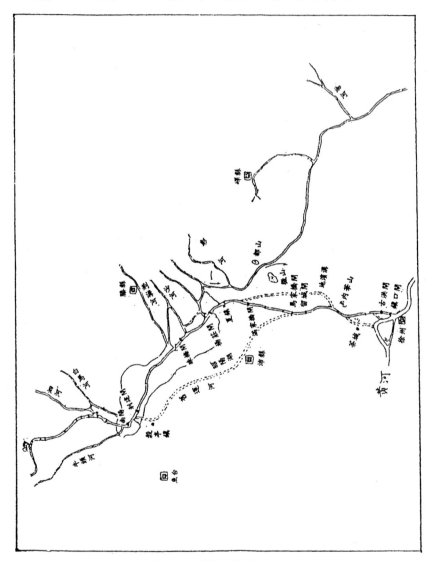

圖一：明代南陽新河圖

（採自武同舉，《淮系年表全編》，淮河歷史分圖五十三）

〔註31〕明鄭欽，《伯仲諫臺疏草》（臺北，新文豐出版社，1986，叢書集成新編），卷
上，頁 12。

又《竹澗集》載：

> 值（黃）河溢於漕（河），任事者（朱衡）方興新河之役，死者數千，
> 人心洶洶。〔註32〕

又《明世宗實錄》載：

> 有謂（朱）衡擅用腰斬截髮之刑，致使（死）萬餘人者，給事中鄭
> 欽信之，上疏言。〔註33〕

從前引資料，朱衡擅用「腰斬截髮之刑」，以致河夫之每日工食銀，原僅二兩，
茲則調高為四、五兩，百姓仍不願應役，論其原因：「皆憚（朱）衡威過峻，
人人自危，如入虎穴，莫肯承應。」〔註34〕但朝廷頗能體會「非常之功，怨
謗易起」，〔註35〕予以鼎力支持，此新河工程方能竣工。

（2）曹縣（山東曹縣）王家口新河工程：萬曆二十九年（（1601），黃河
決於商邱縣（河南商邱）蕭家口（縣東北三十里），河水分為兩道，其中一道
向西南流，循睢河於宿遷縣小河口入「河漕」運道（徐州城至淮安府城，長六
百零五里）；另一道則朝南流，循澮河於五河縣（安徽五河）入淮河。（見圖
二）徐州至邳州間之「河漕」運道，因缺乏黃河水之灌注，以致「河身變成平
淤，商賈舟膠沙上。」〔註36〕為整治黃河，萬曆三十年（1602），河南巡撫曾
如春奉命治河，其治河方策，即從曹縣王家口開挑一道新河，經單縣、碭山
縣、至徐州城；以挽回南流之黃河水，導向東行入「河漕」運道。此次工程，
河夫治河實情，依《光緒‧曹縣志》載：

> 開河之役，聚十州縣正官於河岸，自秋徂冬，不得休息，每縣發丁
> 夫三千，月給直三千餘金，而里排親戚之運糧，行裝不與焉。蓋河
> 濱，薪草、米麥，一無所有；衣食之具，皆自家中運至。致兩岸屯
> 聚計三十餘萬人，穢氣薰蒸，死者相枕籍。一丁死則行縣補其缺者，
> 度日如歲，安能復計久遠。〔註37〕

〔註32〕明潘希曾，《竹澗集》（臺北，臺灣商務印書館，1976，文淵閣四庫全書珍本
　　　　七集），卷40，〈大司馬竹澗潘公傳〉，頁45。
〔註33〕明‧張居正，《明世宗實錄》（臺北，中央研究院歷史語言研究所，1965），卷
　　　　555，頁9，嘉靖45年2月甲午條。
〔註34〕明鄭欽，《伯仲諫臺疏草》，卷上，頁12。
〔註35〕明‧張居正，《明世宗實錄》，卷555，頁9，嘉靖45年2月甲午條。
〔註36〕明張廷玉，《明史》（臺北，國防研究院明史編纂委員會，1963），卷84，〈河
　　　　渠二，黃河下〉，頁890。
〔註37〕清陳嗣良，《曹縣志》（清光緒10年刊本），卷7，〈附謝肇淛雜記〉，頁1。

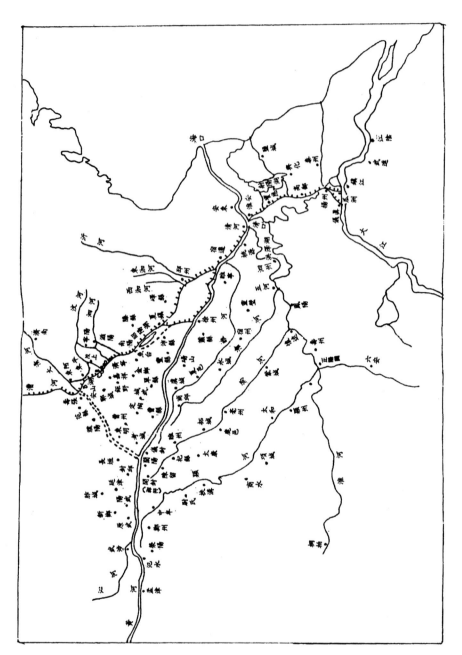

圖二：明代黃、淮、運三河形勢圖

又《康熙‧商邱縣志》載：

　　且治河之柳、之草、之夫，何出自乎？出於臨河各邑也。……明萬
　　曆三十年，河決荊隆口（封邱縣西南三十里），……議濬新河六百

里，強之北徙，大工之役，破中人之產，數百萬家。大工之後，繼

之瘟，染死者，又數百萬。〔註38〕

可知河夫從事治河，「衣食之具」均自行攜帶，由於數十萬河夫群聚河岸，容易傳染疾病，死者相枕籍。

（3）曹縣朱旺口治河工程。萬曆三十二年（1604）八月，黃河相繼決於單縣之朱旺口、蘇家莊，不僅沖阻「閘漕」南端運道，而且濟寧州（山東濟寧）、魚臺縣一帶，亦一片汪洋，總河官曹時聘惟恐河勢再往北遷，有沖阻會通河（閘漕北段運道）之憂。遂調集河夫五十萬人開挑單縣至徐州城間已淤塞之河道計一百七十里。此次河夫挑濬河道之情形，依《河工書》載：

當是時，河南諸郡邑，疲於奔命者無論，即歸德（府）九屬，役夫

八萬，自九月至明年四月，放水而始訖工。在工諸役，夜臥沮洳，

風雪之河干；畫屬帶水，連水之墊底。除夕元旦，依然在工，官不

歸私衙，民不離信地。逮春末夏初，寒濕之所漸染，飢勞之所損傷，

死於工所者，奚翅萬人。無主者，掩骼埋此肉，幾於無地；有家者，

輿尸負骨，哭聲震天。其扶病還家，擁腫瘠羸，三五相扶，倚樹側

臥田間而死者，不可勝計。〔註39〕

又《去偽齋文集・與陳肖平論河書》載：

亞於蘇家莊、朱旺口之決塞。……歸德一郡，流亡不啻過半，山東、

南直（隸）之民，亦可知矣。殘魂未附於羸骨，又拍之畚鍤之役，

東南郡邑，其何以堪。〔註40〕

可知河夫死於工所約有萬人，無家屬認領者，就地掩埋；若有人認領者，則「輿尸負骨，哭聲震天。」故沿河州縣百姓常因畏懼治河工役而逃徙，僅歸德一府，「流亡不啻過半。」

前述三例，均反應治河工程之艱辛，河夫在此環境下，從事築堤、濬河，其情緒必然低落，倘管理上稍有偏差，容易引發變動，如元順帝至正四年（1344），總治河防使賈魯發動軍民夫役十七萬人治理黃河，是時即流傳「石人隻眼之謠」。於明代，主持治河工程者，亦是謹慎防範，以免發生事故，如

〔註38〕清劉德昌，《商邱縣志》（清康熙44年刻本），卷16，〈賈開宗・治河議〉，頁27。

〔註39〕明呂坤，《河工書》（明刊本，呂新吾全書），〈與總河嗣山曹公論河啟〉，頁9。

〔註40〕明呂坤，《去偽齋文集》（明刊本，呂新吾全書），卷4，〈與陳肖平論河書〉，頁42。

景泰五年（1454）五月，僉都御史徐有貞整治沙灣（山東壽張縣東北三十里）決口，是時山東濟寧衛知事黃泰鑒於「民壯、夫匠、及囚徒無慮十餘萬，多有持兵器者」，惟恐治河官員督責過嚴，而生變動，乃奏請都察院沒收「非治河之具」。〔註41〕又嘉靖三十八年（1559）二月，黃河有沖灌開封府之勢，為分洩河水，擬開挑分水河道，此一工程亦考慮到「驅此六十萬愁苦之役，而責以數目，……萬一不逞，釀成他變，職恐中州所憂，不在黃河，而在荷鍤之眾矣。」〔註42〕

2. 河役擾民

整治黃河工程，備極艱辛，故百姓紛紛逃避之，因此如何徵調百姓從事河工，茲分明代前、後兩期論述：

於明代前期（嘉靖朝以前），僅知多徵調自臨河而未遭水患之州縣，如景泰四年（1453）六月，巡撫河南右都御史王暹修建開封府之護城堤防，所需河夫，「請於不被災府衛州縣，起倩軍夫，倍築大堤。」〔註43〕又天順元年（1457）三月，為修築祥符縣（河南開封）之堤防，「請令河南三司於無災州縣，量起夫修築。」〔註44〕又弘治八年（1495），副都御史劉大夏整治黃河，大學士李東陽即建言：「大名、河南均受河害，宜令滑（河南滑縣）、濬縣（河南濬縣）諸縣出夫，以助修濬。」〔註45〕

於明代後期（嘉靖朝以後），依隆慶六年（1572）十一月，管河副使章時鸞構築河南之黃河南岸堤防二百二十九里，「除調撥徭夫外，仍募夫十七萬七百。」〔註46〕又萬曆三十年六月，總河官曾如春開挑曹縣王家口新河工程，

〔註41〕 明陳文，《明英宗實錄》（臺北，中央研究院歷史語言研究所，1968），卷241，頁1，景泰5年5月壬子條。

〔註42〕 明張永明，《張莊僖文集》（臺北，臺灣商務印書館，四庫全書珍本三集），卷4，〈預杜河患疏〉，頁6；又清不著撰人，《御選明臣奏議》（臺北，華文書局，清乾隆46年刊本），卷24，〈李化龍‧議開泇河疏〉，頁39：「夫錢糧至四十萬，人夫至二十萬，……身不親為彈壓，儻一有謀呼，則二十萬眾仇讎矣，興工至此，害豈但河，臣之難也。」又《河工書》，〈與總河嗣山曹公論河啟〉，頁9，「如淇縣人夫，兩日供給不至，持鍤操挺者千餘人，挌歸（德）、睢（州）工役，而奪之食，死者數人，曰：歸德河患，役我彰德人，汝當食我。」

〔註43〕 《明英宗實錄》，卷230，頁2，景泰4年6月己丑條。

〔註44〕 同前書，卷276，頁5，天順元年3月癸酉條。

〔註45〕 明李上元，《盱眙縣志》（明萬曆23年刊本），卷10，〈公傳大學士長沙李東陽撰〉，頁19。

〔註46〕 《明神宗實錄》，卷7，頁12，隆慶6年11月己酉條。

有關河夫之起派，工部尚書姚繼可建言：「今可用夫七、八萬。而此七、八萬，先借河南、山東、鳳陽班軍；次宜借洪夫、閘夫及淮安牙募夫，總計二萬有餘，此輩有本等工食，每日每人加銀一分，約束頗易。然後議起民夫，選能幹有司統之，並力興作，河工自可計日就緒矣。」〔註47〕從前述二次治河工程，所需治河夫役，先借調班軍、漕河上各種徭役夫（洪夫、閘夫、淺舖夫等），不僅所費不多（其原領有工食銀，茲量加銀一分），管理上亦較容易；倘人數尚不足，再行招募民夫。

民夫之招募，依《萬曆‧沛志》載：「瀕河郡邑，閘（夫）、淺（夫）、停役諸夫，歲費不貲，民力告詘久矣。隆（慶）、萬（曆）來，迺有募夫之議。」〔註48〕可知此一夫役始於隆慶、萬曆年間。至於招募何人應役，若招自災區貧困百姓，實具有「賑濟民心」、「不擾民工作」之效益；〔註49〕但其多屬烏合之眾，難於管理，而且容易逃亡。因此，主持河務者為求工程能順利完成，則希望所需河夫能調派於各州縣所屬里甲，如萬曆三十三年（1605）十二月，工部覆總河官曹時聘條議大挑河道事宜：

> 募夫役，謂烏合之眾，漫無統紀。勢不能不借力於有司，議派山東募夫十萬、河南六萬、江北四萬，聽各司道，斟量均派，掌印官親押赴工，督糧開濬。〔註50〕

又《萬曆‧沛志》載：

> 于是一邑徵夫，多則二、三千名，小亦不下五、六百名，當道者初議，以招募之眾，渙而無統。下諸郡邑，代為編僉，意著之里甲，庶可勾攝易集，脫逃無患，旨給官銀，多則五分，少亦不下三分，非為空役吾民也。〔註51〕

晚明，徵調百姓從事河工，既以募夫為名，其實多徵派於州縣之里甲，各里甲則依據」「丁口」或「田畝」之多寡，揀派里人赴役。茲列舉三次治河工程為例說明：

〔註47〕同前書，卷373，頁4，萬曆30年6月癸巳條。

〔註48〕明羅志學，《萬曆‧沛志》，卷8，〈賦役志‧募夫議〉，頁21。

〔註49〕明章潢，《圖書編》（臺北，臺灣商務印書館，1973，四庫全書珍本五集），卷53，〈漕河事宜〉，頁69；又《萬曆‧興化縣志》，卷3，〈揚州府推官李春開海口議〉，頁44：「且以銀募夫，以力易食，興作之中，默寓賑濟之意。」

〔註50〕《明神宗實錄》，卷416，頁7，萬曆33年12月庚戌條。

〔註51〕明羅志學，《萬曆‧沛志》，卷8，〈賦役志‧募夫議〉，頁21。

（1）萬曆十二年（1584）十一月，禮部儀制司主事陳應芳言：「臣往見河工之舉，撫按下之司道，司道下之州縣，州縣下之里甲。里甲不足，于是以家貲之上下，為出夫之等第，籍名在官而趨之役，牌票進呼之擾，遍于閭閻，呼號怨謗之聲，盈于道路，其狀有不可勝言者。」〔註52〕

（2）萬曆十七年（1589），清河縣為構築月堤一百八十里以防範黃河水沖灌縣城，所需夫役，除徵調原有撈淺夫四十八名，另徵派民夫九百零四名，遂於縣內依地畝均攤，每三頃六十八畝二分七厘一毫，揀夫一名，日支工食銀三分。〔註53〕

（3）萬曆三十三年十月，總河官曹時聘挑濬黃河從單縣至徐州城之河道，乃下令招募「三省（山東、河南、南直隸）夫二十萬人」。招募方式，依汪若霖之〈河工役宜恤〉載：「今夫役之騷困極矣，名之曰：募，實非也，按畝算錢，計口賦丁，愚氓貿貿，猾胥為奸。」〔註54〕而河南省為求僉派能達於公平，有建言採行如下之方法：「或以里分，總計河南州縣，共若干里，每里派夫幾名；或以地畝，總計河南州縣，共若干頃，幾頃派夫一名。」〔註55〕

招募河夫既以丁口或田畝之多寡徵派，應役者雖每日領取工食銀約三分，但非災區之百姓，即使是貧戶，鑒於治河工程相當艱難，均望而生畏。此一驚懼之情，舉二實例說明：

（1）萬曆二十三年總河官楊一魁治理黃河，泗州、盱眙等地，如何招募二萬名河夫，依《漕撫疏草》記載：

> 在州，則以條銀一兩三錢六分，起夫一名；在縣，則以條銀三兩零三分，起夫一名。困苦久災之民，多不肯就，稍急之，則攜妻而去。頃以分黃、導淮，大工興舉，計里起夫，不啻十萬；半載遠役，而農效力，工效藝，家無寧居，一人在工，而仰失事，俯失育，室如懸磬；雖廩給優稿，處之甚周，然閭閻繹騷，亦勢所

〔註52〕《明神宗實錄》，卷155，頁2，萬曆12年11月丙午條。
〔註53〕清盧士傑，《清河縣志》（清乾隆57年刊本），卷18，〈藝文志·明賈待問修護河堤記〉，頁38。
〔註54〕明徐孚遠，《皇明經世文編》（臺北，國聯圖書公司，1964，明崇禎間刊本），卷469，〈汪若霖·河工丁役宜恤〉，頁6。
〔註55〕明呂坤，《去偽齋文集》（明刊本，呂新吾全書），卷3，〈與廉憲朱葆素均河夫書〉，頁20。

必至。〔註56〕

（2）萬曆三十三年總河官曹時聘整治單縣朱旺口之導河工程，依《汪給諫集》載：

> 夫往歲之役，耗傷過半，人有餘恫，誰不貪生。于是父持子踵，妻觸夫胸，號乎就道，如赴屠垣，遠者千里，近者數百。比及河濱，氣力已頓，慘目莽蕩之野，汨身沮洳之場，宿露浪風，戴星揮雨，而飢渴不得調適，疾病不得呻吟。〔註57〕

可知「一人應役，則滿室驚惶。」〔註58〕因此一徵募河夫方式，對於鄉里造成之危害有二：

其一，幫貼費用：應募河夫者，因「拋家失業」，從事河工，其族里必須幫貼所需費用（路費、安家等費）。費用之多寡，依所處地區、工役遠近有所不同，如萬曆二十三年總河官楊一魁之「分黃、導淮」工程，盧州（安徽）、鳳陽等府，募夫一名，每日私幫銀，少者三錢，多者五錢。〔註59〕又萬曆三十三年，總河曹時聘之單縣朱旺口導河工程，河南省計募夫六萬，每夫一年之工食銀，官府僅支銀四錢三分；但民間須付銀二十四兩，故民間招募一名河夫之費用，「已六十倍於官銀矣」。〔註60〕又崇禎六年，總河官劉榮嗣整治黃河從徐州至宿遷之河道二百餘里，揚州府所屬州縣各里，徵派之河夫，每名官府支付之安家、旅途等費，僅有五錢，但其所屬里甲私自貼費，則高達五兩。〔註61〕

其二，里人破產：徵募治河之河夫，既由里甲依田畝或丁口之多寡攤派，以致窮民「包賠僱募」；即使資產之家，若一家須辦夫五名，如是一個月需負擔「幾十金」之費用，為籌此款，常有變賣家產，或典賣子女之事發生。〔註62〕

黃河泛濫，洪水淹浸臨河各州縣之田廬、民命，造成百姓流徙，村里

〔註56〕明褚鈇，《漕撫疏草》（明萬曆 25 年刊本），卷 7，〈摘陳河工緊要事宜疏〉，頁 48。

〔註57〕明徐孚遠，《皇明經世文編》，卷 469，〈汪若霖・河工丁役宜恤〉，頁 17。

〔註58〕明徐孚遠，《皇明經世文編》，卷 469，〈汪若霖・河工丁役宜恤〉，頁 17。

〔註59〕明褚鈇，《漕撫疏草》，卷 7，〈摘陳河工緊要事宜疏〉，頁 48。

〔註60〕明呂坤，《去偽齋文集》，卷 3，〈與廉憲朱葆素均河夫書〉，頁 19。

〔註61〕明楊士聰，《玉堂薈記》（臺北，新文豐出版社，1986，叢書集成新編），卷下，頁 77。

〔註62〕《明神宗實錄》，卷 155，頁 2，萬曆 12 年 11 月丙午條。

虛空。為整治黃河，所需河夫，於晚明，主要採行募夫方式；此一方法，雖以招募為名，其實除災區之百姓為圖生存，自願應役外，其餘非災區之百姓，基於河工之艱辛，多不願赴役。因此，不得不將所需河夫強行攤派於各州縣之里甲，各里甲則依田畝或丁口之多寡分派之。由於政府支付河夫之工食銀，甚為薄少，故各里族為籌予赴役者所需之安家、旅途等費用，造成貧者、富戶因無法長期負擔，被迫舉家逃徙，使得原已蕭條之農村，更加凋敝。

三、生祠建置

有德者，為何受膜拜於生前，其建置之意義與分佈，茲論述於後。

（一）建置意義

黃河潰溢，百姓遭受之禍害，如同前節所述，十分慘烈。是時州縣首長，或朝廷、省府派駐地方之官員，若能體恤民艱，予以救濟，重建家園；如是，在其任期屆滿，或執行任務完成時，地方士民為感謝其恩德，乃在當地為其建置生祠，如《康熙·興化縣志》載：「知縣李戴，隆慶三年）六月間，徵命既下，將舍興（化）而去，鄉先生偕父老為建祠生祀。」〔註63〕又《天啟·中牟縣志》載：「今歲（萬曆八年），李公（士達）擢留臺御史，……晶澤保民王整、王利、李枝、王好仁等，遂於本保報恩店，建立生祠。」〔註64〕

生祠建立於被供奉者之生前，但中國文化所膜拜之神祇，多是其死後方被建廟奉祀；為探知此一祠廟之來源與意義，從以下四則資料可知，依《康熙·桃源縣志》載：

> 嗟乎，晉·羊祜之在襄陽（湖北襄陽），唐·狄仁傑之在魏州（河北大名），民懷其德，建祠立碑。〔註65〕

又《帝鄉紀略·侍御史蔡公（應陽）去思生祠記》：

> 古之君子，樹功烈於時者，必享美報於民。是故，法施民、勞定國，則祀之；能禦捍大災、大患，則祀之；然皆舉之于身後，而未有及之于生前者。故祠以生名，非古也；然以是而為誣，則非也。要之，

〔註63〕清張可立，《興化縣志》，卷13，〈藝文中·送邑侯對泉李君應召北上序〉，頁11。
〔註64〕明張民表，《中牟縣志》，卷4，〈藝文上·李公輕糧撫民記〉，頁16。
〔註65〕清蕭文蔚，《桃源縣志》（清康熙26年序刊本），卷4，〈李公去思碑〉，頁18。

窮簷蔀屋之下，不勝其卸息，戴德之私，故相率而為生祠之事，是
亦人心之不容己者耳。〔註66〕

又同前書，〈巡按御史陳公（志）生祠記〉：

世有主祠，非古也，人情也。人情所在，於執法者，不為禁；論道
者，莫之議，何也？為其可以勸賢植德，為民福也。〔註67〕

又同前書，〈陳守永直生祠記〉：

愛之欲其生，欲其生而祝之，祝而祠之，……是欲其長生於無疆之
休。〔註68〕

依明人之觀念，凡有德於民者，為其建立生祠，非源自古禮，乃基於人情。此
一民俗，於西晉，襄陽人士已為羊祜建立生祠；在唐代，魏州士民亦為狄仁
傑建立此一祠廟。至於建置之意義，除感念其恩德外，尚有以下二項：（一）
知恩圖報：希藉為其建祠奉祀，增長其德壽。（二）見賢思齊：希繼任者，能
承前人之德業，造福鄉里。

（二）生祠分佈

明代黃河中下游沿岸州縣，因黃河水患而建立之生祠，詳見於下表：

表二：明代黃河沿岸州縣因水患建置生祠知見表

序號	時　間	人名	職　稱	建祠地點	事蹟及資料來源
1	景泰初（1450～1453）	王亮	河南右布政使	榮陽縣（河南榮陽）	黃河決榮陽，浸沒甚眾。塞決口，復開渠入漕河，百姓獲免墊溺之患。〔清孫灝，《河南通志》（臺北，臺灣商務印書館，文淵閣四庫全書，清乾隆43年刊本），卷54，〈名宦上〉，頁50。〕
2	弘治初（1488～1492）	張鼎	河南僉事	開封府城（河南開封）	值黃河泛濫，督治有功。〔《乾隆·河南通志》，卷54，〈名宦上〉，頁55。〕

〔註66〕明曾惟誠，《帝鄉紀略》（明萬曆27年刊本），卷10，〈郡進士戚公杰為侍御蔡公去思生祠記〉，頁又60。
〔註67〕同前書，卷10，〈郡進士李公紀為巡按御史陳公生祠記〉，頁又62。
〔註68〕同前書，卷10，〈郡人李公紀為陳公永直生祠記〉，頁又71。

3	弘治 8 年（1495）	張用和	河南參議	封邱縣（河南封邱）金龍口	協助副都御史劉大夏興工築塞封邱縣金龍口、儀封縣黃陵岡等決口，並修長堤九十餘里，民患永除。〔清王賜魁，《封邱縣志》（清康熙 36 年刊本），卷 7,〈利國保民參議張公祠記〉，頁 26。〕
4	嘉靖 8 年（1529）	唐龍	總漕都御史	泗州（安徽泗縣）	泗州飽受馬政之害，免其貢馬，疏留漕米數千石賑飢。〔明曾惟誠，《帝鄉紀略》（明萬曆 27 年刊本），卷 10,〈漕撫唐公遺愛祠記〉，頁又 55。〕
5	嘉靖 20 年（1541）	王佐	睢州知州	睢州（河南睢縣）西北迴龍廟	黃河沖決城堤。日夜巡視，築堤，河賴以平。〔清馬世英，《睢州志》（清康熙 32 年刊本），卷 3,〈官師〉，頁 8。〕
6	嘉靖 30 年（1551）	王國光	儀封知縣	儀封縣（河南蘭陽東北）城西	黃河沖塌地畝十分之六。罷無名之徵，民命復蘇。〔清紀黃中，《儀封縣志》（臺北，成文出版社，1968，民國 24 年鉛印本），卷 12,〈王侯生祠碑記〉，頁 18。〕
7	嘉靖 38 年（1559）	陳志	監察御史	泗州	泗州迭遭水患，重困馬政。先是止免解京本色，乃兒駒所出，其馬果駒猶受印烙，包賠不堪；至是亦變價解京，民稍蘇息。〔《帝鄉紀略》，卷 10,〈巡按御史陳公生祠記〉，頁又 62。〕
8	嘉靖 41 年（1562）	應存性	管河郎中	寶應縣（江蘇寶應）	洪水決湖堤二百四十餘丈，高郵、寶應數州縣，田廬盡沒。塞決口，築湖堤。〔清劉寶楠，《寶應縣圖經》（臺北，成文出版社，清道光 28 年刊本），卷 1,〈地邑〉，頁 48。〕
9	嘉靖 44 年（1565）	崔元吉	宿遷知縣	宿遷縣（江蘇宿遷）	地當衝要，夫役繁重，民不能支。減供應夫馬。〔清李德溥，《宿遷縣志》（臺北，成文出版社，清同治 13 年刊本），卷 16,〈宦績傳〉，頁 4。〕

10	隆慶3年（1569）	馮敏功	徐州兵備副使	徐州城（江蘇銅山）	黃河大決，民多不相保。力請賑之，停諸稅不便於民者；督理河務，未嘗憚勞。〔清朱忻，《徐州府志》（臺北，成文出版社，1970，清同治13年刊本），卷21下，〈宦績傳〉，頁2。〕
11	隆慶3年（1569）	李戴	興化知縣	興化縣（江蘇興化）	黃、淮二河大溢，廬舍、城池不浸者弱半。發倉廩以賑不瞻，炊糜粥以哺羸老；又出庫藏以糴粟；令寬賦額，忤上官，被參停俸，處處泰然。〔清張可立，《興化縣志》（清康熙24年重修本），卷12，〈李公祠記〉，頁32；及卷13，〈送邑候對泉李君應召北上序〉，頁11。〕
12	隆慶4年（1570）	蔡應陽	監察御史	泗州	淮水與堞平，民外徙以避之。修城牆，築堤防，植柳樹。〔《帝鄉紀略》，卷10，〈蔡公去思生祠記〉，頁又59。〕
13	萬曆元年（1573）	舒應龍	徐州兵備道副使	徐州城	黃河決溢，屢浸州城。與知州劉順之，度地量財，築堤以捍衛。〔《同治·徐州府志》，卷21下，〈宦績〉，頁2。〕
14	萬曆3年（1575）	喻文偉	宿遷知縣	宿遷縣城望淮門	縣治為黃河所浸。改縣治於馬陵山，築城堤，立學校，建義倉。〔《同治·宿遷縣志》，卷18，〈宦績傳〉，頁5。〕
15	萬曆3年（1575）	徐建節	淮徐兵備道副使	邳州（江蘇邳縣）	防河通漕，凡三載，江淮生齒，幸不至於沼。〔清孟安世，《邳州志》（清康熙32年序刊本），卷9上，〈淮徐兵憲鶴州徐公生祠碑記〉，頁32。〕
16	萬曆4年（1576）	邵陛	監察御史	泗州	為防淮水浸州城，修築護城堤防，延長九里，視舊基高厚且倍之。〔《萬曆·帝鄉紀略》，卷10，〈代巡邵公生祠記〉，頁又70。〕
17	萬曆4年（1576）	陳永直	泗州知州	泗州	襄助邵陛修築泗州堤；革水驛餘夫一百三十三人，歸者十餘家，皆除負逋，給牛種；積倉穀三千八百餘石。〔《帝鄉記略》，卷10，〈陳守永直生祠記〉，頁又62。〕

18	萬曆 6 年（1578）	李涞	戶科給事中	寶應縣北書院	隆慶五年（1571）曾任寶應知縣，墾種開闢、修堤、濬河。萬曆六年，條陳治理黃河：多濬海口、宜以江北全力治河、歲報錢糧、優恤河夫。〔《道光・寶應縣圖經》，卷 4，〈人物〉，頁 18。〕
19	萬曆 8 年（1580）	李士達	中牟知縣	中牟縣（河南中牟）晶澤保報恩店	縣南晶澤等八保，沙水浸沒，人民逃散。招撫逃民，計輕糧三千五百餘石，民才歸業。〔明張民表，《中牟縣志》（明天啟 6 年刊本），卷 4，〈李公輕糧撫民記〉，頁 16。〕
20	萬曆 8 年（1580）	潘季馴	右都御史兼工部右侍郎	鹽城縣（江蘇鹽城）縣北菊花溝	整治黃、淮二河工成，向所浸沒田畢出，鹽人競耕牛種，流民復歸。〔清黃垣修，《鹽城縣志》（清乾隆 12 年刊本），卷 12〈尚書潘公生祠記〉，頁 23。〕
21	萬曆 19 年（1591）	喬璧星	中牟知縣	中牟縣萬勝、白沙各村	歲苦水患，不計肥瘠，一概徵糧。為重恤民困，行條鞭法，逃而不耕之地，薄徵之。〔清孫和相，《中牟縣志》（清乾隆 19 年刊本），卷 9，〈喬公生祠碑〉，頁 49。〕
22	萬曆 20 年（1592）	耿隨龍	戶科給事中	寶應縣	萬曆四年曾任寶應知縣，河工物料，令由官辦，勿累百姓。後陞任戶科給事中，會朝議，為防治泗州祖陵，擬開高家堰，其上疏言：若開高家堰以高郵、寶應二湖為壑，運道、民業立盡。事遂寢。〔《道光・寶應縣圖經》，卷 4，〈封建〉，頁 21。〕
23	萬曆 35 年（1607）	曹鐸	曹縣知縣	曹縣（山東曹縣）	邑濱黃河，每歲簽夫、輸柳、徵役不支。爭於上，官募役招商，民不與焉，罷修堤之役。〔清周正紀，《永城縣志》（清康熙 36 年刻本），卷 6，〈人物〉，頁 17。〕
24	萬曆年間（1573～1620）	郭增光	金鄉知縣	金鄉縣（山東金鄉）	黃河大溢。招撫流徙，設法開墾，郊野雲集。〔清孫巽，《金鄉縣志》（清乾隆 33 年刊本），卷 17，〈宦績〉，頁 8。〕

25	天啟 4 年（1624）	張璇	戶部公司主事	徐州城	時黃河暴漲決城。典守無失，人皆服其先見。〔《同治‧徐州府志》，卷 21 下，〈宦績傳〉，頁 5。〕
26	崇禎 6 年（1633）	徐標	准徐兵備參政	徐州城	黃河決常山數十里。力塞之。〔《同治‧徐州府志》，卷 21 下，〈宦績傳〉，頁 2。〕
27	崇禎 8 年（1635）	龔奭	桃源知縣	桃源縣（江蘇泗陽）	邑瀕黃河，歲費河帑不貲，名間賠累。裁革之，又栽柳樹五千餘株，以護歸仁堤。〔清蕭文蔚，《桃源縣志》（清康熙 26 年序刊本），卷 4，〈記〉，頁 14。〕

從上表，計有二十七座生祠，茲從三方面論述：

（一）時間上：於嘉靖二十五年（此時間是以黃河正流東南循泗河入淮河計之）以前之一百七十八年，僅有五座；此後之九十八年，則有二十二座。

（二）地點上：其分佈於沿岸十六州縣，各州縣之建置數：泗州五座、徐州四座、寶應三座、中牟縣二座、宿遷縣二座，以及滎陽縣、開封府城、封邱縣、睢州、儀封縣、金鄉縣、曹縣、邳州、桃源縣、鹽城縣、興化縣各一座。若以黃河中、下兩河段區分：其中游河道（潼關～徐州城）沿岸有九座，下游河道（徐州城～安東縣海口）沿岸有十八座。

（三）事蹟上：其被地方士民感恩建祠之賑濟事蹟，可歸納為七項：修河築堤、減除河役、折罷賦役、蠲免馬價、建倉積穀、賑米煮粥、招撫流民。〔註 69〕

綜上所述，於晚明，黃河水患較為嚴重，而其潰溢地區主要在下游河道。至於賑濟方面，表二所列之七項為主要之濟民措施，但各州縣配合其時弊，採行不同之方法。

為報答對於地方有貢獻者，除建置生祠外，尚有為其建立「去思碑」、「仁政碑」等，此見於下表：

〔註 69〕（一）治河築堤（如表二編號：1、2、3、5、8、10、12、13、14、15、16、17、18、25、26、27），（二）減除河役（如 22、23），（三）折罷賦役（6、9、10、11、17、19、21、22），（四）蠲免馬價（4、7、9），（五）建倉積穀（11、14、17），（六）賑米煮粥（11），（七）招撫流民（1、7、20、24）。

表三：明代黃河沿岸州縣因水患建置〈去思碑〉等知見表

序號	時　間	人名	職　稱	碑　名	事蹟及資料來源
1	成化中（1465～1487）	畢用	歸德（河南商邱）知府	仁政碑	時黃河泛濫浸城，居民逃散。增築月堤，水不為害；又奏免是年田租之半，民賴以安。任秩滿陞懷慶府，及去，民遮道泣留。〔《乾隆・河南通志》，卷55，〈名宦中〉，頁46。〕
2	正德12年（1517）	裴爵	豐縣（江蘇豐縣）知縣	德政碑	縣治最卑下，近黃河。切憂之，於城外築長堤，以防洪水。〔清姚鴻杰，《豐縣志》（清光緒20年刊本），卷12，〈裴侯德政碑記〉，頁53。〕
3	嘉靖45年（1566）	任惟賢	豐縣知縣	去思碑	邑久患於黃河。築堤以捍禦，版築之費，不煩貧民；招撫流民，免其租額，極貧五十餘家，各給耕牛籽粒。〔清張逢宸，《豐縣志》（清順治13年序刊本），卷10下，〈任公去思碑〉，頁46。〕
4	萬曆2年（1574）	王緘	中牟（河南中牟）知縣	德政記	黃河沒民田數萬畝。令墾荒，招流散，除逋賦，歸業者，戶幾五百。〔《天啟・中牟縣志》，卷4，〈王公德政記〉，頁19。〕
5	萬曆8年（1580）	李士達	中牟知縣	去思碑	築堤挑河，闢土開荒，招撫流亡，以復故業；散牛給種，以資力本；積穀千餘，以備荒歉。〔《天啟・中牟縣志》，卷4，〈李公去思碑〉，頁20。〕
6	萬曆11年（1583）	王衮	蕭縣（河南蕭縣）知縣	德政碑	水患靡常，民率失業。濬治姬湖等四湖，築塞楊家口等七決口。〔《同治・徐州府志》，卷21下，〈王侯德政碑〉，頁11。〕
7	萬曆15年（1587）	李起元	原武（河南原武）知縣	去思碑	黃河潰決，四室皆赤，人相食。發內帑銀兩，募健丁築遙堤，以固河防；發倉米，散賑平糶，沿村遍設飯廠，煮粥分給，賴之而生活者，萬口。〔清原文炘，《原武縣志》（清乾隆12年刻本），卷9，〈李公去思碑記〉，頁16。〕

8	萬曆 24 年（1597）	陳幼學	中牟知縣	興文碑	牟地卑下，近黃河，歲遇水潦。相度地勢，濬河道一百九十六道以洩水；又築堤四十道，以防大澤之泛溢。〔蕭德馨，《中牟縣志》（臺北，成文出版社，民國 25 年石印本），卷 3，〈陳公興文碑記〉，頁 72。〕
9	萬曆 30 年（1602）	楊為棟	睢州（河南睢縣）知州	去思碑	是時河工大舉，役者十數萬人，賊雜徒作中，待嘯而舉。縛賊首楊思敬杖殺之，餘各鳥獸散，以安耕鑿。〔《康熙・睢州志》，卷 6，〈知州楊公去思碑記〉，頁 36。〕
10	崇禎 15 年（1642）	胡父母	睢州知州	感德碑	州罹水患，施粥賑飢，全活二萬。〔《睢州志》，卷 6，〈郡守胡父母施粥賑飢全活二萬人感德碑記〉，頁 104。〕

　　前表所載「去思」等碑計有十座。分建於六州縣；中牟縣三座、睢州二座、豐縣二座，以及原武縣、歸德府城、蕭縣各一座。濟民措施，歸納為六項：修河築堤、折罷賦役、建倉積穀、賑米煮粥、招撫流民、懲治盜賊。〔註70〕

　　總之，明代地方民俗，充滿著溫情，凡對地方有卓越貢獻者，當其離任，或所行德政完成時，乃為其建立生祠，或去思等碑。

四、賑濟事蹟

　　從表二、三中，一則所載各人之賑濟事蹟，受限於表格，無法深入記載其內容；二則從二十七座生祠之分佈，以泗州（五座）、徐州（四座）、寶應縣（三座）、中牟縣（二座）為較多。故本節基於前述二因素，探討以泗州、淮南、徐州、中牟縣等地為主之濟民措施。

（一）治河修堤

　　善治黃河，降低水患發生率，為確保百姓生活安定，最根本之方策。茲將黃河之整治，分中、下兩道論述之。下游河道，主要探討監察御史蔡應陽（隆慶四年）、監察御史邵陛（萬曆四年）、知州陳永直（萬曆四年）為防禦淮河水浸灌泗州所整建之治水工程；以及右都御史潘季馴（萬曆八年）、戶科給

〔註70〕（一）修河築堤（如表三編號 1、2、3、5、6、7、8），（二）折罷賦役（1、3、4），（三）建倉積穀（3），（四）賑米煮粥（7、10），（五）招撫流民（3、4、5），（六）懲治盜賊（9）。

事中耿隨龍（萬曆十九年）對於淮南水利之貢獻。至於中游河道，則以中牟知縣陳幼學為例，說明其防治水患之方策。

1. 黃河下游河道

嘉靖二十五年以後，黃河全流於徐州城奪循泗河下游河道，於淮安府城西（清口）會同淮河入海。（見圖一）從此黃河之泥沙與洪濤，不僅淤高泗河下游河道，亦淤塞黃、淮二河交會處之清口，以及入海口；如是帶給下游沿岸州縣無窮之水患。

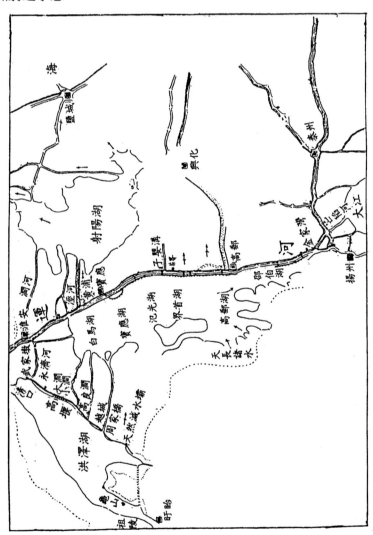

圖三：明代高家堰與分導淮水入江、海圖

（採自武同舉，《淮系年表全編》，淮系歷史分圖七十二）

　　茲則論述清口遭淤塞後所造成之危害。因清口是淮河會入黃河處，（見圖三）此水口一旦遭黃河泥沙淤塞，將導致淮河水無法順流東北出入黃河，而瀦蓄於洪澤湖內；逢淮河泛漲，其水勢將逆浸泗州、祖陵一帶，甚至沖潰洪澤湖南岸之高家堰（山陽縣西南，全長七十里），（見圖三）泛濫於淮南各州縣。

　　泗州之水患，依《帝鄉紀略》記載：在嘉靖二十四年以前之一百五十五年，有水患記錄十次；而嘉靖二十五年以後之五十一年，則高達三十一次。〔註71〕可知泗州水患是因黃河全流奪徙泗河後，清口遭淤塞所造成。為防範淮河水浸灌泗州城，隆慶四年監察御史蔡應陽代巡泗州，其見城牆經河水長期浸滲，有坍塌之虞，遂從鳳陽府籌得修城銀二千餘兩，各級長官亦捐俸一千餘兩助工，重修西門至東門，牆內外均甃砌磚石，計長七百五十丈。〔註72〕萬曆四年七月，監察御史邵陛巡視泗州，正逢淮河泛漲，各地一片汪洋，而泗州城外能抗拒洪水者，僅是一道土堤，情勢危急，遂決定重修護城堤，由知州陳永直督工，構築石堤計一千四百二十七丈，由於此石堤出自邵陛之規劃，亦稱為「邵公堤」。〔註73〕

　　蔡應陽、邵陛、陳永直等三人，因興修水利工程有功於地方，泗州士民遂為其建置生祠。

　　淮南之水患，依拙著《晚明黃河水患與潘季馴之治河》一書之統計，在嘉靖二十五年以前，平均每二十九年發生水患乙次，此後則每四年發生乙次。〔註74〕可見淮南水患愈趨嚴重，亦因黃河全流東行於清口會同淮河入海所造成。萬曆六年二月至萬曆八年正月，以及萬曆十六年五月至萬曆二十年二月，潘季馴奉命整治黃、淮二河，為刷除清口淤沙，以順導淮河水東北出清口會黃河，其執行「蓄清（淮河水）敵黃（河水）」之方策。在此一方策下，為增強淮河之水勢，以利沖刷清口一帶之淤沙，和抗拒黃河水浸灌清口，其主張：於洪澤湖北岸，應修建堤堰以築塞王家（清河縣，清口西三里）、張福（桃源縣）等水口；於洪澤湖南岸，則厚築高家堰，如是淮河全流水均被導向清口，

〔註71〕《帝鄉紀略》，卷6，〈災患〉，頁2～4。
〔註72〕同前書，卷10，〈大學士趙公志臬修內城記〉，頁又58。
〔註73〕同前註，〈巡按御史餘姚邵公陛新築二堤記〉，頁又63；又明陳仁錫，《皇明世法錄》（臺北，臺灣學生書局，1965），卷49，〈河道〉，頁12。
〔註74〕蔡泰彬，《晚明黃河水患與潘季馴之治河》，第三章一節二項，〈迭遭水患〉，頁135～139。

避免因「黃強淮弱」造成之禍害。（見圖三）但泗州士民常三省等則置疑「蓄清敵黃」方策之成效，不僅無法沖刷清口之淤沙，反將蓄積更多之淮河水於洪澤湖內，危害泗州、祖陵，故主張不可修建高家堰，以利分洩淮河水經此流入高郵、寶應諸湖。但潘季馴在大學士張居正鼎力支持下，興工厚築高家堰。此堰之構成，就淮南地區言，因其阻擋淮河水南下「高、寶諸湖」，減輕當地水患，流徙之民得以重歸故園。因此淮南百姓均感恩於潘季馴，鹽城縣士民特建置生祠奉祀之。依禮部尚書何維栢撰寫之〈尚書潘公（季馴）生祠記〉載：「自兩河（黃、淮二河）告變，而鹽城蒙其患尤重。……戊寅（萬曆七年），上簡中外大臣，才望素著，能治水者，廷議盡推潘公，於是以御史大夫兼工部右侍郎開府于淮（淮安府城），總督兩河。……明年庚辰（萬曆八年）夏，諸工同時奏成，由是河、淮合流。……其在鹽城，則（黃）河水阻柳舖灣（即淮安府城東北之黃河南岸堤防，亦稱為安北堤）不來；淮水隔高家堰，不復決寶應堤而下，向所潀沒田畢出，……鹽人競請牛、種，事春耕。」〔註75〕

　　「蓄清敵黃」之方策，仍無法刷除清口淤沙，萬曆十九年祖陵又遭淮河水浸灌，「自神路至三橋，并儀衛、丹墀，無一不被水。」〔註76〕在風水觀之影響下，為避免動搖國本，萬曆二十年二月潘季馴奉准離職返鄉，使整治黃河之方策，從「束水攻沙」（蓄清敵黃屬於此一方策其中之一）演進至「分黃、導淮論」。在總河官楊一魁、總漕都御史褚鈇之策劃下，為分洩淮河水入江、海，除採以人力挑濬清口淤沙外，褚鈇還極力主張拆毀高家堰。此舉引起淮南士民之恐慌，群起反對之，如萬曆二十年三月，戶科給事中耿隨龍（萬曆十四年任寶應知縣）言：

> 泗州苦水，議疏周家橋、施家溝（高家堰南端二水口），（見圖三）以高（郵）、寶（應）二湖為壑，將運道、民業立盡，臣曾令寶應，聞見頗真。〔註77〕

又萬曆二十三年十月，南京四川道試御史陳煃（萬曆十七年任寶應知縣）言：

> （高家）堰，南四十餘里，為周家橋，……今欲開十餘丈，而深一丈五尺，不幾以高（郵）、寶（應）為壑哉？……（陳）煃慮高堰既

〔註75〕清黃垣，《鹽城縣志》（清乾隆 12 年刊本），卷 15，〈藝文志·尚書潘公生祠記〉，頁 23。
〔註76〕《明神宗實錄》，卷 248，頁 7，萬曆 20 年 5 月丁亥條。
〔註77〕同前書，卷 246，頁 1，萬曆 20 年 3 月壬戌條。

開，害民產、鹽產。〔註78〕

由於淮南輿情強烈反應拆毀高家堰，故萬曆二十四年，朝廷乃採行以「分黃」為主（於桃源縣開挑黃家壩新河以分洩黃河水入海），而「導淮」為輔之治河方策。在「導淮」方策下，僅在高家堰上建置三座減水石閘以分洩淮河水入「高、寶諸湖」。高家堰終被保留，淮南士民遂感激於耿隨龍，為其建置生祠。

2. 黃河中游河道

中牟縣地勢低窪，黃河又流經縣北約九十里，每逢夏秋雨季，黃河水常泛溢成災，造成「饑莩載道，民用孔難。」〔註79〕萬曆二十一年，陳幼學調任中牟知縣，深體民艱，於萬曆二十三年為整治當地水患，相度地勢，開濬河渠計一百九十六道，又構築堤防十四座；〔註80〕為賑濟災民，「勸民施粥」，「贖子女」；為招撫流徙貧民，「給牛種」、並於城內外空地，建造房舍六百餘間；為預備災荒，建置倉庫三十餘間，三年內蓄積糧米一萬二千餘石。〔註81〕前述各項濟民措施中，最令後人感念者，莫過於水利之興修，故《民國・中牟縣志》載：「牟地低下，苦水患，……明萬曆二十三年知縣陳幼學開河渠一百九十六道，水患漸息，民享其利。」〔註82〕亦因陳幼學治水有成，此一開濬河渠之方策，於清代仍被承襲，康熙十一年（1672），知縣韓蓋光督率里民，逐一開濬已呈淤塞之諸河渠；乾隆十二年（1747），知縣孫和相亦開濬其中之四十七道。〔註83〕

陳幼學在中牟任知縣計有五年，因「牟人頌其德」，〔註84〕萬曆二十四年（1596）離任時，縣民乃立「興文碑」感懷之，並將其事功與萬曆十九年（1591）任知縣之喬璧星相提並論（有立生祠），依《乾隆・中牟縣志》載：

〔註78〕同前書，卷290，頁3，萬曆23年10月戊申條；又清劉寶楠，《寶應縣圖經》（臺北，成文出版社，1970，清道光28年刊本），卷4，〈封建・陳燁〉，頁22。

〔註79〕清孫灝，《河南通志》（臺北，臺灣商務印書館，1986，文淵閣四庫全書，清乾隆43年刻本），卷55，〈名宦中・陳幼學〉，頁31；又蕭德馨，《中牟縣志》（臺北，成文出版社，民國25年石印本），卷3，〈藝文志・陳公興文碑記〉，頁73。

〔註80〕同前上引註。

〔註81〕《民國・中牟縣志》，卷3，〈名宦〉，頁39。

〔註82〕《民國・中牟縣志》，卷2，〈地理志・山川〉，頁43。

〔註83〕清孫和相，《中牟縣志》，卷1，〈河渠〉，頁25。

〔註84〕清孫灝，《河南通志》，卷55，〈名宦中・陳幼學〉，頁31；又蕭德馨，《中牟縣志》，卷3，〈藝文志・陳公興文碑記〉，頁73。

「前有喬（璧星），後有陳（幼學），無異於昔之召父、杜母也。」〔註85〕又清代冉覲祖亦言：「里人，因謂：有明，循令喬、陳並稱，喬公折地，分上、中、下三等；陳公濬渠一百九十六道，……遂將喬、陳，祠之在報恩店者。」〔註86〕可知至清代，縣民仍感念陳幼學、喬璧星二人對於地方之貢獻，並為二人建祠廟於報恩店。

從潘季馴等六人在治水上之貢獻，反應出：善治水者，是最讓地方士民感受長官德澤之濟民措施。

（二）蠲免馬價

重罹水患之州縣，為紓民困，紛紛要求革除飛寄本州縣之賦役，以及本州縣協濟它處者。茲擇泗州要求減免馬價為例說明之，此因嘉靖八年總漕都御史唐龍、嘉靖三十八年監察御史陳志曾因泗州飽受馬政之害，奏請免除飛寄種馬，而備受當地士民之愛戴，為其建置生祠。

明代中晚期，泗州水患日益嚴重，為避免因繁重賦役導致百姓流徙四方，為救濟之，主要採行免除田賦與馬價。在田賦上，萬曆五、六年，曾因大水，漕糧本色盡改「折色，仍蠲其半」；萬曆八年因積水未消，當年漕糧「准徵本色四分，折色六分」，是時漕糧每石折徵七錢。萬曆十七年，鑒於「重罹災沴」，准將漕糧全折，每石折銀五錢，此為災傷嚴重地區最優惠之價格。至萬曆二十四年，經總漕都御史褚鈇、監察御史蔣春芳力爭後，從此泗州歲額漕糧一萬零八百八十四石永改折色，每石折價銀五錢。〔註87〕至於馬政，亦是導致泗州之養馬人戶，鬻妻賣子仍無法完納之苦差。泗州士民之所以要求革除馬價，原因在於其認為此屬額外差役：

1. 泗州於明初，原不養馬。於宣德年間（1426～1435），因高淳（江蘇高淳）、溧水（江蘇溧水）二縣遭逢水患，遂將二縣餵養種馬七百匹（種兒馬一

〔註85〕清孫和相，《中牟縣志》，卷6，〈名宦・陳幼學〉，頁10；又頁8對於知縣喬璧星之事功有以下之記載：「萬曆十年知中牟縣事，牟田畝計頃萬六百有奇，歲苦水患，地多坍塌。初縣官，不計肥瘠，一概徵糧，於是民因輕重不均，相率而逃，賦無所出，則責其戶之人代償，戶無人則累及編民之同里甲者。璧星重卹民困，行條鞭法，田分上中下遞列之，其輸糧之數亦遞減。……至於逃而不耕之地，則薄征之，使代償者，不煩苦，民一時稱快。……今萬勝、白沙各村鎮，皆建祠尸祠之。

〔註86〕同前註，卷10，〈藝文志・清冉覲祖晶澤里折地碑記〉，頁7。

〔註87〕《帝鄉紀略》，卷1，〈蠲免田糧〉，頁48；卷10，〈巡鹽吳公崇禮題本州漕糧永改五錢部覆疏〉，頁44。

百四十四匹、騍馬五百六十四匹）寄養本州。至成化年間（1465～1487），應天知府季綺，其為寶應縣人，見高淳、溧水二縣無養馬之役，不圖歸還寄養泗州之種馬；卻循私情，將其原籍寶應縣所養種馬奏改於高、溧二縣。從此，飛寄泗州之種馬遂成定額。〔註 88〕

2. 依本朝之賦役制度，為均平天下各州縣之稅負，凡有養馬之州縣，則減輕其田糧，如泗州臨近之盱眙縣（安徽泗縣東南）養種馬六百五十匹，有免徵田十八萬二千畝；又天長縣（安徽天長）養種馬一百四十匹，有免徵田三萬三千六百畝；至於泗州，全無免徵田地。因此，鳳陽府所屬十八州縣中，亳州（安徽亳縣）等十七州縣，兌運軍糧總額為六萬零三百石；而泗州一地即高達八千零五百七十餘石（本地糧總數一萬七千餘石）〔註 89〕可知泗州之稅負最為繁重，屬於「田糧全徵」，原是「不派養馬」地方。〔註 90〕

泗州之馬政，既為額外苦差，但於嘉靖朝以前，農作頗為豐收，尚能勉強負擔。最初，不分「兒種馬」、「騍馬」（郎牝馬），每五戶養馬一匹；而騍馬（五百六十匹）每二年生一匹兒馬，故泗州每年依例揀選「備用馬」（即兒馬）一百四十匹解送北京。至弘治十三年（1500）改以人丁養馬，每十五丁養騍馬一匹，十丁養一匹兒種馬。〔註 91〕嘉靖朝以後，淮河水屢浸泗州，為賑濟民生，遂要求革除此一額外負擔，依《帝鄉紀略》載：

> 弘（治）正（德）以前，稍稍殷足，間有不時差役，旋撐旋已，民未為累。獨加（嘉靖）、隆（慶）以降，腴田淪沒，而剝膚賠糧，高（淳）、溧（水）寄馬，而貽害罔極，挑濬修築常十倍于歲。征走遞供應，過四府之繁費；淮水漲，則防破堤壞、城隍水積，則苦漫街浙市。〔註 92〕

可知「高（淳）、溧（水）寄馬，而貽害罔極。」茲將泗州力爭免除馬政之過程，論述於後：

嘉靖七年（1528），總漕都御史唐龍鑒於徐州屢遭黃河危害，奉准將該州餵養種馬改徵折色。因此，為紓泗州民困，奏請俯念「泗州實祖陵所在」、「且田無免徵」、「馬由改撥」，要求該州「備用馬」能准照徐州事例，通改折色，每

〔註 88〕《帝鄉紀略》，卷 10，〈知州袁公准題請種馬并地方災傷疏〉，頁 55。
〔註 89〕《帝鄉紀略》，卷 10，〈巡按陳公志題乞變賣泗州種馬奏議〉，頁 35。
〔註 90〕《帝鄉紀略》，卷 10，〈知州袁公准題請種馬并地方災傷疏〉，頁 55。
〔註 91〕《帝鄉紀略》，卷 5，〈馬價〉，頁 5。
〔註 92〕《帝鄉紀略》，卷 6，〈民累志〉，頁 8。

匹徵銀十八兩，起解太僕寺交納；至於「各種馬」（即兒種馬、騍馬計七百匹）則仍照舊餵養。事經兵部研議後，准從嘉靖八年（1529）起，泗州之「備用馬」（一百四十匹）永改折色，每匹徵銀二十兩，歲計三千三百六十兩。〔註 93〕

因泗州仍須餵養種馬，嘉靖三十八年（1559）監察御史陳志基於黃、淮二河合流後，泗州年年災傷，高阜地區又因祖陵所在，依禁例：方百里內，土石山林不得折損、放牧，以致水草供應失調，種馬病死甚多；每逢官員烙印時，養馬人戶只得「賣產買補」，「包貼不堪」。因此，奏請朝廷能體恤「該州疲困已極」，准予變賣種馬，所得價銀解京；至於每年「備用馬價銀」仍照舊坐派，依限起解。〔註 94〕此議奉准後，泗州方革除餵養種馬之害，每年起解之馬價銀，僅限於備用馬。

隆慶三年，太僕寺為減輕各省之馬政，奏請各州縣均變賣種馬數量之一半，但每匹「變賣種馬」仍須年徵草料銀一兩。在此新規定之下，泗州因曾於嘉靖三十八年變賣種馬七百匹，故須年徵草料銀七百兩，若加上歲解備用馬價銀三千三百六十兩，則歲徵馬價銀計四千零六十兩。但從隆慶三年至萬曆三年之六年間，泗州養馬人丁拖欠草料銀達一千七百三十三兩二分；另外，變賣種馬時，養馬人丁因「倒失，無馬變賣」，必須賠補，至今尚欠變賣種馬銀六百九十八兩七錢。然而泗州「迭遭淮流，下阻水患，災傷疲憊，殘民委難輸納」，監察御史舒鰲認為：若強行徵解此二項拖欠馬價銀，將迫使養馬人丁流徙他方，反而加重見在者之負擔，因此奏請以下二項解決辦法：

1. 備用馬價銀（一百四十匹，歲計三千三百六十兩）是屬額派錢糧，仍照舊徵解。

2. 致於拖欠之草料銀、變賣種馬銀二項。因草料銀之徵收，是針對餵養種馬而有免徵田糧之州縣；由於該州縣從隆慶三年起，養種馬之數量既已減少一半，卻仍保有免徵田畝，理當每減養一匹種馬則另徵草料銀一兩。但泗州原不養馬，而是寄養高淳、溧水二縣之種馬，故沒有「免徵之田，及牧馬之地」，因此，餵養種馬與加徵草料銀，對於泗州言，均屬額外加添。故擬請從萬曆四年起，永遠革除草料銀七百兩，致於以前拖欠之草料一千七百三十三

〔註 93〕《帝鄉紀略》，卷 10，〈巡撫唐公龍題請乞改折色馬以蘇民困疏〉，頁 34；及同註 91。

〔註 94〕《帝鄉紀略》，卷 10，〈巡按陳公志題乞變賣泗州種馬奏議〉，頁 35；及同書，卷 1，〈蠲免馬價〉，頁 46。

兩、變賣種馬銀六百九十八兩七錢，亦盡行免徵。

此議經兵部尚書譚綸詳查後，依兵部所存馬政條例之記載：證實鳳陽府所屬州縣，有「額設種馬」者，僅壽州（安徽壽縣）、潁州（安徽）、宿州（安徽蚌埠）、亳州等，並無泗州。泗州既無額設種馬，亦無免徵田畝，茲逢「連年淮流橫決」，兵部遂決議：從萬曆四年起，泗州永久停徵草料銀；前所拖欠草料銀盡行革除，至於尚欠變賣種馬銀六百九十八兩七錢則減徵十分之六。〔註95〕

萬曆六年至萬曆二十年間，潘季馴兩次整治黃、淮二河，由於成效仍屬有限，泗州水患無法根除。萬曆十三年（1585）為減輕泗民在馬價上之負擔，備用馬價銀每匹原徵銀二十兩，茲減六兩，共免銀八百四十兩。萬曆十五年（1587）再減三兩，計免銀四百二十兩。從萬曆十六年至萬曆二十六年之十一年間，依《帝鄉紀略》記載，從未徵收此一馬價，合計免徵三萬六千九百六十兩。但萬曆二十四年，總理河道楊一魁等奉命整治黃、淮二河，其採行「分黃、導淮」之方策（詳見本文第四節一項「治河修堤」），從萬曆二十七年（1599）起，因泗州水患稍為消退，仍照原數徵解備用馬價銀。〔註96〕

泗州為帝鄉，其迭遭水患，乃受朝廷重視；為紓民艱，乃減免馬價。於嘉靖末年，備用馬永改折徵，並變賣種馬，使泗州革除養馬之害；萬曆十六年以後之十一年，年年免徵備用馬價銀。此外，於萬曆二十年，巡撫御史高舉認為泗州本身已窮於治水，何有餘力協濟他方，因此題請永除協濟徐州河夫銀四百兩。〔註97〕

（三）緝捕盜賊

黃河泛溢，「居民結筏浮蒪，採蘆心、草根為食」，〔註98〕以致流離失所。倘救濟無方，飢民為圖生存，常聚結為盜，徙奪各州縣；又逢整治黃河，聚結數萬，乃至數十萬之河夫，由於工程艱困，督責稍有偏失，容易引發變動，與盜賊相結合，如成化十四年（1478）九月，山東等地水災，「恐民窮盜起」。〔註99〕又正德四年（1509），黃河北決沛縣，工部侍郎李鐩奉命治河，「四月

〔註95〕《帝鄉紀略》，卷10，〈巡按舒公鰲請免折色馬草料銀奏議〉，頁37～38。
〔註96〕《帝鄉紀略》，卷1，〈蠲免馬價〉，頁46～54。
〔註97〕《帝鄉紀略》，卷1，〈蠲免馬價〉，頁53。
〔註98〕清王錫元，《盱眙縣志稿》，卷14，〈祥祲〉，頁21。
〔註99〕明劉吉，《明憲宗實錄》（臺北，中央研究院歷史語言研究所，1968），卷182，頁1，成化14年9月己未條。

弗績，盜起停工。」〔註100〕又嘉靖二年（1523），淮安、鳳陽等地，「水患非常，高低遠近，一望皆水，軍民房屋、田土，盡被淹沒」，以致泗州等地之飢民，群聚為盜者，有二千餘人，強劫往來船隻。〔註101〕

晚明，黃河水患發生於下游河道，其沿岸州縣之民風，依《康熙・淮安府志》載：「徐（州）、邳（州）舊俗，民性多悍，而海（州）、贛（榆）瀕海，其惡少隱於魚鹽者有之。」〔註102〕又萬曆二年（1574）總漕都御史王宗沐言：「徐（州）邳（州），民俗獷悍，盜賊充斥，鹽城地濱江、海，鹽徒出沒。」〔註103〕又崇禎五年，戶部尚書畢自嚴言：「淮（安）、揚（州）海上，夙稱盜藪。」〔註104〕因此，逢有災傷，飢民常群結為盜。茲以崇禎四、五年，黃、淮二河水相繼浸灌淮南為例說明之，是時水患災情：興化、鹽城諸縣，「水深二丈」，「數百餘里，將熟田、新舍，悉沈水底」，於是不法之徒，群聚為盜，如鹽城縣，「嘯聚之徒，不下三、四千，其船不下八、九百，官兵追剿，颺去倏來」；〔註105〕又高郵州、泰州等地，「大盜嘯聚，千百客舟米貨，盡遭劫掠」；〔註106〕又儀真縣（江蘇儀真）、通州（江蘇南通）間，「盜賊嘯聚」。〔註107〕可知淮南到處都有盜賊，崇禎六年鹽城縣鄉官徐瑞為求朝廷重視淮南水患，其請求濟民平盜之奏疏中，對於淮南之盜患，有具體陳述：

> 無奈，閭左惡少，不逞之徒，莫肯忍饑待斃，甘心為盜。東西嘯聚，千百成群，……以帆檣為戰馬，殺人如麻，膏血川原，如近日，沙家莊、湖北莊等處，所過殘滅，其來也，千人為隊，勢同席捲；其去也，湖天為家，任其出沒。而海外巨寇，以千萬計，飄忽無定，縱橫任意，新興上岡一帶，幾同戰場。臣等有不忍言者，逃亡之家，

〔註100〕 明姚應龍，《徐州志》（明萬曆刊本），卷3，〈河防〉，頁72。

〔註101〕 明楊廷和，《楊文忠三錄》（臺北，臺灣商務印書館，文淵閣四庫全書），卷2，〈請停止織造疏〉，頁37。

〔註102〕 清劉光業，《淮安府志》（清康熙24年序刊本），卷12，〈藝文志・府官題名碑記〉，頁15。

〔註103〕 《明神宗實錄》，卷30，頁7，萬曆2年10月丁卯條；又同書，卷34，頁3，萬曆3年1月甲寅條。

〔註104〕 明畢自嚴，《度支奏議》，四川司五，〈覆江北撫按備陳捕護解散飢民疏〉，頁62。

〔註105〕 同前註，〈覆鹽城、興化等州縣水災賑卹疏〉，頁80。

〔註106〕 明畢自嚴，《度支奏議》，〈再覆江北州縣水災賑卹蠲折疏〉，頁111。

〔註107〕 清傅澤洪，《行水金鑑》（臺北，臺灣商務印書館，1968，國學基本叢書），卷44，〈河水〉，頁637，崇禎4年6月。

> 反作寇盜之寨，蛟龍之窟，盡為豺虎之場，致河道阻絕，糴販不通，
> 市無米肆，廚絕煙炊，比之晉（山西）、豫（河南），慘毒萬倍。按
> 戶口圖籍，民之死者十三，逃者、散者及聚而盜者十四，僵臥孤城，
> 難保旦夕者，十存一、二耳。〔註108〕

可知淮南百姓，在重罹水患之後，復遭盜患，致殘存在鄉里之人口數，僅存十之一、二。

　　為緝捕盜賊，地方政府尚能體察民情，其所以淪為盜賊，肇因於飢寒交迫，故僅懲治首惡者，而寬恕其餘黨，如萬曆二十三年，如皋縣（江蘇南通西北），「春大水，四野盜賊蜂起，公（知縣張思敬）捕得首惡，不窮竟黨。」〔註109〕又崇禎五年，鹽城知縣趙龍訓練鄉兵，「獲渠魁三十七人，悉死杖下，饑黨立散，四境以寧。」〔註110〕於晚明，緝捕盜賊中，最能瞭解民情，以智慧平息盜患，避免濫殺附從者，以萬曆三十年睢州知州楊為報之平盜，最令鄉民感念。其平盜之過程，《康熙‧睢州志》裡有詳細記載：

　　大盜楊思敬，原是逃軍，於萬曆三十年，陰結各地死黨，匿潛於睢州北郊，危害鄉里。是時，正逢黃河泛濫，總河官曾如春調集河夫十餘萬，開挑曹縣至徐州城之新河道。賊黨為擴張勢力，由賊徒混充河夫，伺機惑眾，以致情勢洶洶。河南巡撫衙門為免發生變動，命藍都司督率健卒三千緝捕盜賊。但知州楊為報惟恐雙方「玉石俱焚」，並殃及州民，主張：暫緩逮捕。是時，楊思敬為偵察官府行動，安排黨徒至州衙擔任雜役。楊為報獲知後，親近冒充雜役，安排擔任臥室警衛；在臥室內時常故意嘆息：楊思敬原為良民，但遭仇家誣陷，以致淪為盜匪，我若不能為其洗脫罪嫌，有何資格擔任知州。冒充雜役將此一訊息轉知楊思敬，但其半信半疑。楊為報為取得賊黨之信任，乃宣佈：若楊思敬願意前來官府說明一切，將以吾家百口生命保證其生命安全。如是，楊思敬數次隻身前來官府面見楊為報，而且賊黨之警戒心亦漸趨鬆懈。稍後，整治黃河工程已罷役，楊為報遂密報巡撫衙門，逮捕賊黨之時機已至，於是又面見楊思敬，告之：只有我瞭解你之困境，但他人不知，若你願意隨我同往開封府城，將為你申冤。楊思敬同意後，派護衛五百名護送前往。賊黨原擬於中途劫走楊思敬，但遭楊思敬制止，乃散去。楊思敬一進入

〔註108〕同前書，卷45，〈河水〉，頁643，崇禎6年6月己巳條。
〔註109〕明呂克孝，《如皋縣志》（明萬曆46年刊本），卷7，〈循史傳〉，頁12。
〔註110〕清張可立，《興化縣志》，卷6，〈職官〉，頁45。

開封府城，即被護衛逮捕，呼號：「公救我，救我。」楊為報言：「我寧負汝，不忍負萬姓。」楊思敬聞之，叩首哭泣：「小人知罪矣，無一怨言。」當日立即處斬。〔註111〕

　　楊為報瞭解賊黨蓬起，乃在「累年河流橫潰，賦役煩興，家無寧居」所造成，〔註112〕為維護地方安寧，洞察河工方興，惟恐賊勢擴張，乃施計誘捕大盜楊思敬，州民感佩。當其任期屆滿，離去時，乃樹立「去思碑」以追述此一事功。

（四）裁減冗員

　　表二所列建置生祠之事蹟，雖未明載裁減冗員乙項；但官府能體恤民艱，知自我約束，裁革不需要之人員，以減輕百姓負擔，值得稱道，特予論述。茲以萬曆三十五年（1607），徐州城裁革燈夫等冗員為例說明之。

　　晚明，徐州城正位於黃、漕二河交會處，（見圖一、二）此地之黃河河道甚為窄狹，寬僅六十八丈，以致黃河屢決於此，依《萬曆‧徐州志》、《順治‧徐州志》、《乾隆‧銅山縣志》之記載，從嘉靖二十五年至崇禎十六年（一六四四）之九十八年間，徐州城計有「大水」三十六次，可知黃河平均每二‧四年在此潰決乙次。〔註113〕

　　徐州城既迭遭水浸，井市蕭條，以萬曆三十五年為例，是時「井市零落，且連歲災沴頻仍，河工疊舉，小民艱苦，可謂極矣。以關廂言之，在通衢街道數條，人煙尚爾稀疏，貿易亦皆冷淡，其四隅僻處，在在可知。」〔註114〕因此，總河官曹時聘、知州夏崇謙等基於「貿易亦皆冷淡」，「安忍月徵房租」，遂免收各關廂房租每月八十餘兩；〔註115〕同時為減輕百姓之負擔，亦裁減各衙門燈夫等夫役。各單位裁革之員額，詳見於下表：

〔註111〕清馬世英，《睢州志》（清康熙32年刻本），卷6，〈藝文志‧知州楊公去思碑記〉，頁36～45。

〔註112〕清馬世英，《睢州志》，卷6，〈藝文志‧知州楊公去思碑記〉，頁45。

〔註113〕明姚應龍，《徐州志》，卷6，〈災祥〉，頁23～24；又清葉騰鳳，《徐州志》（清順治13年序刊本），卷8，〈災祥〉，頁20～26；又清張宏運，《銅山縣志》（清乾隆10年），卷12，〈祥異〉，頁8～10。

〔註114〕明不著撰人，《明徐州蠲免房租書冊》（臺北，臺灣學生書局，1981，明萬曆35年刊本），頁4。

〔註115〕明不著撰人，《明徐州蠲免房租書冊》，頁6。

表四：明萬曆三十五年徐州城裁革冗員一覽表

單　位	夫　役	裁革人數	每名月給銀	歲該銀	裁革原因及替代夫役
廣運倉	火夫（巡邏倉庫）	15	4錢5分	81兩	民運停免，倉庫空虛。該倉額有專護軍人72名，歲支公廩，既有守護之名，堪任巡邏之役。
徐州管倉戶部分司衙門	答應總甲（專在司前打靜、張掛告示）	1	9錢	10兩8錢	撥城廂巡邏民壯19名，項應前役。
	燈禮夫（抬送賓客與暮夜執燈之用）	18	5錢	108兩	
徐淮兵備道	燈夫（暮夜出入，執燈之用）	10	7錢	84兩	量撥城廂巡邏民壯8名，黑夜暫為執燈，日間不妨操演。
	禮夫（抬送過客，下程買辦日用米蔬）	8	7錢	67兩2錢	量撥道前防護民壯6名，應充前役，遇操不妨入營。
	道後更夫（巡邏防護）	5	4錢5分	27兩	道後乃通衢大街，夜有標兵巡邏，前項更夫，似為虛設。
	答應刷印釘冊匠	2	3錢	7兩2錢	刷印牌票、封袋在紙舖，已領價值。前項工食，似為虛糜，應行裁革。
徐州	更夫	5	4錢5分	243兩	前項更、宿人夫，率皆僱覓老弱，致有盜劫之虞。查該州徐營民壯40名，堪以頂充前後，防守尤為嚴密。
	州後上宿夫（巡邏防護）	10	4錢5分		
	永成庫上宿夫	10	4錢5分		
	監獄上宿夫	15	6錢		
徐州清軍同知	燈夫	2	5錢	54兩4錢	該州衙役成規，額有工食執燈、張傘皂隸，堪以應役。
	傘夫	1	6錢		

徐州管糧判官	燈夫	2	5 錢		
	傘夫	1	6 錢		
徐州吏目	燈夫	2	5 錢		
徐州上管河判官	燈夫	1	6 錢	7 兩 2 錢（利國驛地方出辦）	
徐州儒學教官	燈夫	4	5 錢	24 兩	教職事體甚簡，日夜出入不多，門役可以執燈焉，用燈夫為哉。
	河下答應燈夫	30	172 兩 8 錢		依成規，內開河下燈夫 12 名、該州燈夫 6 名，各歲額工食銀 7 兩 2 錢，迎送過客，堪以足用，前項地方燈夫 30 名，盡行裁革，以杜虛冒。
徐州各地方	總甲（為各地方打靜與夫催辦坯、蓆薄、修理衙門應用）	14	9 錢	319 兩 2 錢	該州設有供應銀兩，堪足修理之費，其打靜尤屬虛文。前項總、小甲，俱應裁，以省民累。
	小甲（職務如同總甲）	14	9 錢		
徐州衛各地方	總小甲	12	3 錢	86 兩 4 錢	前項人役，原設於徐淮兵備道參府及兩衛掌印、巡捕等衙門，打更、執燈并各地方防守及雜差之用。今查徐淮道參府更夫見有伺候、吹手可代。衛官暮夜出入，跟隨軍伴可以執燈。至於各方，見今編派保甲、排門、巡邏總小甲，何得又重設打水、做工等差。徐左貳衛，原有額設軍便官銀，自可應用，何得又行科派，俱屬冗役，糜費不貲，應合裁免，以甦災困。
	燈夫	2	3 錢		
	更夫	2	3 錢		
徐州左衛地方	總小甲	7	3 錢	54 兩	
	更夫	1	3 錢		
	燈夫	2	3 錢		
徐左貳衛地方	總甲	1	9 錢	206 兩 4 錢	
	小甲	1	5 錢		
	火夫	1	3 錢		
合計		106		1552 兩 2 錢	

資料來源：明不著撰人，《明徐州蠲免居租書冊》（臺北，臺灣學生書局，1981，明萬曆三十五年刊本），頁 1～23。

從上表可知：計裁減冗員一百零六位，每年節省銀兩達一千五百五十二兩二錢。冗員裁革後，若其職務仍有需要，則改派民壯、標兵等兼理。

遇災荒，民生困弊，官府為杜絕浪費，能自行裁革冗員，徐州城之事例，值得借鏡。

五、結論

明代之之黃河，平均每年潰溢二‧五次，其中下游沿岸州縣既飽受河患，對於社會經濟造成重大危害。每逢黃河潰決，河道遷徙，必將原為耕植之農田，徙奪為河道，以致有產之家，頓成貧戶。處於廬舍、農作物遭淹浸，米價高漲之情勢下，倘政府未能即時開倉賑米，設廠煮粥，災民為圖生存，常發生「鬻妻賣子」、「易子而食」等人倫悲劇。為整治黃河，需調集為數眾多之民夫從事之，但治河工程艱辛，死傷無數，百姓均望而生畏，不願應役。晚明，採行招募河夫之方法；此一河夫，若招自災區之貧困流民，不僅可以解決河夫人數之不足，而且可收賑濟災民之功效。但災民多屬烏合之眾，不容易管理，亦易於逃亡，故主持河務者，為管理和勾補缺額之便，則希望所需河夫能出自非災區之州縣；各州縣所屬里甲，則依據田畝或丁口之多寡攤派之。由於百姓多不願拋家棄業，遠赴河役，況且官府支付每名河夫之工食銀每年僅有四錢三分（此以萬曆三十三年曹縣朱旺口治河工程為例），不足以充當安家、旅途等費用，故其里族必須私自幫貼應募之民夫，每名一年之工食銀高達二十四兩，故民間起夫一名，其費用高出官府支付約六十倍。即使是資產之家，若需攤負五名河夫，常有變賣家產，或鬻賣子女，以籌幫貼費用，甚致有舉家逃亡者。

沿河州縣既重罹河患，若在地方之官員，能體恤民艱，施予救濟，則百姓感懷之，在其任滿離去時，乃在地方為其建立生祠。建置此一祠廟之意義，除感恩戴德外，亦希望後繼者，能見賢思齊，造福鄉里。黃河中下游沿岸州縣，因河患而建置之生祠，已知十六州縣計有二十七座，其中泗州五座、徐州城四座、寶應縣三座、中牟縣二座為較多；且從建置之時間（嘉靖二十五年以前五座，以後有二十二座）與地點（黃河中游河道沿岸有九座，其下游有十八座），據此可推知：於晚明，黃河水患較之初中期為嚴重，且潰溢處多在下游河道。另從被立祠者之賑濟事蹟中，得知濟民措施主要有七項：治河築堤、減除河役、折罷賦役、蠲免馬價、建倉積穀、賑米煮粥、招撫流民；其

中較具特殊且重要者，有以下四個實例，其一，治河修堤：為所有濟民措施中，最為根本者，故二十七位立祠者中，有此項事蹟，高佔十六位。因治河若有成效，則其它濟民措施自然可免。故潘季馴在鹽城縣，蔡應陽、邵陛、陳永直在泗州，其所以備受地方士民愛戴，進而建置生祠之原因，即在於此。其二，蠲免馬價：泗州為帝鄉，祖陵所在，其迭遭水浸，朝廷甚為重視，在賑濟之各項措施中，以免除馬價為例，其與徐州同為重罹河患各州縣中，能罷除餵養種馬而改徵折免銀者。其三，緝捕盜賊：逢災傷，倘賑濟不善，飢民為圖生存，常聚結為盜。尤其晚明之河患，多在黃河下游河道，而此地帶之民風，其為強悍，故盜患特別嚴重。官府緝捕盜賊中，最值得稱道者，為萬曆三十年睢州知州楊為報施計誘捕大盜楊思敬。其四，裁減冗員：徐州城於晚明迭遭水患，平均每二‧四年發生河患乙次；官府為杜絕浪費，減輕百姓負擔，於萬曆三十五年自行裁減燈夫等冗員達一百零六位，每年節省銀一千零五十三兩二錢。

　　生祠之建立，乃基於人情，而非禮法。地方士民為感念對於鄉里有卓越貢獻者，籌錢以建此一祠廟，固然表現出明代地方之民俗，充滿著溫情；但若將此一經費改建對於地方有助益之文教等事業，則更具意義，如嘉靖四十四年，工部尚書朱衡開挑南陽新河有成，當地士民原擬為其建立生祠，但朱衡「不居」，〔註116〕遂以其別號「鎮山」在沛縣夏鎮（縣東北三十里）建立鎮山書院，以示感戴其貢獻。〔註117〕

〔註116〕《萬曆‧徐州志》，卷2，〈學校〉，頁118；又《順治‧徐州志》，卷3，〈儒學‧沛縣〉，頁22。

〔註117〕鎮山為朱衡之別號；沛縣夏鎮為其開挑南陽新河時之駐節處所。雖夏鎮之生祠改建為書院，但其它地方應另有為朱衡建立生祠者，此據《明神宗實錄》，卷230，頁2，萬曆18年12月壬申條，可知：「原任工部尚書朱衡治河有功，土人立祠，至是都御史潘季馴請加修葺，改為勅建祠宇，從之。」

從洪朝選治河疏論述明代地方士民排拒黃河入境之心聲

一、前言

　　洪朝選字舜臣，號芳洲，福建省泉州府同安縣人。生於武宗正德十一年（西元 1516 年），卒於萬曆十一年（1582），享年六十七歲。其於嘉靖二十年（1541，時年二十六歲），登上進士後，開展其仕途，至隆慶二年（1568）遭罷職返鄉，任宦計有二十七年。此期間，曾於嘉靖四十五年（1566）五月至隆慶元年（1567）八月計一年四月，奉派為都察院右副都御史，巡撫山東兼督理營田〔註1〕。是時，正逢黃河中游河道（潼關至徐州）從最為紛亂趨向單一河道，洪水嚴重威脅山東省臨黃河各州縣，洪朝選身為地方最高行政長官，為整治黃河，以確保境內百姓之生命和財產，以及「閘漕」（臨清至徐州之運河）南段運道之暢通，乃上奏「黃河勢將北徙疏」論析治河方策。此一奏疏內容，若以河工觀點論之，是承襲明代中葉之治河方針——「北堤南方」，即黃河中游河道北岸厚築堤防以防黃河北徙，而在南岸則多開支河分洩黃河水入淮河；但論其治河之出發點，得反應出明代臨黃河州縣之地方長官為體恤民命，排拒黃河入境之共同心聲。故本文擬以洪朝選之治河疏為基礎，來論述黃河中下游瀕河各州縣之士民為何拒絕黃河入境之原因，和嘉靖中晚期黃河對山東西南臨河州縣所構成之危害。

〔註 1〕洪福增，《洪芳洲年譜》（臺北：洪朝選研究會，西元一九九三年十一月出版），頁 2～90。

二、黃河中下游各州縣排拒黃河入境

（一）朝廷治河重陵運輕民主

　　黃河水患雖謂自古以然，但明代河患之嚴重性確遠超過各朝代，依近人沈怡之統計，從周定王五年（西元前 602 年），黃河決於砱礫（河南滑縣）起至民國二十二年（1933）之二千五百三十五年間，已有決溢、大水計有二千五百四十六次，平均每一年發生河患一次，其中又以明代之二百七十六年發生達七百次（決溢四五四次，大水二四六次），最為嚴重〔註2〕。

　　明代黃河為何嚴重潰決，主要原因在於明代以前整治黃河，旨在防治水害，以確保百姓之生命和田產，因此治理黃河之目標，很單純。但明代治河，不僅要嚴防洪水所造成之禍害，而且還要引用黃河水接濟漕河通行糧船所需之水量，此誠如弘治六年（1493）明孝宗言：

> 朕念古人治河，只是除民之害。今日治河，乃是恐妨運道，致誤國計，其所以關係蓋非細故〔註3〕。

又嘉靖四十五年山東巡撫御史洪朝選言：

> 運河惟資山東之泉水（汶、泗諸河水）足矣，初無賴於（黃）河也。然二洪（徐州至淮安運道，即河漕）微黃河（水），則舟行陸地中，牽挽不動，故必導（黃）河，向徐（州）、沛（縣）、蕭（縣）、碭（山）、豐（縣），而後二洪有所接濟。……則黃河之來，一石帶淤泥數斗，其勢必淤，淤一處則決一處，而利害之相因，於是乎為無窮矣。是故我（明）朝治（黃）河，獨難於前代，以利害之相鄰也〔註4〕。

又萬曆六年（1578）總理河道都御史（以下簡稱總河）潘季馴言：

> 治（黃）河，莫難於我朝，……宋（代）、元（代）以來，惟欲避（黃）河之害，故（漢代）賈讓不與河爭地之說為上策。自（明）永樂以來，由淮（安）及徐（州），藉（黃）河為運（道）（即河漕），欲不與之爭得乎，此之謂難〔註5〕。

〔註2〕沈怡，《黃河問題討論集》（臺北：臺灣商務印書館，民國六十年三月初版），附錄六，〈黃河史料之研究〉，頁381。

〔註3〕清，傅澤洪，《行水金鑑》（臺北：臺灣商務印書館，民國五十七年十二月台一版，國學基本叢書），卷二〇，〈河水〉，頁307。

〔註4〕明·洪朝選，《洪芳洲公文集》（臺北：洪朝選研究會，西年一九八九年十一月重印），卷一，〈奏疏，黃河勢將北徙疏〉，頁19～20。

〔註5〕不著撰人，《川瀆異同》（明舊鈔本），卷六，〈川瀆六〉，頁31。

又萬曆二十四年（1596）總督漕運都御史（以下簡稱總漕）褚鈇言：

> 蓋（黃）河、淮（河）為患，從古有之，在前代治之之易，我朝治之
> 難。……前代治水，止為民生而已；我朝則祖陵、運道、民生三者
> 胥賴，欲其兼利，實難為功〔註6〕。

可知明代治河，既要防治其害又要資用其利，使黃河更為難治。

黃河屢次潰決，其所造成之禍害，在嘉靖朝以前，主要有二，一是對漕河運道之衝阻，二是沿河州縣之民命遭受威脅；但嘉靖朝以後，又增加一項，即惟恐洪水侵犯鳳陽（安徽鳳陽）之壽春諸王墳（朱元璋伯父和堂兄弟之衣冠塚）和泗州（安徽泗縣）之祖陵（朱元璋祖父、曾祖父、高祖父之衣冠塚）。此三項危害中，若以朝廷之觀點來看，最受重視者，莫過於維護運道之暢通，其次陵寢之安危，至於民生則遭漠視，如嘉靖十六年（1537）總河于湛言：

> 黃河為患，頻年興作，北衝則害及運道，南決則近於王陵，雖修濬
> 之功屢加，而遷徙之性無常〔註7〕。

又萬曆三十年（1602）八月工科給事中胡忻言：

> 臣惟河患，上侵陵寢，下妨漕運，治河者，求其無害於（祖）陵、
> 運（道）而已，不必於地方，俱為利無害〔註8〕。

雖然朝廷治河首重漕運，但萬曆中晚期當祖陵遭受嚴重水患，景氣愁慘，動搖國本時，是時雖在保漕運之大環境下，不得不以護陵寢為優先，如萬曆十六年（1588）都給事中常居敬言：「故首慮祖陵，次慮運道，次慮民生；然以淮（安）城較運道，則運道重；以運道較祖陵，則祖陵尤重。」〔註9〕。又萬曆二十四年總漕褚鈇言：「今日之治河也，上為祖陵，中為運道，下為民生，欲其兼利而無害也。〔註10〕」至於民生，百姓雖慘遭水患，流離失所，是時雖有輿論呼籲朝廷重視民患，亦雖獲得迴應，如弘治七年都御史徐恪上（修河疏）言：

> 去歲孫家渡口（滎澤東南），賈魯舊河，使之南注，以殺水勢。然黃

〔註6〕明‧褚鈇‧《漕撫疏草》（明萬曆二十五年刊本），卷一〇〈再議分導未盡事宜疏〉，頁25。

〔註7〕清‧顧炎武，《天下郡國利病書》（臺北：廣文書局，民國六十八年十一月初版），卷三一，（江南十九徐州），頁17。

〔註8〕《行水金鑑》卷四一，〈河水〉，頁595，萬曆三十年八月甲寅條。

〔註9〕明‧潘季馴，《河防一覽》（臺北：文海出版社，民國六十年出版，點校本），卷一四，〈阻陵當護疏〉，頁514。

〔註10〕《漕撫疏草》，卷六，〈異常風雨地方水患〉，頁37。

陵岡口（儀封東五十里）既塞，河必南決，陽武（河南陽武東南）以及考城（河南考城），俱當下衝，城郭人民必為墊溺，若止保全運道，不及地方生靈，恐非朝廷以仁治天下之本根也。今南北兩岸堤防，決口皆當修築，夫匠糧料之費，動以萬計。近歲河南，浮糧災傷，人民失業，雖安閒優養，尚不聊生，若加之科差，必難堪命，請假以九江、淮揚等處鈔關等，……各數萬兩，以備修河之需要，水患可除，而國計、民生兩無所損矣。疏上不報〔註11〕。

又萬曆二十七年（1599）總漕都御史李三才之〈淮民顛危繪圖請賑疏〉：

故陵（寢）先於運（道），運先於民者，尊卑之序也。有民而後有國，有國而後有運，輕重緩急之辨也。蓋國依於民，陵依於國。陵為世之根本，而民則根本之根。本國在足食，食在養民，食為國家之命脈，而民則命脈之命脈，……此保民即保陵，今顧獨重於陵園，而更重者反輕之，急於漕運，而更急者反緩之，豈所謂知務者耶〔註12〕。

可知李三才眼見朝廷獨重陵寢，為請重視淮南民命，乃提出：「陵為世之根本，而民則根本之根」，故主張：「保民即保陵」。至於徐恪則認為：經劉大夏治河後，黃河水南流入淮河，為確保河南沿河州縣之民命，應於黃河南岸構築堤防，以防決溢，但朝廷對其建言，乃「疏上不報」。此因明代晚期以前，朝廷之治河觀存有：「蓋（黃）河分流，則山東、河南均受其害；今全河南徙，則河南一省，獨受其害矣。」〔註13〕以及「因黃河自孟津（河南孟津）而下，……趨南之患，在民間，於運道無傷也；趨北，則患既在民間，兼傷運道。」〔註14〕

明代整治黃河之方針，始終存在：泗州祖陵為國家萬民之根本，「河漕」運道乃京師百萬漕糧之咽喉，至於民生，則認為黃河流經州縣，必然帶來水

〔註11〕《天下郡國利病書》，卷五○，〈河南一，開封河防，弘治七年都御史徐恪上修河疏〉，頁12。

〔註12〕清·金秉祚，《山陽縣志》（清乾隆一四年刊本），卷一五上，〈各體文上，淮民顛危繪圖請賑疏〉，頁9。

〔註13〕明·劉天和，《問水集》（臺北：文海出版社，民國五十九年出版），卷四，〈改設管河官員疏〉，頁79。

〔註14〕明·朱衡，《漕河奏議》（明隆慶六年刊本），卷三，〈述輿論論計經久講求運河故道以濟漕餉以紓聖懷疏〉，頁38。

患，流向不同，只是受害地區更異而已〔註15〕。

（二）地方士民排拒黃河入境

明代治理黃河，既忽視民命，因此黃河中下游流經之處，必帶來嚴重水患，故河北、山東北部州縣之士民均希黃河正流南經河南或南直隸，會入淮河出海；反觀，河南、南直隸、山東西南各州縣之士民，則希望黃河正流能北行，由山東北部入海。此一各為本地區利益著想之議論，影響及兩地所提出之治河方策，茲列舉二個時期論述不同地區之士民對同一治河方策產生各異之反應：

1. 弘治朝。黃河正流河道若是向北流，經山東北部入海，黃、漕二河是交會於壽張（山東壽張）之沙灣（縣北三十里）一帶，（見圖一）雖然黃河水帶給「閘漕」北段運道（即會通河）充沛水量，但每逢黃河暴漲於下游，常阻斷會通河，至南糧無法北運；而且黃河全流水均向北流，亦導致黃河分流水無法經由「賈魯河」濟助「河漕」運道，（見圖二）如正統十三年（1448）、景泰二年（1451）均曾發生〔註16〕。

弘治六年六月，黃河又決於儀封（河南蘭封北（之黃陵岡，洪水向北衝，於東阿（山東東阿）之張秋（縣西六十里）阻斷會通河〔註17〕。副都御史劉大夏奉命治河，為確保會通河不再遭黃河水之衝阻，其治河方策，除堵塞張秋決口外，主要有三：（1）分洩黃河水：挑濬潁河、渦河、睢河、賈魯河四條河道，以分洩黃河水入淮河。（2）堵塞北流分水口：將儀封之黃陵岡、封邱（河南封邱）之金龍口（縣西南三十里）等七處水口予以堵塞，從此北流河道斷絕。（3）黃河北岸構築堤防：北岸堤防計築二道，一從胙城（河南延津北），經長垣（河北長垣東北）、東明（河北大名南）、曹縣（山東曹縣）、至虞城（河南虞城西南），全長三百六十里，稱為「太行堤」，另一從祥府之于家店，至儀封之小宋集，長有一百六十里〔註18〕。

〔註15〕明‧王在晉，《通漕類編》（臺北：臺灣學生書局，民國五十九年十二月初版，明天啟年間刊本影印），卷七，〈萬曆三十年十一月工部題覆〉，頁27。

〔註16〕清‧張廷玉，《明史》（臺北：國防研究院明史編纂委員會，民國五十二年四月臺初版，新刊本），卷八三，〈河渠一，黃河上〉，頁870。

〔註17〕吳緝華，〈明代劉大夏的治河與黃河改道〉（《明代社會經濟史論叢》，臺北：臺灣學生書局，民國五十九年九月初版），頁381～397，考證劉大夏治河年代和施工情形甚詳。

〔註18〕明‧張懋，《明孝宗實錄》（臺北：國立中央研究院歷史語言研究所，民國五十七年二月出版），卷九五，頁6，弘治七年十二月甲戌條。

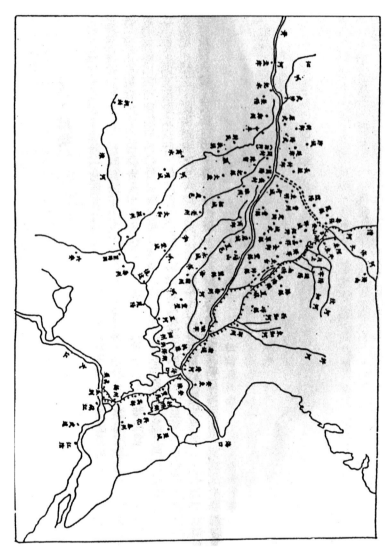

圖一：明代黃、淮、運三河形勢圖

　　當前述工程進行時，即發生河南之士民為拒絕黃河入境，擬謀殺山東管河官之事件，依弘治七年（1494）十月山東按察司副使楊茂元之奏疏可知：

　　　　張秋之役，……河南之民，不欲黃河入境，但見山東委官彼增築賈

　　　　魯堤（太行堤），即欲謀殺之，此令河南巡撫等官，嚴加禁約〔註19〕。

由於工部嚴令河南巡撫等官予以禁阻，築堤工程方能於弘治八年（1495）順利完成。從此山東北部各州縣永絕河患，依《天下郡國利病書》載：

─────────────

〔註19〕《行水金鑑》，卷二一，〈河水〉，頁313，弘治七年十月甲戌條。

景泰、弘治中，河決張秋、沙灣，由小鹽河入大清河。……張秋河
塞，百年居人，不知有（黃）河。而（黃）河在邑之南數百里，曠
若絕境矣〔註20〕。

又《萬曆兗州府志》載：

（黃）河之中國患久矣。……弘治年間，河決金龍口，潰黃陵岡，
趨張秋，而黃水漂泊，運道艱阻，率在濟寧（山東濟寧）以北。暨
劉公大夏役夫塞其口，築堤斷其流，於是河乃東徙歸德（屬河南，
府治商邱），經徐州，遠於淮（河）、（大）海。張秋之患息，而曹（縣）、
單（縣）受衝，塌場（屬魚臺穀亭北十里）、廟道口（沛縣西北三十
里）雍淤潰決，率在濟寧西南，而河害滋矣〔註21〕。

可知黃河北流斷絕後，鄆城（山東鄆城）、定陶（山東定陶）、東平、壽張、陽
穀（山東陽穀）、汶上（山東汶上）、鉅野（山東鉅野）、曹州（山東荷澤）諸
州縣，從此「俱各安居、食力，有樂土之風。」〔註22〕而張秋鎮亦因「無河
患」，而改名為「安平鎮」〔註23〕。但黃河水患卻因黃河南流，轉移至山東西
南各州縣、和河南、南直隸等地。

2. 正德、嘉靖初年。經劉大夏治河後，黃河水分四道南流入淮河。但弘
治十一年以後，黃河正流水已呈現向東北遷徙之勢，弘治十八年（1505），黃
河正流西南循行於睢河，於宿遷之小河口入「河漕」，至正德三年（1508）又
東北徙於賈魯河，明年又東北徙「一百二十里」，在沛縣飛雲橋（縣舊城南門
外）入「閘漕」，於是潁、渦、睢等三河道均無黃河水流通，此一形勢一直維
持至嘉靖十三年（1534）〔註24〕。

黃河全流水於沛縣飛雲橋會「閘漕」，不僅予「河漕」帶來豐沛之水量，
而且「閘漕」南段運道亦暢通無阻，但是時朝廷最為擔憂者有二：

（1）黃河若再東北徙，將循已被劉大夏築塞之北流河道，衝阻會通河，
為防患此一情事發生，採取二項防治措施：

甲、疏洩黃河水南流。正德四年（1509）工部左侍郎兼右副都御史崔巖、

〔註20〕《天下郡國利病書》，卷三七，〈山東三〉，頁16。
〔註21〕明‧朱泰等，《萬曆兗州府志》（上海書局，天一閣明代方志選刊續編），卷二
　　　一，〈黃河〉，頁1。
〔註22〕明‧朱泰等，《萬曆兗州府志》，卷二一，〈黃河〉，頁14。
〔註23〕《天下郡國利病書》，卷四〇，〈山東六〉，頁11。
〔註24〕《明史》，卷八三，〈河渠上，黃河上〉，頁874。

嘉靖十二年（1533）總河朱裳均曾挑濬潁河、渦河、賈魯河以利分洩黃河水南流〔註25〕。

乙、黃河北岸築堤防。由於潁、渦等河道因長期流通黃河水已遭黃沙淤積甚高，無法大量分洩黃河水；為防止黃河再向東北遷徙，應強化黃河北岸堤防，正德五年（1510）工部右侍郎李鐩修建曹縣至沛縣之堤防計三百一十里〔註26〕。嘉靖元年（1522）總河龔弘構築儀封等處堤防〔註27〕。

（2）惟恐黃河潰決，洪水衝阻「閘漕」南段運道。嘉靖五年以後，黃河於曹縣、徐州一帶計有四次潰決，其中三次衝阻「閘漕」〔註28〕。

因此朝廷已警覺引用黃河全流水以濟運道，雖能提供運道充沛之河水，但亦帶來嚴重之禍患，故朝廷治河方針必須調整。

嘉靖十三年（1534），黃河潰決於蘭陽（河南蘭封）之趙皮寨，黃河正流轉循渦河入淮，其分流水則行於睢河，以致黃河東北行之河道（於魚臺、沛縣一帶入閘漕之河道）和賈魯河完全淤塞，此一形勢基本上維持至嘉靖二十四年（1545）。

黃河正流從嘉靖十三年再循渦河南流，如是魚臺、沛縣、單縣、曹縣等地得以脫離水患，但河南之歸德、睢州（安徽睢縣北）等地，卻飽受河患之苦，依《天下郡國利病書》載：

> 自趙皮寨支河開挑之後，黃河大勢盡徙而南，一股自亳州（安徽亳縣），渦河入淮；一股自宿州（安徽宿縣北）符離橋，至（宿遷）小河口入運（即睢河）。魚臺、沛縣決口，相繼不築自塞，山東濟寧以南，人得安土耕種；河南、歸（德）、睢（州）一帶，歲苦淹沒〔註29〕。

又嘉靖十四年（1535）副使胡宗明言：

> 今全河南徙，則河南一省獨受其害矣。上自蘭陽、儀封，下至歸德、

〔註25〕《明史》，卷八三，〈河渠上，黃河上〉，頁874。

〔註26〕明·費宏，《明武宗實錄》（臺北：國立中央研究院歷史語言研究所，民國五十三年四月出版），卷六八，頁2，正德五年九月己丑條。

〔註27〕明·張居正《明世宗實錄》（臺北：國立中央研究院歷史語言研究所，民國五十四年一月出版），卷二，頁7，正德十六年五月乙卯條。

〔註28〕清·夏燮，《新校明通鑑》（臺北：世界書局，民國五十一年十一月初版，點校本），卷一一九，頁一三，嘉靖九年十一月丙午條；和《明史》，卷八三，〈河渠一，黃河上〉，頁877。

〔註29〕《天下郡國利病書》，卷三一，〈江南十九，徐州〉，頁18。

睢州、寧陵（河南寧陵）、永城（河南永城）、夏邑等縣，皆當河之
衝，洪流衝盪，巨浸沮洳，民患已極〔註30〕。

可知黃河正流因整治而改道，危害黃河流經地區百姓之利益。

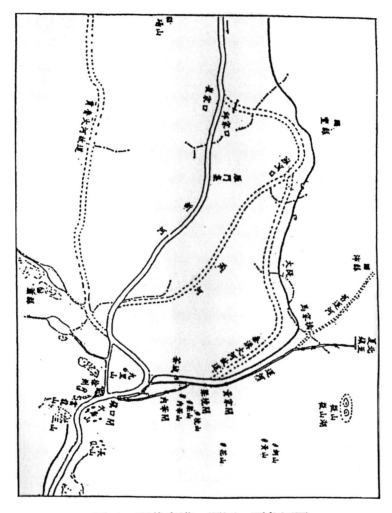

圖二：明代秦溝、濁河、賈魯河圖

（採自武同舉，《淮系年表全編》，淮系歷史分圖二四）

　　同一治河策引起兩地不同之意見，除前述二時期之實例外，尚有：萬曆
二十一年（1593）黃河正流行於「河漕」，其分流水則從單縣黃堌口分流於睢
河，黃堌口是否需要堵塞，「河南、山東二省之地方官，皆言黃堌口不可塞。」
但睢河沿岸各州縣如碭山、蕭縣、宿州、靈璧、睢寧、宿遷，「皆言可塞」。雙

方所持之理由,「各為地方民生而已」,因「此口一塞,則蕭、碭等處生靈,可免溺。」〔註31〕又萬曆三十一年(1603),黃河水各從商邱之蕭家口(縣東北三十里)和單縣黃堌口旁洩入澮河、睢河,以致「河漕」運道淺涸,糧船無法通行。總河曾如春為挽回南流之黃河水,擬從曹縣王家口開挑一道「新河」,經單縣、碭山、徐州小浮橋和鎮口閘入「河漕」,(見圖二)此一工程是否興舉,「河南勘臣以為迎溜可開」,但「山東勘臣為地勢高不可開」,山東士民之所以反對,在於「王家口開,山東憂也。」河南和山東各為己利,相爭不下,朝廷為使工程能順利興舉,「不使齊人有異議」,乃推舉原任河南巡撫之曾如春出任總河官〔註32〕。

因此一項治河方策之提出,必有支持和反對者,雙方所持之理由,需探究其背後所隱藏之地方利益。

三、正德・嘉靖年間山東西南各州縣之河患

黃河對於山東西南各州縣之衝擊,主要在二個時期,一是正德二年至嘉靖十二年(詳見本文第二節二項「地方士民排拒黃河入境」);另一是嘉靖二十五年(1546)以後(詳見本文第四節「論析洪朝選制何方策」)。為何此二時期會有嚴重水害,因是時黃河正流或全流在魚臺或沛縣一帶會入漕河,以致魚臺、金鄉(山東金鄉)、曹縣、單縣等地為黃河河道所流經或臨近黃河,故帶來嚴重之水害。

黃河在此二時其潰溢、衝決各州縣之實況,詳見於下表:

表一:明代中葉黃河對山東西南各州縣之衝擊

時　間	決　口	泛濫情形
正德二年(1507)	單縣楊晉口	單縣漂溺,居民、室廬殆盡。
正德三年(1508)	單縣河溢	單縣害稼,漂溺居民,廬舍殆盡。
正德四年九月(1509)	曹縣楊家口	奔流曹、單二縣。
正德五年五月(1510)	曹縣大雨	河復決。
正德八年七月(1513)	曹縣娘娘廟口、孫家口	曹、單居民被害益甚。
正德十年四月(1515)	曹縣焦家潭	

〔註31〕《漕撫疏草》,卷一一,〈黃河南徙酌復舊制疏〉,頁18。
〔註32〕《通漕類編》,卷七,〈萬曆三十年十一月工部提覆〉,頁27。

正德十年十二年（1515）	曹縣李家潭	
嘉靖二年（1523）	單縣	
嘉靖六年（1527）	曹縣楊家口、梁靖口	河水衝入魚臺之雞鳴台。
嘉靖八年（1529）	河徙魚臺穀亭	
嘉靖九年（1530）	魚臺塌場口	衝穀亭，經歷三年，淹沒廬舍，水患不息。
嘉靖二十六年（1547）	曹縣	城廓一空，人民溺死無數。
嘉靖三十六年（1557）	原武縣廟王口	經曹縣裡河堤、舊老堤，衝陷曹縣城池，溺死男婦數千。

資料來源：朱泰等，《萬曆兗州府志》（天一閣藏明代方志選續篇，上海書局），卷一五，〈災祥〉，頁19～23；同上書，卷二一，〈黃河〉，頁1～14。佟企聖，《曹州志》（清康熙十三年刊），卷一九，頁18。

此時期有四十六年，黃河嚴重水患計十三次，其決口處在曹縣者有七次，單縣二次，魚臺二次，原武一次。可知曹、單二縣緊臨黃河北岸，水患最為嚴重。

黃河潰決所造成之危害，除對漕河構成衝阻外，對當地百姓言，茲列舉二項說明：

（一）人口流徙。河患發生，田土流失，五穀不登，百姓無法營生，必然逃往四方覓食，本縣人口隨之大減，茲將曹、單、金鄉、魚臺四縣之歷朝人口增減實況，列於下表：

表二：明代山東西南四縣戶口數增減一覽表

縣　名	時　間	戶　數	口數（人）
單縣	洪武二四年（1391）	三九九○	三七二一八
	成化八年（1472）	七六四五	一二二八一九
	嘉靖一七年（1538）	七九八一	一○○七七四
	隆慶四年（1570）		六○○○
曹縣	正德七年（1512）	六三九六	七七一九○
	嘉靖二○年（1541）	六七四三	二三七四九
金鄉	洪武二四年（1391）	六○三五	五二六五五
	成化年間（1465～1487）	六○三五	五一八四五

	弘治年間（1488～1505）	六〇三五	五〇九五四
	嘉靖年間（1522～1566）	五九五五	三八七八三
	隆慶五年（1571）	一三五三三	三九二三〇
魚臺	洪武二四年（1391）	一八八二	一五一六九
	永樂一〇年（1412）	二八七六	二二六八九
	成化一二年（1476）	三五六一	四二一四三
	成化一八年（1482）	五四八五	六一三二五
	正德一一年（1516）	三八一九	三七九三〇
	嘉靖十八年（1539）	三八三四	三八三八七
	嘉靖三一年（1552）	四三一八	二九五六四
	嘉靖四一年（1562）	三六九二	二八三八八

資料來源：1. 朱泰等，《萬曆兗州府志》（天一閣藏明代方志選讀編，上海書局），卷二三，〈戶口〉，頁一五～一九。

2. 不著撰人，《單縣志》（清乾隆二十四年刊本），卷三，〈食貨志〉，頁一～二。

前述四縣之人口數，在正德、嘉靖年間均有明顯減少，曹縣於正德七年人口數是七七一九〇人，嘉靖二十年只有二三七四六人，減少五三四四人。單縣，成化八年有一二二八一九人，嘉靖十九年有一〇〇七七四人，減少二二〇四五人，至隆慶四年僅存六千人。金鄉縣，弘治年間有五〇九五四人，嘉靖年間有三八七八三人，減少一二一七一人。魚臺縣，成化十八年有六一三二五人，嘉靖四十一年有二八三八八人，減少三二九三七人。

人口數減少，本縣之村里數亦隨之裁併，茲以金鄉縣為例說明：在明初，該縣原有二十四里，後居民日繁，乃增加九個里，計有三十三里。但「遭黃河為患，民漸流徙，……嘉靖年，民益逃亡」，又裁併為二十四里。後因「逃亡尤甚」，又併為十二里〔註33〕。

（二）縣城遷徙。縣城是本縣行政、經濟之重心，亦是商民群聚之所。為逃避河患，自商代以來，即有盤庚遷都以避河患之說，可知從縣城之被迫遷離，得反應是時河患之嚴重性。

山東兗州府所屬各州縣，在此時期有遷城者，僅有單縣，而魚臺、曹縣雖

〔註33〕清・孫巽等，《金鄉縣志》（清乾隆三十三年刊本），卷八，〈方社〉，頁1。

屢有倡議遷城者，終未被採行。茲將此三座縣城，遷與不遷之經過，論述於後：

1. 單縣城。原為土城，周圍約九里，從正德年間，該縣已屢為河水侵患近二十年。嘉靖二年，黃河潰決，縣城遭淹沒，山東巡撫都御史王堯封等遂建議於舊城北方一里處，另建新城，至嘉靖五年新城工竣，周圍約四里，高二丈五尺，砌以磚石；為防洪水侵犯，城牆東、西、南、北三面構築護城堤，計長八里，並遍植楊柳〔註34〕。

單縣另建新城之原因，大學士楊一清之〈遷城記〉中有詳述：

> 正德己巳（四年）又決楊晉口，己卯（正德十四年）亦如之，辛巳（正德十六年）又決八里灣。嘉靖癸未（二年）霖雨大注，漂民室廬，壞民禾稼，蕩析離居，邦人大恐，至乙酉（嘉靖四年），都御史王功堯封謂然嘆曰：於乎？單父之民，其為魚乎？乃今高岸為谷，田卒汙萊，是無土矣；老稚溝壑，壯者散徙，是無人矣；府庫空竭，室如懸磬，是無財用矣〔註35〕。

可知單縣因飽受河患，為求居民能安居，乃另尋高地創建新城。

2. 魚臺縣城。為土城，周圍約七里，高三丈二尺。嘉靖十三年黃河決於曹、單二縣，洪濤直奔魚臺，縣城幾遭淹沒，是時治河議有奏請遷城以避河患者，但知縣武翰則堅決反對言：

> 成化暨弘志、正德間，數遭大患，而城無虞。今洪水自城東、西已分，乃奏請遷徙，且本縣歷年既久，廬舍經營，孰無故土之思，兼之十室九空，烏能折運舊產，以就新創。況本縣與曹（縣）、鉅（野）水口，相離一百五十餘里，泛濫來此，不過四漫，必不甚為城患，而老城環繞，屹然可蔽，修其一、二殘缺，尚可撐持，藉令必棄久宅之城市，依新創之蓬蒿，哀鳴嗷嗷，其不堪甚矣。昔盤庚遷都，利害甚明，眾猶胥怨，蕞爾小邑，欲隔運漕，遠徙山麓，又將何所資藉。故城不改遷都，則黃河之災，僅及一邑，令城必遷，則窮疲赤子盡傷元氣，某等皆係敝民，祈蠲免糧差，築護堤，安受天災，以俟河變，暫止大費，以廣矜恤，托處高原，以就去來〔註36〕。

〔註34〕《單縣志》（清乾隆二十四年刊本），卷二〈輿地志，城池〉，頁7；明・陸錢等，《嘉靖山東通志》（天一閣藏明代方志選刊續篇），卷二，〈單縣〉，頁176。

〔註35〕同前上引書，卷一一，〈藝文志，單縣遷城碑〉，頁16。

〔註36〕清・趙英祚，《魚臺縣志》（清光緒十五年刊本），卷四，〈藝文志，止遷城議〉，頁5。

武翰反對之理由有二：其一，是黃河決口在曹縣，距離魚臺尚有一百五十餘里，故魚臺所遭侵犯之河水，為散漫之黃河水，破壞力有限，只要整修一、二殘破處即可，不必「棄久宅之城市，依新創之蓬蒿。」其二，魚臺居民屢遭河患，生活疲苦，差徭繁重，故不遷建新城，百姓之若離，僅有黃河水患一項而已，若改建新城，為籌建城之經費、工役，則「窮疲赤子，盡喪元氣」，故武翰奏請朝廷不必改建新城，只要於城外構築護城堤防，即能「以俟河變」。

　　3. 曹縣城。為土城，周圍約九里。正德六年，黃河浸城，有提議遷城者，但知縣易謨反對之，乃構築護城堤防以禦洪水。正德九年，知縣趙景鸞又增築城牆，高二丈二尺，闊二丈，由於「易謨築堤，景鸞增城，又改濬舊濠」，於是遷城之議遂罷〔註37〕。

　　明代在無法善治黃河情勢下，為確保百性之生命和財產，只有採行「不與河爭地」之說，不僅百姓逃離故鄉，縣城亦需遷離，以避河患。

四、論析洪朝選治河方策

（一）嘉靖末年黃河變遷大勢

　　洪朝選於嘉靖四十五年提出「黃河勢將北徙疏」，欲知此一治河方策之內容，首需探知其治河背景，亦就是嘉靖四十五年以前之十二年黃河變遷大勢，如是方能瞭解其治河方策之形成。

　　本文第二節中已論述嘉靖十三年至二十五年，黃河正流是南循渦河或澮河入淮河，經十二年之時間，渦河等河道已呈現淤高現象，無法再流通大量黃河水，因此嘉靖二十五年以後，黃河正流河道有再向北遷移之趨勢，尤其是嘉靖三十七年（一五五八）賈魯河遭淤塞後，導致黃河決於曹縣之新集，洪水向北衝，至單縣段家口，散為六股河水會於「閘漕」運道，此六股河道，從北到南：1. 沛縣之飛雲橋河道，2. 胭脂溝（沛縣東）。3. 大溜溝（徐州城北四十三里），4. 小溜溝（徐州城北四十里），5. 秦溝（徐州城北三十五里），6. 濁河（徐州城北三十里）。另外，黃河在碭山之堅城集，尚衝出一小股，至郭貫樓（碭山東），又散為五小股，為：1. 龍溝，2. 母河，3. 梁樓溝，4. 楊

〔註37〕《萬曆兗州府志》，卷一七，〈城池，曹縣城〉，頁 12；《嘉靖山東通志》，卷一二〈城池，兗州府〉，頁 758。

氏溝，5. 胡店溝，此五股河水均會於徐州小浮橋〔註38〕，因此曹縣新集之潰
決，導致黃河從曹縣以東至漕河間，分散為大小河道計有十一條，為明代黃
河河道最為紛亂時期。至嘉靖四十三年（一五六四），黃河在徐州城以北六股
河道，僅存秦溝，其餘五股均已淤塞〔註39〕。嘉靖四十四年（一五六五）七
月，黃河決於蕭縣，洪水東北衝，至豐縣棠林集（縣南二十里），分為南、北
二分股，統會於秦溝入「閘漕」；但北分段於豐縣之華山（縣東南），復決出
一分股，東北衝，至沛縣飛雲橋，散為十三支，以致「閘漕」南段運道（及
魚臺以南至徐州間）淤塞二百餘里。不久黃河又潰於曹縣新集，東北衝，至
沛縣飛雲橋阻斷「閘漕」，亦導致黃河於碭山之郭貫樓分出之五小段均淤塞
〔註40〕。

　　災情之嚴重，同年八月，命朱衡以工部尚書兼理黃、漕二河。朱衡之治
河方策有二：一是為避免黃河對「閘漕」南段運道構成危害，於昭陽湖東岸
（魚臺至沛縣間），另開新運道，稱之「南陽新河」，長有一百四十里。另一是
黃河全流水，從曹縣以東是循秦溝與「閘漕」交會於茶城（見圖二）〔註41〕

（二）論析黃河勢將北徙疏

　　此治河疏之主要目的，是惟恐黃河若再往北遷徙，將危及山東所屬之曹、
單等縣，並波及「閘漕」運道。因是時黃河之流向，依洪朝選之觀察，有二項
因素將衝決曹、單二線：

　　1. 沛縣一帶已淤高。經嘉靖四十四年黃河二次潰決，沛縣已成為洪泛區。
經朱衡之整治，黃河全流南移，循秦溝會「閘漕」於茶城。故沛縣境內已無黃
河水，田土乾涸，且先前黃河水衝決該縣，已使沛縣地勢「淤泥高至二、三
丈」〔註42〕。依河水避高趨下之常性，黃河一有泛漲，無法再潰向沛縣，如
是必北決「曹、單低窪之處」〔註43〕。

　　2. 黃河北岸會曹、單、考城等臨河彎曲處已呈崩塌。洪朝選於嘉靖四十
五年二月親赴黃河，逐一考查河南和山東二省交界之考城（屬河南），經曹、

〔註38〕《明史》，卷八三，〈河渠一，黃河上〉，頁八七九；《天下郡國利病書》，卷三
　　　　一，〈江南十九，徐州〉，頁3。
〔註39〕《行水金鑑》，卷三五，〈河水〉，頁380，引蕭縣志：「統會於秦溝」。
〔註40〕《行水金鑑》，卷三五，〈河水〉，頁380，引蕭縣志：「統會於秦溝」。
〔註41〕《行水金鑑》，卷三五，〈河水〉，頁380，引蕭縣志：「統會於秦溝」。
〔註42〕《洪芳洲公文集》，卷一，〈黃河勢將北徙疏〉，頁16。
〔註43〕《洪芳洲公文集》，卷一，〈黃河勢將北徙疏〉，頁15、16。

單二縣，至南直隸之豐縣，查知：曹縣之武家口、榮家壩，「皆水勢北衝，崩塌未已」；又拐頭瓦堽集，「衝進十餘里」，尤其危險。至於單縣之馬家口，「衝進亦十餘里」，情勢危急。又河南考城之芝麻莊、考誠口、崔家壩等三地，亦是河勢倒灣處，一旦黃河於此衝決，洪水將衝灌曹縣、金鄉、魚臺，並危及運道〔註44〕。

為防止黃河北徙，洪朝選擬訂整治方策有二：

1. 修築或創築黃河北岸堤壩。曹縣臨河處已有堤防三層，第一道裡河堤，第二道舊老堤，第三道南長堤；前述黃河於該縣衝塌三處（武家口、榮家壩、拐頭瓦堽集），距離裡河堤「近者一、二里，遠者十餘里耳。」〔註45〕單縣境內之堤防，則僅有南長堤一道，而馬家口衝塌處，距離堤防「止二十餘里耳」〔註46〕。

為強化堤防禦水功能，除添築曹縣所屬舊老堤、裡河堤之四處單薄處，以及單縣之南長堤從十八舖至二十三舖，並擴及南直隸之豐縣南長堤矮薄一處和沛縣之南長堤一舖至五舖。此外，於曹縣倒灣處，另創築縷水壩一道〔註47〕。

2. 開挑支河分洩黃河水南流，洪朝選為河主張開挑支河原因有二：

（1）堤防不足以防禦黃河水。堤防雖可防禦黃河水之泛溢，但逢黃河暴漲，是若建瓴，堤防難以防禦，茲黃河有北徙之勢，「惟就其淤處，或挑支河以殺其勢。」〔註48〕

（2）秦溝不足以容納黃河水。嘉靖四十五年，工部尚書朱衡認為黃河全流循秦溝與漕河交會於茶城，是黃、漕二河最佳交會點，既不偏北，威脅會通河（閘漕北段運道），亦不偏南，危害淮河流域之陵寢，而且黃河東南行，得以黃河水資助「河漕」通行糧船所需之水量。但洪朝選對於此一流向，則堅持反對之意見：

> 詢問司道都閫各官，皆言：黃河方出戚、華二山，以入秦溝、濁河，滔滔而下，更復何慮，決無北衝之理。臣（洪朝選）終未以為然，蓋黃河出口之處必多，然後可以容其萬里遠來之勢，騁其恣肆驟之

〔註44〕《洪芳洲公文集》，卷一，〈黃河勢將北徙疏〉，頁17。
〔註45〕《洪芳洲公文集》，卷一，〈黃河勢將北徙疏〉，頁17。
〔註46〕《洪芳洲公文集》，卷一，〈黃河勢將北徙疏〉，頁17。
〔註47〕《洪芳洲公文集》，卷一，〈黃河勢將北徙疏〉，頁15～17
〔註48〕《洪芳洲公文集》，卷一，〈黃河勢將北徙疏〉，頁18。

威，今乃出之一秦溝、一濁河，安能使之勇趨而駛流也。臣因案行
山東布（政）、按（察）二司，行各道親詣踏勘，則各道之報，大略
相同矣。夫當此桃花水（三月水勢）方發之時，勢已可畏如此，萬
一伏秋之際，雨水交發，勢如濤天，浩浩渺茫，將何以禦之。……
故堤防之設，絕不可緩，而宣洩利導之方，為最上策，雖萬古一致
也。且臣聞（黃）河出二洪（即河漕），舊有六股，近惟有秦溝、濁
河二股，今濁河之流甚微，其勢將塞，則僅有秦溝一股出口而已，
以萬里轉折，東下之勢，乘之以雨水交發，百川灌集之威，而出之
以一股（秦溝），其不為國計民命之妨者，臣不信〔註49〕。

可知洪朝選認為黃河水勢盛大，「舊有六股」（即嘉靖三十七年曹縣新集之決，
於徐州府城北分散之六股河道），茲今僅存秦溝一條河道，實無法容納黃河水，
故必須開挑二道支河以分洩黃河水南流。

　　從前述，修築堤防，創築縷水壩，開挑支河為洪朝選治河之主要方策。
所需夫役，築堤防工程需用人夫一萬一千四百二十三人，縷水壩需二千八百
人，開支河則是一萬三千九百一十七人〔註50〕。由於經費浩繁，前二項堤壩
工程，勢在必行，至於開支河，洪朝選並不堅持執行；雖其認為：「宣洩利導
之策（開支河），最為上策」〔註51〕，但仍保留商榷餘地，況且還有工程和經
費上之困難：

　　支河二道，乃水勢倒灣向北，故從南邊淤處濬之。……但訪居民者，
　　皆云：新淤沙濕，恐難下手，又恐既挑之役，（黃河）水不肯入（支）
　　河，必復淤，不無虛費，且照支河二道，用人一三九一七名，若與
　　堤壩一時興工，動眾二萬五千餘，恐難併舉，合無將各堤，加築堅
　　厚，並創築縷水堤。〔註52〕

故洪朝選建請先將「各堤加築堅厚，並創築縷水堤。」事實上，是時負責整治
黃、曹二河者是屬朱衡，其治河觀屬於「束水攻沙論」，不可能旁開支河分洩
黃河水。

　　綜觀洪朝選之治河方策，如同正德六年至嘉靖十二年，總河崔巖、朱裳

〔註49〕《洪芳洲公文集》，卷一，〈黃河勢將北徙疏〉，頁19～20。
〔註50〕《洪芳洲公文集》，卷一，〈黃河勢將北徙疏〉，頁15。
〔註51〕《洪芳洲公文集》，卷一，〈黃河勢將北徙疏〉，頁20。
〔註52〕《洪芳洲公文集》，卷一，〈黃河勢將北徙疏〉，頁16。

等採行之治河方法（詳見本文第二節二項「地方士民排拒黃河入境」）。

五、結論

　　洪朝選之治河觀是屬於「北堤南分」，其治河策是在傳統治河方法無法善治黃河之情勢下，為保境安民所提出之措施。是時其擔任山東巡撫御史，在河務上之職責，誠如所言：「則於漕運國計既無妨阻，而東省民命亦得保全矣，臣待罪東土，有地方之責，……親睹河患，不容坐視緘默。」〔註53〕故為確保山東西南臨河各縣能永絕河患，除建議於黃河北岸厚築堤防，甚至擬議開挑支河分洩黃河水南流；開支河雖未採行，但黃河中游河道南岸缺乏堤防之構築，一但黃河水暴漲，必然決於南岸各州縣。總之從洪朝選之治河疏，反應出有明一代之地方首長為體恤民命，所抱持之治河觀──排拒黃河入境，因黃河中下游流經州縣，必有嚴重河患，尤其朝廷治河方針漠視民生著重陵運。

〔註53〕《洪芳洲公文集》，卷一，〈黃河勢將北徙疏〉，頁20。

中國傳統詩文之黃河觀

一、前言

　　黃河為中國第二大川，全長五千四百六十四公里，其中下游（潼關以東），自古以來即是政治、經濟和文化之中心。

　　中華民族景仰黃河，視它為文化之搖籃，民族之象徵，但黃河是一條年年泛濫之河川，國史上，不知奪走多少之生命和田產，故中下游臨岸州縣百姓均畏懼黃河，認為其百害而無一利，希其遠離，勿流經本鄉土。為何我民族認同此一善淤、善潰之黃河，要想瞭解這種民族情感，惟有從歷代文人歌詠黃河之詩文，分析其蘊含之情境和精神，方能知曉，否則其它史籍裡所記載有關黃河之資料，多屬其潰溢之事蹟，及防河、治河之方策。故本文擬從歷代詩文，探討黃河之名稱、源流、美感、人文精神等，以及河決災傷之實情。

二、黃河名稱

　　黃河，其名稱於先秦，詩經、禹貢、穆天子傳、莊子等經籍，均單稱其名為「河」，如「誰謂河廣」〔註1〕，「導河積石」〔註2〕，「秋水時至，百川灌河。」〔註3〕河之上，加上形容其水質混濁之「黃」字，始於何時？據近人田倩君之

〔註1〕《毛詩》（臺北：臺灣商務印書館，民國五十八年十一月臺一版，四部叢刊正編），卷三，頁16。

〔註2〕《尚書》（臺北：臺灣商務印書館，民國五十八年十一月臺一版，四部叢刊正編），卷三，〈禹貢〉，頁22。

〔註3〕東周・莊周，《莊子》（臺北：臺灣中華書局，民國五十四年十一月臺一版，四部備要），卷六，〈秋水第十七〉，頁5。

研究，約在東漢初年（約西元 56 年），其引用馬第伯封禪儀：「黃河去泰山二百餘里」等史料為論證〔註4〕。從此文獻裡稱其名為「黃河」已是常見之名詞。

從西漢以來，歷代詩文所載黃河之名稱，因文人歌詠其外在形象和內在神蘊之不同，於「河」字上所加之形容詞，乃呈現多樣化；從不同之名稱，亦可瞭解黃河所具有之特質，茲將其不同名稱述之於後：

1. 濁河。形容其水質呈濁黃色。稱其名為濁河者，有史記高祖本紀：「夫齊南有泰山之固，西有濁河之限。」〔註5〕戰國策：「天時不與，雖有清濟、濁河，何足以為固。」〔註6〕唐代高適：「茫茫濁河注，懷古臨河濱。」〔註7〕明代裴說：「濁流如地色，浩浩極東京。」〔註8〕明代屠隆：「不知寒日落，猶見濁河流來往。」〔註9〕清代沈荃：「我來廣武山，……濁流向東

〔註4〕張含英曾根據《唐書》高宗永徽五年（六五四）十月，齊州黃河溢等資料，撰〈黃河釋名〉（《禹貢半月刊》，六卷十一期），對於黃河名稱之起源作以下之結論：「黃河之名，必起於唐永徽以前。」但鄭鶴聲另據《漢書》〈高惠高后文功臣表〉：「使黃河如帶，泰山若厲，國以永存，爰及苗裔。」等資料，撰〈黃河釋名補〉（《禹貢半月刊》，七卷一、二、三合期），該文之結論：「假使漢初封功臣在高祖八年（西元前一九九年），則黃河二字之發現，當在二千一百餘年前矣。」又田倩君，撰〈黃河名稱之緣起與其對中國文化之貢獻〉（《輔仁大學人文學報，第四期》），其引用《漢書補證》，「王念孫曰：按黃字乃後人所加，欲以黃河對泰山耳，不知西漢以前無謂河為黃河者，且此誓皆以四字為句也。」而認為漢封功臣表，其誓詞原為：「使河如帶，太山若厲」，後人於河上加一「黃」河。至於黃河名稱起於何時，其又云：「吾當知自東漢以還詩文之中有甚多例證，……黃河得名應在東漢。」又陳可畏，〈論黃河的名稱、河源與變遷〉（《歷史教學》，第十期，一九八二年），其論點是與田倩君雷同，該文載：「《史記》原作〈使河如帶〉，而《漢書》改為〈使黃河如帶〉，由此看來，黃河，一名的出現在西漢後期或東漢初年。」

〔註5〕漢·司馬遷，《史記》（臺北：鼎文書局，民國六十八年二月二版，標點本），卷八，〈高祖本紀第八〉，頁383。

〔註6〕漢·劉向，《戰國策》（臺北：臺灣商務印書館，欽定四庫全書），卷二九，〈燕一〉，頁8；又同上書，卷三〈秦一〉，頁9：「張儀說秦王……詔令天下，濟清河濁，足以為限。」

〔註7〕清·孫灝等，《河南通志》（臺北：臺灣商務印書館，民國七十五年八月出版，清乾隆四十三年刊本景印），卷七三，〈藝文二〉，頁31；又清·陳夢雷，《古今圖書集成》（臺北：鼎文書局，民國七十四年四月景印再版），卷五五〇，〈唐·高適，哥舒大夫破洪濟城登積石軍七級浮圖〉，頁5167：「塞上連濁河，轅門對山寺。」

〔註8〕明·張光孝，《西瀆大河志》（明萬曆刊本），〈藝文述第十三〉，頁1。

〔註9〕明·屠隆，《由拳集》（臺北：偉文圖書公司，民國六十六年九月出版，明代論著叢刊第三期），卷八，〈毘陵道上〉，頁20。

瀉。」〔註10〕

2. 大河、洪河、長河。黃河為一巨流，其淵源流長，水勢盛大，被尊為四瀆之宗，故有是稱。名為大河者，如西漢齊人延年：「開大河上領，出之胡中，東注於海。」〔註11〕唐代王維：「泛舟大河裡，積水窮天涯。」〔註12〕金代王渥：「大河三門險，神禹萬世功。」〔註13〕元代薩天錫：「晨牽大河上，曙色滿船頭。」〔註14〕明代潘希曾：「大河衝沛日湯湯，十載清流眩眼黃。」〔註15〕

稱為洪河者，如晉代潘岳：「登城望洪河，川氣冒山嶺。」〔註16〕唐代李緯：「壓洪河而傑起，凌蒼昊而孤標。」〔註17〕明代于謙：「冰泮洪河春意深，桃花新漲湧千尋。」〔註18〕明代焦源溥：「洪河龍門來，奔崩華山趾。」〔註19〕清代萇孕秀：「洪河乘此勢，汪洋長堤一潰不可當。」〔註20〕

〔註10〕 清・許勉燉，《氾水縣志》（清乾隆九年刊本），卷二二，〈藝文，清・沈荃，登廣武山〉，頁1。

〔註11〕 漢・班固，《漢書》（臺北：鼎文書局，民國六十七年五月出版，標點本），卷二四，〈溝恤志第六〉，頁1688。

〔註12〕 清・徐元燦，《孟津縣志》（臺北：成文出版社，1976年臺一版，清康熙四十八年刻本景印），卷四，〈藝文志，唐・王維，渡河〉，頁4；又清・沈清崖，《陝西通志》（臺北：華文書局，民國五十八年七月出版，清雍正十三年刊本景印），卷九五，〈藝文十一，唐・王維，華山嶽〉，頁21：「大河往東溟，遂為西峙嶽。」

〔註13〕 《古今圖書集成》，卷三二八，〈平陽府部，金・王渥，三門津〉，頁3040。

〔註14〕 同前書，卷三八八，〈開封府部，元・薩天錫，早發黃河即事〉，頁3557。

〔註15〕 明・潘希曾，《竹澗先生集》（臺北：新文豐出版社，民國七十八年七月臺一版，叢書集成續編），卷三，〈沛縣黃河口南徙〉，頁15。

〔註16〕 清・王軒等，《山西通志》（臺北：華文書局，民國五十八年五月初版，清光緒十八年刊本景印），卷二八，〈藝文詩，晉・潘岳，河陽縣作〉，頁5。

〔註17〕 《雍正陝西通志》，卷七八，〈藝文三，唐・李緯，請頒示御制西嶽碑文表〉，頁7。

〔註18〕 明・于謙，《于肅愍公集》（臺北：新文豐出版社，民國七十八年七月臺一版，叢書集成續編），卷四，〈大河春浪〉，頁9。

〔註19〕 《光緒山西通志》，卷二二一，〈藝文志，明・焦源溥，砥柱篇〉，頁69；又《雍正陝西通志》，卷九七，〈藝文十二，明・張維新，遊龍門〉，頁43：「一自荒山劃禹門，洪河西北下崑崙。」又清・紀黃中，《儀封縣志》（臺北：成文出版社，民國五十七年八月出版，民國二十四年鉛印本景印），卷一二，〈藝文下，明・劉大謨，黃河瞙〉，頁33：「誰能一掌抵洪河，荒堤如線障頹波。」又明・陶望齡，《歇庵集》（臺北：偉文圖書出版社，民國六十五年九月出版，明代論著叢刊第二輯），卷一六，〈奉吳本如憲長〉，頁2：「洪河之潤，靡不漸被。」

〔註20〕 清・管竭忠，《開封府志》（清康熙乙亥刊本），卷三四，〈清・萇孕秀，苦水行〉，頁8。

謂長河者，有唐代杜牧：「萬里長河共使船，聽君詩句倍悽然。」〔註21〕元代周霆震：「囊膠誰造崑崙頂，念此長河駭浪渾。」〔註22〕門代楊德周：「蜿蜒雲氣擁嶙峋，萬里長河性漸馴。」〔註23〕明代范崇孔：「長河萬里駕蘭船，攬勝人遊鏡裏天。」〔註24〕清代沈青崖：「長河凍結朔風攢，帶甲橫戈未即安。」〔註25〕

3. 銀河（絳河）、天河：相傳黃河水源來自崑崙山，此山為天柱，能貫能天漢，故有此名。（詳見本文第三節「發源地」）稱銀河（絳河）者，有唐代徐夤：「高復接銀河，大禹成門險。」〔註26〕宋代邵雍：「銀河洶湧翻晴浪，玉樹嵯峨生紫煙。」〔註27〕宋代毛滂：「絳河千葳，一照昇平」〔註28〕金代趙秉文：「銀河飛下青雲頭，或云奇勝在高頂。」〔註29〕元代薩天錫：「星槎風急浪花飄，夜深露冷銀河近。」〔註30〕明代顏鳳姿：「一派銀潢天際來，曲爛映渚此燈臺。」〔註31〕

名天河者，如明代倪謙：「播遷依寒月，湔滌挽天河。」〔註32〕明代王世貞：「銀作天河，玉作堤，河流倒掛與天齊，可憐拋向崑崙頂，一到人間濁似

〔註21〕《乾隆河南通志》，卷七四，〈藝文三，唐‧杜牧，汴水舟行答張祜〉，頁76。

〔註22〕元‧周霆震，《石初集》（臺北：新文豐出版社，民國七十八年七月臺一版，叢書集成續編），卷四，〈民哀〉，頁6；又《古今圖書集成》，卷三八八，〈職方典，元‧元好向，水調頭歌〉，頁42：「長河浩浩東注，不盡古今情。」

〔註23〕明‧楊德周，《銅馬篇》（臺北：新文豐出版社，民國七十八年七月臺一版，叢書集成續編），卷下，〈徐州〉，頁21。

〔註24〕清‧張元鑑，《虞城縣志》（清乾隆十年刻本），卷九，〈明‧范崇孔，黃河有感〉，頁63；又《光緒山西通志》，卷二二三，〈藝文志，明‧宋統殷，恢復府谷〉，頁63：「長河怒浪拍天開，何事施旄地來。」

〔註25〕《雍正陝西通志》，卷八五，〈藝文一，清‧沈青崖，曉寒念將士〉，頁912。

〔註26〕《古今圖書集成》，卷二二八，《山川典，河部，唐‧徐夤，河流》，頁2082。

〔註27〕《乾隆河南通志》，卷七四，〈藝文三，宋‧邵雍，安樂窩中詩一篇〉，頁70。

〔註28〕《古今圖書集成》，卷一三四，〈庶徵典，宋‧毛滂，清平樂〉，頁1367。

〔註29〕《雍正陝西通志》，卷九五，〈藝文十二，金‧趙秉文，游華山寄元裕之〉，頁60。

〔註30〕《乾隆河南通志》，卷七四，〈藝文三，元‧薩天錫，黃河舟中月夜〉，頁78；又《古今圖書集成》，卷二二八，〈山川典，河部，元‧馬祖常，黃河舟中月夜〉，頁2083：「夜深露冷銀河近，臥聽天孫織絳綃。」

〔註31〕同前註下引書，卷五七〇，〈職方典，臨洮府部，明‧顏鳳姿，蘭山煙雨〉，頁5158。

〔註32〕明‧倪謙，《倪文僖公集》（臺北：新文豐出版社，民國七十八年七月臺一版，叢書集成續編），卷六，〈和同年話舊韻〉，頁4。

泥。」〔註33〕

4. 縈河：相傳黃河具有靈性，河出圖，洛出書，能象徵上天旨意，賞罰世上之人君，採用此名者，如萬曆西瀆大河志：「或曰縈河，天一生水，水莫靈于大河，河開天地之祕。」〔註34〕又明代倪謙：「龍馬出縈河，我獨真駑劣。」〔註35〕明代黃輝：「縈河東去六州黃，何堪大澤哀鴻雁。」〔註36〕

5. 九曲河：黃河自發源地至入海口，相傳有九大灣曲，故稱九曲河或九折河，（詳見本文第五節一項「曲線美」），如唐代楊士雲：「九曲河源應列星，水泉甘美草青青。」〔註37〕明代沈戀學：「九曲河橫廣武城，奔流怒走混輕清。」〔註38〕明代許廷弼：「星海西來九曲河，華夷迥駭豫徐過。」〔註39〕清代王又旦：「雲中墮下三重嶺，天上流來九折河。」〔註40〕

此外，黃河尚因含沙量高達「一石水，六斗泥」，〔註41〕水流如泥柱，而稱為「膠河」，明代王廷相言：「今年雪大膠河流，蛟龍凍縮若蜓蜒。」〔註42〕而其水中之高含沙量，淤澱於河床，致河床高度超越兩岸平地，亦稱「懸河」，如明代焦源溥：「懸河青霄下，湧騰萬里間。」〔註43〕又明代王世貞：「我聞西有崑崙山，山高不可測，……一語一淚零，淚下如懸河。」〔註44〕

黃河，歷代文人為描述其水量盛大，混濁似泥，上通天漢，和曲折百迴之特性，使其具有：河、黃河、濁河、大河、洪河、長河、銀河（絳河）、天

〔註33〕明・王世貞，《弇州山人四部稿》（臺北，偉文圖書公司，民國六十六年九月，明代論著叢刊），卷五一，〈渡黃河偶成〉，頁5。

〔註34〕《西瀆大河志》，卷三，〈大河出龍馬圖述第七〉，頁1。

〔註35〕明・倪謙，《倪文僖公集》，卷六，〈和同年話舊韻〉，頁4。

〔註36〕《乾隆河南通志》，卷七四，〈藝文三，宿閣鄉觀村間風景〉，頁39。

〔註37〕明・楊士雲，《楊弘山先生存稿》（臺北：新文豐出版社，民國七十八年七月臺一版，叢書集成續篇），卷二，〈九曲河源〉，頁4。

〔註38〕清・許勉燉，《氾水縣志》，卷二一，〈藝文，梅氾水邀遊玉門〉，頁22。

〔註39〕明・李希程，《嘉靖蘭陽縣志》（天一閣藏明代方志選刊），卷一，〈渡黃河有感〉，頁16。

〔註40〕《雍正陝西通志》，卷九七，〈藝文十三，清・王又旦，太史祠晚照〉，頁39。

〔註41〕《漢書》，卷二九，〈溝洫志第九〉，頁1697：「大司馬史長安張戎：河水重濁，號為一石水而六斗泥。」

〔註42〕《民國儀封縣志》，卷一二，〈藝文志下，明・王廷相，梁園白雪歌〉，頁32。

〔註43〕《光緒山西通志》，卷二二一，〈明・焦源溥，龍門篇〉，頁69。

〔註44〕明・王世貞，《弇州山人四部稿》（臺北：偉文圖書公司，民國六十五年五月，明代論著叢刊），二〇，〈崐溟歌贈楚人曾生麟兆〉，頁9。

河、縈河、九曲河、九折河、膠河、懸河等不同名稱，故黃河成為中國境內各河川中，名稱最多者。

三、發源地

黃河發源於青海省巴顏喀拉山北麓，在海拔五千四百四十二公尺之雅拉達澤山以東三十公里之約古宗列盆地。〔註45〕清代以前之詩文，敘及黃河發源地，不因歷代對真河源已逐漸瞭解，仍多以「崑崙」為其源頭，如晉代成公綏之黃河賦：

> 覽百川之宏壯兮，莫尚美於黃河，潛崑崙之峻極矣，出積石之嵯峨，
> 登龍門而南逝兮。〔註46〕

東晉郭璞之爾雅圖贊：

> 崑崙三層（樊洞、板松、玄圃，是謂大帝三居），號曰天柱，實維河
> 源，水之靈府。〔註47〕

唐代李橋之河：

> 河出崑崙中，長波接漢空，桃花生馬頰，竹箭入龍宮。〔註48〕

唐代孟郊之泛黃河：

> 誰開崑崙源，流出混沌河，積雨飛作風，驚龍噴為波。〔註49〕

唐太宗之黃河：

> 河源發崑崙，連乾復浸坤，波渾經鴈塞，聲振自龍門。〔註50〕

宋代蘇軾之黃河：

〔註45〕水利部黃河水利委員會，《黃河水利史述要》（北京：水利電力出版社，一九八四年一月出版），第一章，〈黃河流域概況，黃河源〉，頁3。黃河正源一般認為是瑪曲（約古宗列渠），但黃河上源三條河流中，以位於南方之卡日曲最長，其較瑪曲還長二十多公里，故有關黃河正源，目前還有爭論，有主張瑪曲者，有主張卡日曲者；參見，黃盛璋，〈黃河上源的歷史地理問題與測繪的地圖新考（《考古與文物》，第一期，一九八〇年），頁 133～143；陳可畏，〈論黃河的名稱、河源與變遷〉（《歷史教學》，第十期，一九八二年），頁 7～13。

〔註46〕清‧魯曾煜，《祥府縣志》（清乾隆四年刊本），卷一九，〈藝文志〉，頁17。

〔註47〕清聖祖，《淵鑑類函》（臺北：新興書局，民國五十六年五月出版），卷三六，〈河〉，頁44。

〔註48〕日本‧河世寧，《全唐詩逸》（臺北：新文豐出版社，民國七十五年三月臺一版，叢書集成新編），卷下，頁50。

〔註49〕清‧龔松林，《陝州志》（清乾隆十一年刊本），卷一八，〈藝文詩〉，頁22。

〔註50〕《古今圖書集成》，卷二二八，〈山川典，河部〉，頁2080。

浩浩何人見混茫，崑崙氣脈本來黃，濁流若能污清濟，驚浪應須動太行。〔註51〕

宋代荀倫之與河伯牋：

發洪河於崑崙，揚高波於砥柱，包四瀆以稱王，總百川而為主。〔註52〕

元代房祺之遊龍祠：

黃河如絲導崑崙，萬里南下突禹門，枝流潛行大地底，派作人道如霆奔。〔註53〕

明代陳履之黃河篇：

黃河水何渾渾，崑崙道是黃河源，千迴萬折入中土，洪流終如勢若奔。〔註54〕

明代呂柟之登偉觀樓：

黃河流日月，畫舫渡風雲，……崑崙豈有穴，天地本無分。〔註55〕

明代黃哲之黃河：

河渾渾發崑崙，度砂磧經中原，噴薄砥柱排龍門。〔註56〕

明代黎遂球之臘月十八日登泰山絕頂作：

吹噓日月搖東海，吐納崑崙接大河。〔註57〕

清代章鑾之淮水分清：

崑崙西下源頭濁，桐柏東來徹底清。〔註58〕

清代陳玉壂之黃河：

不識黃河水，今看九派渾，……何處向崑崙。〔註59〕

〔註51〕《古今圖書集成》，卷二二八，〈山川典·河部〉，頁2082。

〔註52〕《乾隆河南通志》，卷七六，〈藝文五〉，頁9。

〔註53〕元·房祺，《河汾諸老詩集》（臺北：新文豐出版社，民國七十五年三月臺一版，叢書集成新編），卷三，頁43。

〔註54〕明·陳履，《懸榻齋詩集》（臺北：新文豐出版社，民國七十八年七月臺一版，叢書集成續編），卷上，頁21。

〔註55〕清·張之紀，《孟縣志》（清康熙三十四年刊本），卷一二，〈明·呂柟·登偉觀樓〉，頁22。

〔註56〕清·孫和相，《中牟縣志》（清乾隆十九年刊本），卷一八，〈藝文〉，頁19。

〔註57〕明·黎遂球，《蓮鬚閣集》（臺北：新文豐出版社，民國七十八年七月臺一版，叢書集成續編），卷七，〈臘月十八日登泰山絕頂作〉，頁10。

〔註58〕清·朱元豐，《清河縣志》（清乾隆十五年刊本），卷一三，〈藝文〉，頁68。

〔註59〕《乾隆祥府縣志》，卷二〇，頁41。

可知河源出崑崙之觀念，是受古經籍如山海經、爾雅等書所載：「河出崑崙墟」之影響。〔註60〕

西漢以來，雖偏執河源在崑崙，但崑崙之地理位置，在各朝代並非固定於某一地點，而是隨著河源真相之逐漸明朗而轉移，茲分五個時段論述之：

（一）先秦古經籍中有記載河源者，主要有二：

1. 是戰國時代之尚書禹貢，提出「導河積石」，〔註61〕認為大禹治河，是從其發源地積石山開始，此是國史上最早之河源記載。禹貢之積石山，一般認為是唐代所稱之小積石山（大積石山，則在今青海東南之大雪山，亦稱阿尼馬卿山），故其地點是位於河州抱罕縣（甘肅臨夏縣循化附近），〔註62〕此地距離真河源（約古宗列渠）還有一段相當長之距離（約一千三百餘公里），但依是時之地理知識言，有此認知，已屬難能可貴。〔註63〕

2. 為山海經，其出書時間較尚書晚些，依海內西經、西山經、北山經之內容，可知該書之作者，認為河源在崑崙，河水流入泑澤（羅布泊），而後河水潛伏地下往南流，在積石山（小積石）下又冒出地面。〔註64〕因此，黃河就有兩個源頭，初源在崑崙，重源在積石，此一對黃河上源錯誤之認知，開啟往後「黃河重源說」之端倪。至於崑崙之地點，位於何處，從山海經之內容

〔註60〕《山海經箋疏》（臺北：臺灣中華書局，民國五十四年十一月臺一版，四部備要），卷一一，〈海內西經〉，頁2；及《爾雅注疏》，卷七，〈釋水第十二〉，頁13。

〔註61〕《尚書》，卷三，〈禹貢〉，頁22。

〔註62〕《漢書》，卷二八下，〈地理志第八下，金城郡河關縣〉，頁1611，載：「積石山在西南羌中」，此是國人對於黃河真源初步認識。又唐·李吉甫，《元和郡縣圖志》（臺北：臺灣商務印書館，欽定四庫全書史部地理類），卷三九，〈龍右道上，河州抱罕縣〉，頁15，載：「積石山，一名唐述山，今名小積石山，在縣西北七十里，按河出積石山，在西南羌中，注於蒲昌海，潛行地下，出於積石，為中國河，故今人目彼山為大積石，此山為小積石。」故唐代積石山有大、小之區別。又依鈕仲勛，〈黃河河源考察和認識的歷史研究〉（《中國歷史地理論叢》，第四期，一九八八年），頁40：「禹貢的積石，一般認為是小積石，……直至東漢後，還是以積石山（小積石）為河源。」

〔註63〕同前註下引書。

〔註64〕《山海經箋疏》，卷二，〈西山經〉，頁21：「積石之山，其下有石門，河水冒以西流。」又同上書，卷三，〈北山經〉，頁6：「敦薨之山（天山），……敦薨之水出，而西流注於泑澤（羅布泊），出於昆侖之東北隅，實惟河源。」又同上書，卷一一，〈海內西經〉，頁4：「海內昆侖之墟，……河水出，東北隅，以行其北，西南又入渤海，又出海外，西而北入禹所導積石。」

來看，還不是十分清楚。〔註65〕

（二）能明白敘述黃河上源出自西域（新疆）者，首先出自張騫對漢武帝之奏記。〔註66〕漢武帝於建元三年（西元前136年），派張騫通西域，此行張騫獲得有關西域之豐富地理知識。回國後，向武帝報告：黃河上源在西域之于闐（新疆和闐），因為于闐東邊之河水（即塔里木河），全往東流，至鹽澤（羅布泊）；而後河水潴蓄於鹽澤，地面上沒有一條河川從鹽澤流出，河水卻日夜向東流，為何積年累月，鹽澤都沒有漲溢現象；於是推想，其河水必潛伏南流，再湧現於地面，流入中國。〔註67〕如此，今新疆境內之塔里木河就成為黃河之上源。

張騫雖謂河源在于闐，但未說崑崙在于闐，〔註68〕而且鹽澤之地下水潛伏南流，在何處湧出地面，亦僅說：「其南則河流出焉，……河注中國。」〔註69〕此二問題，往後，漢武帝和東漢班固都有明確說明。漢武帝依據張騫之河源在于闐之說，和此後漢朝使者屢出西域，所得有關河源之訊息，遂依據古圖書（疑為山海經、禹本紀），因受制「河出崑崙」之說，認定于闐之南山（即今新疆南界之山，崑崙山脈）為崑崙。〔註70〕至於班固，依其所撰之漢書，在西域傳內明確指出：河水從鹽澤潛流，南出於積石（位於西南羌中，即隴

〔註65〕岑仲勉，《黃河變遷史》（臺北：里仁書局，民國七十一年一月出版），第一節，〈黃河重源說的緣起〉，頁32。

〔註66〕岑仲勉，《黃河變遷史》，第一節，〈黃河重源說的緣起〉，頁32。

〔註67〕《史記》，卷一二三，〈大宛傳第六十三〉，頁3160：「于闐之西，則水皆西流，注西海；其東水東流，注鹽澤，鹽澤潛行地下，其南則河源出焉，多玉石，河注中國，而樓蘭、姑師邑有城廓，臨鹽澤，鹽澤去長安可五千里。」

〔註68〕同前註引書，又載：「太史公曰：禹本紀言：河出昆侖；昆侖其高二千五百餘里，日月所相隱避為光明也，其上有醴泉、瑤池。今自張騫使大夏之后也，窮河源，惡睹本紀所謂昆侖者乎？故言九州山川，尚書近之矣。至禹本紀、山海經所有怪物，余不敢言之也。」故司馬遷不相信，河源在崑崙，只願接受尚書之看法，河出積石。張騫之看法，依顧頡剛，〈昆侖和河源實定〉（《歷史地理》，第三輯），頁220：「他（張騫）心裡接著又引起了一個疑竇，怕昆侖在西邊，……照山海經說，弱水是環流在昆侖下面的，西王母是住在昆侖西邊的，而傳聞遠在波斯灣的條枝都有，條枝西邊就是黑海和地中海，這可見昆侖該在那邊才是，所以河源問題他雖有了把握，而昆侖問題還是茫然。」

〔註69〕《史記》，卷一二三，〈大宛傳第六十三〉，頁3160。

〔註70〕同前註，頁3773：「漢使窮河源，河源出于闐，其山多玉石，采來，天子案古圖書，名河所出山曰崑崙云。」又顧頡剛，〈崑崙和河源的實定〉，頁221：「他（漢武帝）所案的古圖書，無疑是山海經、禹本紀。」

西郡河關縣，亦是唐代之小積石），〔註71〕此一見解顯然受到禹貢之影響。如此「黃河重源說」更為確定，初源在崑崙，位於于闐之南山；重源是積石山，在隴西河關縣（甘肅臨夏）。

（三）從西漢末年至唐代初年，歷經六百年，對於河源真相仍不清楚。唐初，吐谷渾不斷侵擾唐代之西部邊境，貞觀九年（635），命侯君集、王道宗等率軍予以征討，在追擊過程中，侯君集等首先到達河源地區，依舊唐書吐谷渾傳載：「達于柏梁，北望積石山，觀河源之所出焉。」〔註72〕又舊唐書侯君集傳亦載：「轉戰過星宿川，至于柏海。」〔註73〕易宿川即今星宿海，柏梁或柏海即是扎陵湖、鄂陵湖。

率先反對「黃河重源說」者，為憲宗時代之杜佑，因其確知黃河上源在吐蕃國，遂認為張騫、漢武帝、班固之河源觀，「悉皆謬誤」。〔註74〕但杜佑卻主張崑崙山在吐蕃國中，依通典載：「吐蕃自云：崑崙山在國中西南，則河之所出也。」〔註75〕杜佑之所以將位於西北之崑崙山（于闐南山），轉移至西南，原因在於其雖確知河源出自吐蕃，但前人著作屢言：河出崑崙，為求真實與前人著作相符合，遂稱吐蕃國中之山為崑崙。

唐穆宗長慶元年（821），派大理卿劉元鼎至吐蕃會盟，道經河源地區，依新唐書吐蕃傳：「河之上流，繇洪濟梁（青海貴德縣西札梭拉山口）西南行二千里，水益狹，春可涉，秋、夏乃勝舟。其南三百里，三山（即位於星宿海西南、西、西北之毛那角山、札朵各州山、查哈西里山），中高而四下曰：紫山（即巴顏喀喇山），……古所謂崑崙者也，虜曰：悶摩黎山，東距長安五千里。河源其間，流澄緩下，稍合眾流，色赤，行益遠，它水並注則濁，故舉世

〔註71〕《漢書》，卷九六上，〈西域傳第六十六上〉，頁3871：「其河有兩源，一出蔥嶺，一出于闐。于闐在南山下，其河北流，與蔥嶺河合，東注蒲昌海。蒲昌海一名鹽澤者也，去玉門、陽關三百餘里，廣長三百里，其水亭居，冬夏不增減，皆以為潛行地下，南出積石，為中國河云。」此一記載與史記大宛傳相比較，有二大不同：一是漢書認為河有兩源，一出蔥嶺（帕米爾），一出于闐；二是漢書明確指出河水從鹽澤潛流，南出於積石。

〔註72〕後晉・劉昫等，《舊唐書》（臺北：鼎文書局，標點本），卷一九八，〈西戎〉，頁5299。

〔註73〕同前書，卷六九，〈侯君集傳〉，頁2510。

〔註74〕唐・杜佑，《通典》（臺北：新興書局，民國五十四年十月新一版），卷一七四，〈州郡四，風俗〉，頁24。

〔註75〕唐・杜佑，《通典》，卷一七四，〈州郡四，風俗〉，頁24。

謂西戎地曰河湟。」〔註76〕劉元鼎記述河源出自紫山，並論及上源水文，其
對河源之瞭解，比以前更有進步，但其如同杜佑，仍受山海經等經籍之影響，
稱紫山為崑崙山。

（四）元世祖至元十七年（2280），派都實為招討使，往求河源，歷經四
個月而回，稍後翰林學士潘昂霄依據都實之調查成果，撰寫「河源志」。依河
源志之記載：黃河發源於火敦腦兒（即星宿海），其下為阿剌腦兒（即扎陵湖、
鄂陵湖），並述：「朵甘思東北有大雪山（阿尼馬卿山），名亦耳麻不莫剌，其
山最高，譯言騰乞里塔，即崑崙也；山腹至頂皆雪，冬夏不消。」〔註77〕都
實認為大雪山為崑崙山，將傳說中之崑崙山，從河源處（即紫山，巴顏喀喇
山）往下推移至唐人所稱之大積石山（即大雪山；故元代積石，是指小積石
山），其原因依黃河變遷史之記載：「崑崙是一座偉大的山嶺，古來傳說已深
深印入人們的腦筋，事實上，亦確然不錯，現在都實在河源附近眼見的山勢
（如巴顏喀喇山等），並非恁樣瑰奇，獨阿尼馬卿週年積雪，擋住黃河去路，
由於相形見絀的心理作用，遂使他相信古人觀察錯誤，斷然把崑崙向下推去。」
〔註78〕可知傳說中崑崙山是一座高大雄偉之大山（相傳高度一萬一千里），而
真河源附近之群山，並非峻奇，惟有大雪山之山勢（高度六千二百八十二公
尺）能與之相附合，因此都實認為古人觀察河源出自崑崙山，實為錯誤，遂
將大雪山視為崑崙。此一看法，一直延續至明代，而沒有改變。〔註79〕

（五）清代初期，曾多次派人考察黃河上源。康熙四十三年，拉錫等奉命
勘查河源。從其歸來後所進呈之星宿河源圖，可得知：在渣淩諾爾（即扎陵湖）
以西，有三條支河（即扎曲、約古宗列曲、卡日曲），中間一支，其長度畫得
最長。〔註80〕此次考察，均將上源之三條支河，視為黃河源。至乾隆二十六年

〔註76〕宋‧歐陽修等，《新唐書》，卷二一六下，〈吐蕃傳下〉，頁6104。

〔註77〕明‧潘季馴，《河防一覽》（臺北：文海出版社，中國水利要籍叢編），卷五，
頁111，引「元史河源記」。

〔註78〕《黃河變遷史》，第二節，〈重源說經過長時期而後打破〉，頁57。

〔註79〕明‧李賢，《大明一統志》（臺北：文海出版社，民國五十四年八月初版，依
中央圖書館善本景印），卷八九，〈西藩〉，頁15：「崑崙山在乃甘衛東北，番
名亦耳麻不剌山，極高峻，雪至夏不消，綿亘五百餘里，黃河經其南。」又
明‧黃訓，《名臣經濟錄》（臺北：臺灣商務印書館，四庫全書珍本三集），卷
五一，〈宋濂，河議〉，頁34：「大朵甘思，東北鄙有大山，四時皆積雪，曰：
伊拉瑪博囉，又曰：騰格哩哈達，譯曰：崑崙也。」

〔註80〕《十二朝東華錄，康熙朝》（臺北：文海出版社，民國五十二年九月出版），
卷一五，頁36，康熙四十三年九月丁卯條。

（1761）齊召南編撰水道提綱，該書記述黃河上源之三條支河，位於中間之支河為黃河正源，稱為「阿爾坦河」（即約古宗列渠）；此支河北岸矗立「噶達蘇七老峯」（在星宿海西三百里，為巴顏喀喇山之主峯），高有四丈。〔註81〕

乾隆四十七年（1782），為祭祀河神，派侍衛阿彌達尋訪河源，獲知黃河導源於「阿爾坦郭勒」之噶達素齊老峯，依清一統志載：「星宿之西，有巨石，亭亭獨立，名噶達素齊老，蒙古語，噶達素，北極星；齊老，石也，上有天池，流泉噴湧，水作金色，實黃河之真源。」〔註82〕由於乾隆君臣深信「黃河重源說」，初源在于闐之南山，河水流匯鹽澤，潛伏南流，於噶達素齊老峯再流出地面。因此，崑崙山之地點，又回歸於于闐之南山（即今崑崙山脈），積石山則是噶達素齊老峯。〔註83〕

總之，河源出崑崙之說，只是古人之理想，但從漢至清，卻執迷此一說法，以致崑崙山之地點，隨著真河源之逐漸明朗而轉移，故漢武帝之于闐南山，唐代劉元鼎之紫山，元代都實之大雪山，清乾隆皇帝之于闐南山，均為各朝代所認知崑崙山之地點。

四、泉脈源

黃河源在約古宗列盆地，此地有眾多之小湖泊和湧泉，股股清流匯集，形成一條蜿蜒之小河，稱其名為「瑪曲」。從唐至清，不論其所認知之黃河源

〔註81〕清‧齊召南，《水道提綱》（臺北：臺灣商務印書館，欽定四庫全書，史部地理類），卷五，〈黃河〉，頁1。

〔註82〕清‧和坤，《欽定大清一統志》（臺北：臺灣商務印書館，史部地理類），卷四一二，〈青海〉，頁22。以及黃盛璋，〈黃河上源的歷史地理問題〉（《考古與文物》，一期，一九八〇年），頁138，和鈕仲勛，〈黃河河源考察和認識〉，頁47，可知：阿彌達所稱「阿勒坦郭勒」是指卡日曲（黃河上源三條河流之南支），與康熙實測和水道提綱所云：「阿爾坦河」指約古宗列渠，地名雖同，但所指是兩條河。由於阿彌達只沿著「阿勒坦郭勒」行走一百一十里，未達其盡頭，為了比附康熙時所探河源，亦將所到之處，加上一個「噶達素齊老」名稱。

〔註83〕《黃河變遷史》，頁64；及顧頡剛，〈崑崙和河源的實定〉，頁223；又趙爾巽等，《清史稿》（臺北：洪氏出版社，民國七十年八月一日初版，標點本），卷一二六，〈河渠一，黃河〉，頁3715：「有清首重治河，探河源以窮水患，⋯⋯高宗復遣侍衛阿彌達往，西諭星宿更三百里，乃得之阿勒坦噶達蘇齊老山，自古窮河源，無如是之詳且確者。然此猶重源也，若其初源，則出蔥嶺，與漢書合，東行為喀什噶爾河，又東會葉爾羌、和闐諸水，為塔里木河，而匯於羅布淖爾，東南潛行沙磧千五百里，再出為阿勒坦河，伏流初見，輒作黃金色，蒙人謂：金「阿勒坦」，因以名之，是為河之重源。東北會星宿海水，行二千七百里，至河州積石關入中國。」

在何處，詩文裡敘及源頭之湧泉來源，從唐代詩人李白吟詠：「君不見黃河之水天上來，奔流到海不復迴。」〔註84〕「黃河如絲天際來，黃河萬里觸山動。」〔註85〕從此，黃河水天上來之觀念，常被詩人所引用，如唐代耿湋之奉和李觀察登河中白樓：

> 黃河曲盡流天外，白日輪輕落海西。〔註86〕

元代朱思本之淮河曲：

> 黃河水流與天通，臣心如水將焉窮。〔註87〕

元代薩天錫之早發黃河即事：

> 河源天上來，趨下性所由。〔註88〕

明代傅汝礪之題黃河詩：

> 黃河萬古來天上，白日千雷鬭池中。〔註89〕

明代錢溥之出清河口：

> 黃河滾滾出天源，捲地聲如萬馬奔。〔註90〕

明代張致中之望清口：

> 黃河九折從天注，馮夷憨舞潛蛟怒。〔註91〕

清代禹殿鰲之玉清仙境：

> 黃河不獨來天上，仙井更看出霧中。〔註92〕

清代費錫琮之黃河：

〔註84〕唐・李白，《青蓮觴咏》（臺北：新文豐出版社，民國七十五年三月臺一版，叢書集成新編），卷上，〈古樂府七首〉，頁3。
〔註85〕《雍正陝西通志》，卷九五，〈藝文十一，李白，西嶽雲臺歌送〉，頁51。
〔註86〕《光緒山西通志》，卷二二三，〈藝文〉，頁59。
〔註87〕元・朱思本，《貞一齋詩文稿》（臺北：新文豐出版社，民國七十八年七月臺一版，叢書集成續編），卷二，頁13。
〔註88〕《古今圖書集成》，卷三八八，〈職方典，開封府部〉，頁3559。
〔註89〕《嘉靖蘭陽縣志》，卷一，頁16。
〔註90〕《乾隆清河縣志》，卷一三，〈藝文志〉，頁73。
〔註91〕明・高得暘，《節菴集》（臺北：新文豐出版社，民國七十八年七月臺一版，叢書集成續編），卷二二，〈藝文二〉，頁15；又《乾隆河南通志》，卷七三，〈藝文二，明・李夢陽，梁園歌〉，頁13：「黃河如絲天上來，千里不見淮南山。」又明・董嗣成，《董禮部集》（臺北：新文豐出版社，民國七十八年七月臺一版，叢書集成續編），卷四，〈又用前韻送伯俊出按三晉〉，頁35：「白筆似霜當殿出，黃河如線自天來。」又《徐元目先生集》，卷三，〈送元美三首〉：「醉攜長劍倚高秋，忽見黃河天外流。」
〔註92〕《乾隆汜水縣志》，卷二二，〈藝文〉，頁15。

　　　靈派來天上，渾流晝夜流。〔註93〕

詩文裡，為何謂黃河源來自天上，此與崙崑山之傳說有關。相傳崙崑山，是
「天柱」，〔註94〕天帝之下都，山上有宮殿、瑤池，為西王母和眾神仙居住地
方；它亦是「地首」，天下之山川均發脈於此。〔註95〕崙崑山既是一座具有神
祕感而山勢奇偉能貫通上天之仙山，黃河發源於此，文學家遂想像其泉源來
自天上，故魏（三國）應瑒至：「河源出崑崙，上與天漢通，故曰靈河。」〔註
96〕又明代王士鈜亦言：「崑崙之氣自天通，……而黃河之源自崑崙，故曰黃
河之水天上來。」〔註97〕

五、美哉黃河

　　黃河巨流，其動如萬馬奔騰，有氣吞山河之勢；其靜如一線絲帶，貫穿
中原，茲以曲線、奔騰、流向、嫻靜、尊貴和人文諸特質敘黃河之美。

（一）曲線美

　　黃河從發源地至入海口，其自然形態，依爾雅載：「河百里一小曲，千里
一曲一直。」〔註98〕又淮南子亦載：「河九折入海，而流不絕者，有崑崙之輸
也。」〔註99〕從諸經籍可知，黃河全長約九千里（五千四百六十四公里），其
曲線呈現「九曲百折」之勢。

　　詩文敘黃河，能掌握其曲線之美，如西晉趙整之琴歌：

　　　昔聞盟津河，千里作一曲。〔註100〕

〔註93〕清・李調元，《蜀雅》（臺北：新文豐出版社，民國七十五年三月臺一版，叢
　　　書集成新編），卷四，頁44；又《光緒山西通志》，卷二二四，〈藝文志，清・
　　　朱彝尊，送曹侍郎備兵大同二首〉，頁79：「黃河天上三城戍，畫角霜前萬里
　　　風。」又清・汪之藻，《清河縣志》（清康熙三十四年刊本），卷四，〈藝文志，
　　　清・丁兆球〉，頁73：「黃河之水來天上，萬里迢迢恣蕩漾。」
〔註94〕《西瀆大河志》，卷六，〈大河藝文述第十三〉，頁11。
〔註95〕《乾隆氾水縣志》，卷二〇，〈藝文，明・王鏊，河源辨〉，頁1。
〔註96〕宋・章樵，《古文苑》（臺北：新文豐出版社，民國七十五年三月臺一版，叢
　　　書集成新編），卷二一，〈靈河賦〉，頁456。
〔註97〕明・秦之英等，《武陟縣志》（明萬曆十九年刊本），卷七，〈藝文志，東門記〉，
　　　頁4。
〔註98〕《爾雅》，卷中，〈水中〉，頁14。
〔註99〕漢・劉安，《淮南子》（臺北：臺灣商務印書館，民國五十八年十一月臺一版，
　　　四部叢刊正編），卷六，〈覽冥編〉，頁9。
〔註100〕清・徐元燦，《孟津縣志》（清康熙四十八年刻本），卷四，〈藝文〉，頁2。

唐代盧綸之送郭判官赴振武：

　　黃河九曲流，繚繞古邊州。〔註101〕

唐代裴度之神龜負圖出河賦：

　　浮九折之澄碧，散五色之紫光。〔註102〕

宋代王安石之書任村馬鋪：

　　兒童繫馬黃河曲，近岸河流如可掬。〔註103〕

元代陳高之黃河：

　　河流九折自崑崙，海內川渠此水尊。〔註104〕

元代李祁之黃河賦：

　　折九曲之迂迴，瀉千里於一決。〔註105〕

明代崔譽之黃河：

　　波浪溶溶九曲流，汀花沙草晚颼颼。〔註106〕

明代袁中道之過鄭州：

　　乍遠黃河九曲紋，管城孤塔掛斜曛。〔註107〕

明代陳子龍之秋歸涉黃河：

　　春水下龍門，黃河九曲渾。〔註108〕

清代方汝謙之晚渡黃河：

　　九折崑崙來積石，半天星斗落孤城。〔註109〕

〔註101〕《光緒山西通志》，卷二二三，頁7。

〔註102〕《古今圖書集成》，卷二二五，〈山川典，河部〉，頁2057。

〔註103〕清・施誠，《河南府志》（清乾隆四十四年刊本），卷九，〈藝文志〉，頁24。

〔註104〕元・陳高，《不繫舟漁集》（臺北：新文豐出版社，民國七十五年三月臺一版，叢書集成新編），卷七，頁9。

〔註105〕《古今圖書集成》，卷二二五，〈山川典，河部〉，頁2062。

〔註106〕《康熙孟津縣志》，卷四，〈藝文〉，頁8。

〔註107〕明・袁中道《珂雪齋前集》（臺北：偉文圖書公司，民國六十五年九月出版，明代論著叢刊），卷八，頁16。

〔註108〕《乾隆祥府縣志》，卷二一，〈藝文〉，頁38；又明・徐渭，《徐文長逸稿》（臺北：偉文圖書公司，民國六十六年九月出版，明代論著叢刊），卷一〇，〈氣何來〉，頁1：「河九折而翁子善談。」又明・吳國倫，《甔甀洞稿》（臺北：偉文圖書公司，民國六十五年五月出版，明代論著叢刊），卷八，〈滎陽道中〉，頁3：「天邊九曲黃河落。」又明・胡應麟，《少室山房類稿》（臺北：新文豐出版社，民國七十八年七月臺一版，叢書集成續編），卷三三，〈渡黃河〉，頁9：「九曲黃河水，奔流下夕陽。」

〔註109〕清・阮元，《淮南英靈集》（臺北：新文豐出版社，民國七十五年三月臺一版，

清代唐獻圭之河決晚渡：

> 誰將九曲千層浪，隔斷三吳萬里程。〔註110〕

黃河相傳有九大灣曲，此九曲之地點，依明代三才圖會之「黃河九曲考」載：

> 崑崙山，名地首，上為權勢星，一曲也。東流千里至規其山，名地
> 契，上為距樓星，二曲也。邠南千里至積石山，名地肩，上為別符
> 星，三曲也。邠南千里入隴首抵龍門，名地根，上為官室星，四曲
> 也。南流千里至卷重山，名地咽，上為卷舌星，五曲也。東流貫砥
> 柱觸淤流山，名地喉，上為樞星以運七政，六曲也。西距卷重山千
> 里，東至雒會，名地神，上為紀星，七曲也。東流至大伾山，名地
> 肱，上為輔星，八曲也。東流至絳水千里至大陸，名地腹，上為虛
> 星，九曲也。〔註111〕

欲知前引文崑崙等九曲之地點，需先述明「黃河九曲考」之來源，案圖書編
載：「黃河九曲，其說出河圖。」〔註112〕因此依「河圖緯」載：

> 河導崑崙山，名地首，上為權勢星。東流至規其山，名地契，上為
> 距樓星。北流千里至積石山，名地肩，上為別符星。邠南千里入隴
> 首山，間抵龍門首，名地根，上為營室星。龍門，上為王良星。為
> 天橋、神馬出河，躍南流千里，抵龍首，至卷重山，名地咽，上為
> 卷舌星。東流貫砥柱，觸閼流山，名地喉，上為樞星，以運七政，
> 西距卷重山千里。東至雒會，名地神，上為紀星。東流至大伾山，
> 名地肱，上為輔星。東流過絳水，千里至大陸。〔註113〕

可知二者之內容大致雷同，只是三才圖會於各星座之下，附加曲別而已。九
曲之地點，茲分二段論述：

　　1. 一曲崑崙，二曲規期山，依初學記「水經注」及「山海經注」：

　　　　叢書集成新編），戊集卷二，頁591。
〔註110〕《乾隆祥府縣志》，卷二一，〈藝文志〉，頁50。
〔註111〕明・王圻，《三才圖會》（臺北：成文出版社，民國五十九年臺一版，明萬曆
　　　　三十五年刊本景印），地理四卷，〈九曲考〉，頁207；又《稗史彙編》（臺北：
　　　　新興出版社，民國六十二年四月出版，明萬曆庚戌年刻本景印），卷一〇，
　　　　〈地理門，黃河九曲〉，頁1。
〔註112〕明・章潢，《圖書編》（臺北：臺灣商務印書館，民國六十四年出版，四庫全
　　　　書珍本六集），卷五十三，〈黃河九曲〉，頁35。
〔註113〕清・喬松年輯，《河圖緯》（臺北：新文豐出版社，民國七十八年七月臺一版，
　　　　叢書集成續編四四冊），卷一一，頁11。

河源出崑崙之墟，東流，潛行地下，至規期山，分為兩源，一出蔥嶺，一出于闐，其河復合，東注蒲昌海。〔註114〕

此段內容是敘述「黃河重源說」中，黃河之初源水系（詳見本文第三節「發源地」），故崑崙、規期山之地點，應在新疆，或蔥嶺以外。

2. 三曲以下諸河曲。因河圖所載此段河曲之地點，是源自尚書禹貢：

導河積石，至于龍門，南至華陰，東至于底津，又東至于孟津，東過洛汭，至于大伾，北過絳水，至于大陸，又北播為九河，同為逆河，入于海。〔註115〕

因此其在明代之地點如下：

三曲積石山：河州衛抱罕縣（甘肅臨夏，即小積石山）。

四曲龍門：山西河津縣（山西河津西北之禹門口）。

五曲卷重山：疑是華山山脈。

六曲砥柱：河南陝州（河南陝縣，即三門峽）。

七曲雒會：河南鞏縣（河南鄭州，在洛河口）。

八曲大伾：河南氾水（河南滎陽西氾水鎮，即九曲山）。

九曲大陸：指南起河南淇縣（河南淇縣），北至北直隸鉅鹿縣（河北鉅鹿）一帶之廣漠平原。〔註116〕

黃河之河道多灣曲，尤其潼關以東，二千餘里，不知有幾千百折，河水流經灣曲，沖花急浪，使水中挾帶之泥沙，不易淤澱於河床，故清代張鵬翮言：「惟其千里一大曲，百里一小曲，故河雖善淤而無停滯之患。」〔註117〕

（二）奔騰美

黃河，其磅礴之氣勢，表現於濁浪，各月水情，自古常以季節和物候命名，正月淩解水，二月信水，三月桃花水，四月麥黃水，五月瓜蔓水，六月礬

〔註114〕唐・徐堅，《初學記》（臺北：臺灣商務印書館，文淵閣四庫全書），卷三，〈河三〉，頁11。

〔註115〕《尚書》，卷三，〈禹貢〉，頁22。

〔註116〕參見《黃河變遷史》，第二節，〈重源說經過長時期而後打破〉，頁46、60；又同上書，第六節，〈禹河是什麼？經行那些地方？〉，頁136～164。至於卷重山之地點，無法確知，但依《川瀆異同》，卷二，頁10，「自壺口、龍門以至于潼關，西岸重山，翼帶深險，而華山復橫亘其南，崗巒盤固，河于是復折而東，河山之勝，甲於天下。」故疑指華山。

〔註117〕不著撰人，《古今治河要策》（清刊本），卷四，〈論疏〉，頁33。

山水，七月荳花水，八月荻苗水，九月登高水，十月復槽水，十一月走凌水，十二月蹙凌水。〔註118〕此十二個月之水汛，以正月，三、四月，七、八月，和九、十月四個時段，水勢最為盈盛，稱：「凌汛」、「桃汛」、「伏汛」、「秋汛」，為黃河之四大汛期，常有洪峯發生。〔註119〕

　　詩文吟詠黃河，是以優美壯濶之文詞，描繪澎湃奔騰之濁浪，如明代黃咸之黃河賦：

> 而東下乎華陰之境，蓄豪悍之矯咸，……恣一瀉於俄頃，洶湧澎湃，跳躇馳騁，快然若月窟之舞霓裳，燦然若天機之下雲錦，烟然若鑑金之鎔範圍，翕然若蠻烟之出火升，勃然若驟雨方至而電驚雷震，鏘然若大樂將終而金聲玉振，突然若萬騎並驅以奉諸將之令，哮然若羣虎相鬬以奪一時之食。使知者遇之，不能不為之昏昏，而勇者見之，亦不得不為之凜凜也。〔註120〕

明太祖之黃河說：

> 舟行三旬，晝夜居斯水上，時刻聽觀其勢，若萬馬奔馳，其壯若大地轟雷，其湍物之速，一息莫視。其山迴石轉之處，則水繞勢盛，旋如羊角水底玲瓏。因風激怒濤飛潑天，則珠飛雨降，有時巨浪如堤脩然而湧。〔註121〕

清代周光鎬之黃河賦：

> 桃花之新漲，溢竹箭之疾流。……至若越呂梁，潰龍門，觸砥柱，下集津，阨險巇，束嶙峋，莫不波濤澎湃，灡漭渝潯，奔溜下垂，若瀑布之高曳，駭波上躍，若雪巖之雄崿，飛沫類澍，雨之四垂，振聲又疾雷之薦至，搖撼山嶽，動盪天地，聞之者改聽，覿之者魄悸。
> 〔註122〕

可知黃河水勢之奔騰壯麗，形如「竹箭」、「奔馬」、「驚龍」、「怒浪」；其波濤之振聲，如「疾雷」，令聽聞者「魄悸」，茲以此一特質，再增以歷代詩作，表

〔註118〕《稗史彙編》，卷一〇，〈地理門，水衡記〉，頁3；又明・潘季馴，《河防一覽》（臺北：文海出版社，民國六十年出版），卷四，〈水汛〉，頁107。

〔註119〕水利部黃河水利委員會，《黃河水利史述要》（北京：水利電力出版社，一九八二年六月），第一章，〈黃河流域概況，桃伏秋凌四汛〉，頁12。

〔註120〕明・劉大周，《太康縣志》（天一閣明代方志選刊續編，嘉靖年刊本），卷九，〈山川類〉，頁777。

〔註121〕明・陳文燭，《淮安府志》（明萬曆元年刊本），卷一九，〈文〉，頁4。

〔註122〕《古今圖書集成》，卷二二七，〈山川典，河部〉，頁2075。

現其金光洪濤。

　　1. 竹箭：如戰國時代慎到：

　　　　河下龍門，流駛竹箭，駟馬追不可及。〔註123〕

陳（南朝）陳正見之公無渡河：

　　　　櫂折桃花水，颿橫竹箭流。〔註124〕

隋代薛道衡之渡北河：

　　　　桃花長新浪，竹箭下奔流。〔註125〕

唐代李嶠之詠河：

　　　　桃花來馬頰，竹箭入龍宮。〔註126〕

北宋歐陽修之黃河：

　　　　河水激箭險，誰言航葦遊。〔註127〕

明代曾燦之天妃閘：

　　　　急水如強弩，翻波如沸羹。〔註128〕

明代李維楨之新河紀績：

　　　　千尋竹箭排雲下，萬疊桃花蔽日飛。〔註129〕

　　2. 奔馬：如元代揭傒斯之陟亭記：

　　　　黃河萬里從西下，呂梁百步如奔馬。〔註130〕

明代張瑄之曉發孟津渡黃河寒甚：

　　　　北風吹面如刀利，黃河流水奔突騎。〔註131〕

明代蔣勛之黃河舞浪：

〔註123〕《淵鑑類函》，卷三六，〈河〉，頁35。

〔註124〕《淵鑑類函》，卷三六，〈河〉，頁37。

〔註125〕《淵鑑類函》，卷三六，〈河〉，頁38。

〔註126〕《古今圖書集成》，卷二二八，〈山川典，河部〉，頁2081。

〔註127〕《光緒山西通志》，卷二二五，頁20。

〔註128〕明·曾燦，《六松堂詩集》（臺北：新文豐出版社，民國七十八年七月臺一版，叢書集成續編），卷五，〈五律〉，頁26。

〔註129〕《古今圖書集成》，卷二二八，〈山川典，河部〉，頁2086；又《呵雪齋前集》，卷五，〈感懷詩〉，頁3：「彭城待秋光，黃河迅竹箭。」；又明·陳文燭，《天中記》（臺北：文海出版社，民國五十三年八月初版，明萬曆乙丑年刊本），卷九，〈龍門〉，頁57：「河下龍門，其流駛如竹箭，駟馬追弗能。」

〔註130〕元·揭傒斯，《揭文安公全集》（臺北：新文豐出版社，民國七十八年七月臺一版，叢書集成續編），卷六，頁6。

〔註131〕《乾隆河南通志》，卷七三，〈藝文二〉，頁66。

一脈源從天際頭，迢迢不盡任沉浮。……拍岸勢來奔萬馬，震空聲動吼千牛。〔註132〕

清代何出光之漁村謠：

西北怒濤奔萬馬，捲起黃河自天瀉。〔註133〕

3. 驚龍：如明代陳于陛之新河紀績：

九龍奔駛齊歸海，疑是當年竹箭流。〔註134〕

明代吳裕之黃河舞浪：

移來禹窟千層浪，鑿破崑崙萬里流，澎湃潮聲吞小蠡，驚龍水勢險黃牛。〔註135〕

清代趙實之博浪沙歌：

黃河怒浪蛟龍號，博浪沙吹捲怒濤。〔註136〕

4. 怒浪：如明代宋統殷之恢復府谷：

長河怒浪拍天開，何事旌旄拂地來。〔註137〕

明代袁中道之送中郎入都中：

黃河沸如湯，渭水一片白。〔註138〕

清代高斌之春日黃河閱工至碭山書所見：

滾滾黃流怒浪翻，遙看近矚總銷魂。〔註139〕

清代袁昶之奉檄修培利津堤工作：

洗腳黃河發源處，坐觀萬派東流去，東流北折湧泥沙，勢吞齊魯波濤怒。〔註140〕

5. 疾雷：如元代揭傒斯之黃河和李提舉韻：

〔註132〕 明・陳禹謨，《獲嘉縣志》（明萬曆間刊本），卷八，〈藝文志〉，頁16。

〔註133〕 《乾隆河南通志》，卷七三，〈藝文二〉，頁15。

〔註134〕 《古今圖書集成》，卷二二八，〈山川典，河部〉，頁2086。

〔註135〕 《萬曆獲嘉縣志》，卷八，〈藝文志〉，頁16。

〔註136〕 《乾隆河南通志》，卷七三，〈藝文二〉，頁18。

〔註137〕 《光緒山西通志》，卷二二三，〈藝文志，明・宋統殷，恢復府谷〉，頁63。

〔註138〕 《呵雪齋前集》，卷二，頁41；又《六松堂詩集》，卷三，〈黃河舟次〉，頁11：「黃河水蠱浪花浪，白目倒飛黑蛟立。」

〔註139〕 清・劉王瑗，《碭山縣志》（乾隆三十二年刊本），卷一四，〈藝文志〉，頁6。

〔註140〕 清・袁昶，《于湖題襟集》（臺北：新文豐出版社，民國七十五年三月臺一版，叢書集成新編），卷一，〈施均父詩〉，頁57。

黃河發西極，浩浩納眾渾，勢挾天地轉，怒作雷霆犇。〔註141〕

元代陳孚之黃河謠：

> 大聲吼乾坤，震撼山岳骨，磨蕩日月魂，黃河無停時。〔註142〕

元代貢師泰之黃河行：

> 黃河之水，水濶無邊深無底，其來不知幾萬里，或云崑崙之山出西
> 紀，元氣融融自茲始，地維崩兮天柱折，于是橫奔逆激，日夜流不
> 已。……洪濤巨浪相喧豗，怒聲不住從天來，初如兩軍戰萬合，飛
> 礮忽下堅壁摧，又如豐隆起行雨，鞭笞鐵騎驅奔雷，半空澎湃落銀
> 屋，勢連渤海吞淮瀆。〔註143〕

明代丁晉之黃河歌：

> 君不見，黃河之勢何壯哉，迢迢遠從天上來，咆哮萬里裂坤軸，盤
> 渦倒捲聲如雷，縈迴九曲復東注，刊山煙谷滄溟開。〔註144〕

明代于謙之汴城八景：

> 大河瀉洶湧地來，騰波起浪若奔雷。〔註145〕

明代張謙之黃河舞浪：

> 怒濤洶湧排空行，轟雷聲動蟄韻起，巨靈斧劈華山傾，浪花映日飛
> 晴雪。〔註146〕

6. 魄悸：如唐代劉孝孫之早發成皐望河：

> 迴瞰黃河上，惝恍屢飛魂。〔註147〕

唐太宗之黃河：

> 雨吟堪極目，風渡想驚魂。〔註148〕

從以上奔騰之濁浪，襯托出波瀾壯濶之水勢。沿途景觀最令人驚心動魄處，
據西晉成公綏之黃河賦：

> 覽百川之宏壯兮，莫尚美於黃河，潛崑崙之峻極兮，出積石之嵯峨，

〔註141〕《揭文安公全集》，卷五，頁8。
〔註142〕《古今圖書集成》，卷二二八，〈山川典，河部〉，頁2082。
〔註143〕《古今圖書集成》，卷二二八，〈山川典，河部〉，頁2083。
〔註144〕《古今圖書集成》，卷二二八，〈山川典，河部〉，頁2087。
〔註145〕明・于謙，《于肅愍公集》，卷一，頁22。
〔註146〕《萬曆獲嘉縣志》，卷八，〈藝文志〉，頁16。
〔註147〕《康熙孟津市志》，卷四，〈藝文〉，頁5。
〔註148〕《古今圖書集成》，卷二二八，〈山川典，河部〉，頁2081。

登龍門而南逝兮，拂華陰與曲阿，凌砥柱而激湍兮。〔註149〕

明代薛瑄之黃河賦：

> 吾觀黃河之渾渾兮，乃元氣之萃蒸，濬洪源於西極兮，注天派於滄
> 瀛，貫后土之龐博兮，……過積石而左轉兮，龍門呀而峻傾，薄太
> 華而東鶩兮，撼砥柱之崢嶸，入大陸而北徙兮。〔註150〕

可知龍門之峻傾，砥柱之激湍，為黃河奔騰傾瀉，急流漩渦，層出不窮處，茲述其地理形勢及急流狂濤：

龍門：位於今山西河津縣西北二十五里，其與陝西韓城之梁山相對峙。相傳大禹治水，先鑿壺口（陝西宜川和山西吉縣間），次開孟門（上距壺口三公里），再劈龍門，導河水南洩，故龍門亦稱「禹門」。〔註151〕其兩岸斷崖凌空，絕壁屏立，形同門關，東西濶八十步（約五十公尺），谷中有石島兩座，水分三股，怒擊礁石，顯示黃河咆哮洶湧之氣勢。詩文裏敘述龍門之水勢者，如唐代薛能之龍門八韻：

> 河浸華夷闊，山橫宇宙雄，高波萬丈瀉，夏禹幾年功。〔註152〕

宋代陳山甫之龍門賦：

> 控引海源，鑿山為門，闢兩崖而龍蟠虎踞，飛一帶而電激雷奔，所
> 以極流離於品物，佐含育於乾坤邈矣。〔註153〕

元代殷克己之戌申四月遊禹門有感：

> 黃河一線天上來，兩山突兀屏風開，天生聖人為萬世，驚濤拍案鳴
> 春雷，冷雲直上三千尺。〔註154〕

明代馬卿之觀黃河：

> 黃河九折西極來，飛下龍門勢若摧，渾泡怒激射東土，連山大浪如
> 奔雷，俯瞰黃流邈涯洞，橫分趙魏浮曹宋，淵泉直疑九天落，滄海
> 恐觸三山動，崑崙雪消春水生，流漸照日塞川明。〔註155〕

〔註149〕《乾隆祥府縣志》，卷一九，〈藝文志〉，頁17。

〔註150〕明·李濂，《河南通志》（明嘉靖三十五年刊本），卷六，〈山川〉，頁4。

〔註151〕《古今圖書集成》，卷三〇九，〈職方典，平陽府部〉，頁2862。

〔註152〕《光緒山西通志》，卷二二五，〈藝文志〉，頁16。

〔註153〕《古今圖書集成》，卷三〇九，〈平陽府部，藝文一〉，頁326。

〔註154〕《光緒山西通志》，卷二二二，頁27。

〔註155〕明·劉芳等，《長垣縣志》（天一閣明代方志選，嘉靖刊本），卷九，〈文章〉，頁92；又《雍正陝西通志》，卷九一，〈藝文十二，遊龍門〉，頁43：「一自荒山劃禹門，洪河西北下崑崙，無人不頌平成德，有峽猶瞻鑿痕，浪拍桃花

清代王軒之龍門山記：

　　瞰黃河自西北而來，驚濤駭波騰驤而下，輪風驟雨相挾，而作勢益
　　洶湧，蒼崖青嶂為之響振。〔註156〕

可知龍門匯集滔滔黃河水於一束，奔騰喧囂，轟雷驚谷，為天下奇觀。

　　砥柱：位於今河南陝縣城下二十餘公里處，河廣約六百公尺，河中有鬼
島和神島聳立，將河水分為三股奪門東流，故稱「三門峽」。據陝縣志載：此
三門，中道為神門，南道是鬼門，北道稱人門，僅有人門曾加以修鑿得通行
船隻；鬼門則最為危險，船行此門，無不翻覆〔註157〕。三門之下，又有石柱
突兀河心，拔起水面二十餘公尺，任憑狂濤巨浪沖擊而巍然不動，稱之「中
流砥柱」。以中流砥柱為特色之三門壯麗景觀，使歷代文人墨客為之傾倒，如
金代王渥之三門津：

　　層崖摩蒼穹，四月號陰風，大河三門險，神禹萬世功，他山亦崔嵬，
　　砥柱猶尊雄，雷霆日闞擊，悍暴愁天公。〔註158〕

元代王思誠之砥柱：

　　鬼斧神工砥柱開，黃流滾滾自天來，三門浪捲千堆雪，五戶灘砯萬
　　壑雷，漕轉多虞舟楫敗，疏排幾使匠夫哀，唐虞平治功歸禹，朝下
　　豐碑滿綠苔。〔註159〕

明代王教之大河行：

　　大河之水來天邊，衝濤激浪連青天，百折之勢難挽迴，豫方千里直
　　橫穿，河中底柱如手懸，摩空千丈獨屹然，樹立寧知幾千歲，數來
　　應在懷裏先，使君出按南北崖，青驄白豸黃韉金，已知正氣凌羣嶽，
　　大河底柱杳何在，在君胸襟曲處筆。〔註160〕

明代焦源溥之抵柱篇：

　　洪河龍門來，奔崩華山趾，誰能擊飛流，疾如弦激矢，下流日以深，
　　滔滔想莫已，有石一拳多，亭亭水中峙，憑來欲東歸，觸之還復止，

　　天際遠，魚驚雷火水中翻。」
〔註156〕《光緒山西通志》，卷二〇六，〈藝文志〉，頁28。
〔註157〕民國·歐陽珍等，《陝縣志》（臺北：成文出版社，民國五十七年八月臺一版，
　　　　民國二十五年鉛印本景印），卷三，〈輿地〉，頁6。
〔註158〕《古今圖書集成》，卷三二八，〈平陽府部〉，頁3040。
〔註159〕《光緒山西通志》，卷二二四，〈藝文志〉，頁14。
〔註160〕《民國儀封縣志》，卷一二，〈藝文志下〉，頁33。

老蛟且闕爭，萬馬風聲起，沫塵散九天，轟陳吞九地，有石屹不驚，
日夜焉能砥，黿鼉怯盡逃，行來波臣禮，俛首落石前，受約三門底，
三門阿誰石，名之神人鬼，後人總傷魂，來往稀一葦，莫謂架山梁。
〔註161〕

可知底柱礁石，「千丈獨屹然」，立於中流，儼如一夫當關，激起之浪花，如
「捲千堆雪」，「霆奔雷馳氣洶湧」。〔註162〕

詩文中，勾劃出黃河之壯麗圖景，其金光濁浪，勢吞大地，尤其是龍門
和砥柱之急流狂濤。

（三）流向美

黃河從潼關以東，其河道之變遷，不可勝數；就入海口言，有從今河北
天津一帶入渤海，有從今山東利津入海，有從今江蘇漣水出海，但不論其中
下游河道如何遷徙，其流向是維持從西向東流。詩文裏為突顯黃河是一條有
生命，有目標，有歸宿之河川，常描述其河水日夜不停之向東奔流，注入大
海，如唐代王之渙之鸛鵲樓：

白日依山盡，黃河入海流。〔註163〕

唐代儲光羲之登商丘：

河水日夜流，客心多般憂。〔註164〕

元代揭傒斯之送馬雍百御史撫諭河西：

黃河湧東流，乃自崑崙渠。〔註165〕

元代陳高之黃河：

河流九折自崑崙，海內川渠此水尊，勢走東南無日夜，聲喧雷雨動
乾坤。〔註166〕

明代李維禎之新河紀績：

神河似解朝宗意，一夜驚濤向海東。〔註167〕

〔註161〕《光諸山西通志》，卷二二一，〈藝文志〉，頁69。
〔註162〕《光緒山西通志》，卷二二〇，〈藝文志，明，唐肅，砥柱賦〉，頁23。
〔註163〕《光諸山西通志》，卷二五二，〈藝文志〉頁35。
〔註164〕《乾隆河南通志》，卷七三，〈藝文二〉，頁31。
〔註165〕《揭文安公全集》，卷四，頁13；有同上書，卷五，〈白楊河看月〉，頁8：
「黃流東逝月西流，明日南風過洪去。」
〔註166〕《不繫舟漁集》，卷七，頁9。
〔註167〕《古今圖書集成》，卷二二八，〈山川典，河部〉，頁2086。

明代陳萬言之黃河：

> 黃流滾滾混沙泥，東注朝宗無盡時。〔註168〕

清代沈荃之登廣武山：

> 登高望大河，濁流向東瀉。〔註169〕

清代范為憲之敖山夕照：

> 極日平郊移咫尺，黃河秋水更東流。〔註170〕

黃河向東奔流，不僅是自然流向，且其涵意另有隱喻：

1. 有此喻為時光飛逝。如明代吳國倫言：「日月黃河逝，文章漢代尊。」〔註171〕又明代屠隆：「於乎？黃河東注，白日西傾，何物弗敝，何草弗零，萬物擾擾，誰者長生。」〔註172〕

2. 有比喻為辯才無礙，口若懸河。如明代袁中道云：「大言、小言及諧言，沛若黃河水東注。」〔註173〕又明代張著言：「聽其辯，則沛然黃河之歸滄海乎。」〔註174〕

3. 有比喻為人生短暫，不必爭逐名利。如唐代白居易云：「心無事愛憎，於世何營求，百年駒過隙，一身等蜉蝣，滔滔黃河水，東逝無復留，生死在瞬間，徒勞千載憂。」〔註175〕又宋代文天祥：「黃河天下雄，東去不復還，乃知盈虛故，天道如循環，盧日舊封古，今日設函關。」〔註176〕

黃河富有生命力，其流向被賦予人文意義，茲今亦被視為漢民族未來發展方向，奔向海洋，推動國際貿易。

（四）嫻靜美

大自然賦予黃河豐富之色彩，在陽光下金濤滾滾，宋代王安石云：「一支

〔註168〕清·吳與壽，《氾水縣志》（清順治十五年刊本），卷八，〈藝文記〉，頁46。
〔註169〕《乾隆氾水縣志》，卷二二，〈藝文〉，頁1。
〔註170〕清·管竭忠，《開封府志》，卷三四，〈藝文四〉，頁9。
〔註171〕《顧甄洞稿》，卷一一，〈黃生祠〉，頁8。
〔註172〕《由拳集》，卷二〇，〈祭范太夫人文〉，頁1085。
〔註173〕《珂雪齋前集》，卷二，〈同顧司馬沖菴虎丘看月兼懷梅開府克生〉，頁21。
〔註174〕明·張著，《永嘉先生集》（臺北：新文豐出版社，民國七十八年七月臺一版，叢書集成續編），卷一一，〈送王君時中序〉，頁8。
〔註175〕唐·白居易，《香山酒頌》（臺北：新文豐出版社，民國七十五年三月臺一版，叢書集成新編），卷上，〈和〉，頁33。
〔註176〕清·姚鴻杰，《豐縣志》（光緒二十年刊本），卷一三，〈藝文類下，宋·文天祥，豐沛懷古〉，頁1。

黃濁貫中洲。」〔註177〕明代袁宏道言：「黃河水濁如泥注。」〔註178〕黃河遂以黃色巨流聞名於世。

　　黃河水於非汛期，波濤平穩，從高遠觀其中下游河道，猶如一絲黃色衣帶靜臥在華北平原上，唐代白居易之安福寺塔：

　　　　更思駐潼關，黃河看如帶。〔註179〕

明代屠隆之金塘歌：

　　　　遠視黃河若水帶，赤縣神州復何在。〔註180〕

明代胡應麟之再送吳師入洛：

　　　　抽毫絕頂嵩峯上，一線黃河墜檻前。〔註181〕

清代何燦之送觀公遊五臺：

　　　　絕頂千盤通碧落，中原一線走黃河。〔註182〕

清代葉封之少室：

　　　　太室岧嶢，雁行詎多讓，黃河繞衣帶，明滅睇滉瀁。〔註183〕

此一黃色絲帶，除能蘊育萬物之生長，還具有護衛城池之功能，如元代李長源言：「黃河襟帶控成皋。」〔註184〕明太祖言：「西崤函，東虎牢，龍門襟其前，黃河帶其後，四險固，其守疆不言可知矣。」〔註185〕又明代王世貞云：「衛輝古稱朝歌牧野，而殷之墟也；擁太行掎共孟門，而襟帶乎黃河左右。」〔註186〕

（五）尊貴美

　　華北平原及其週邊，擁有五嶽中之三嶽，即東嶽泰山、中嶽嵩山、西嶽華山。此三座名山，氣勢雄偉，巍峨奇險，具有神聖之內蘊。由於山石是屬靜

〔註177〕清‧吳與壽，《氾水縣志》，卷八，〈藝文記〉，頁46。
〔註178〕《袁中郎全集》，卷三〇，〈宿邊道中阻風和方二公〉，頁15。
〔註179〕《香山酒頌》，卷七，頁73。
〔註180〕《由拳集》，卷七，頁7；又《焦氏澹園集》，卷三三，〈送瞿師道太史大梁周府〉，頁6：「太史授圭開赤社，宗藩如帶指黃河。」又《袁中道全集》，卷三八，〈花信風社中雅其事〉。頁1：「縱使黃河如帶水，雙依舊碧琅玕。」
〔註181〕《少室山房類稿》，卷七五，頁4。
〔註182〕《光緒山西通志》，卷二二四，頁81。
〔註183〕《乾隆陝州志》，卷九八，〈藝文志〉，頁67。
〔註184〕《乾隆河南通志》，卷七四，〈文藝三〉，頁30。
〔註185〕明‧程鉅夫，《雪樓集》（臺北：新文豐出版社，民國七十八年七月臺一版，叢書集成續編），卷一二，〈明太祖，河南成陸齡敕〉，頁8。
〔註186〕《弇州山人四部稿》，卷五五，〈送劉憲謙戶部守衛輝序〉，頁11。

止，而河水則是流動，詩文裡賦予山石具有生命之泉源，常以河水為其景觀背景。環視華北平原諸河川，最具有資格與泰山諸名山相輝映者，即流貫其間，被尊為四瀆之宗之黃河。

黃河與泰山諸名山組成之山水美景，茲述之於後：

1. 泰山：崛起於華北平原東緣，山勢巍峨，有通天拔地之勢。自秦始皇至清乾隆，二千多年間，先後有十三代帝王三十一次至泰山封禪或祭祀，使泰山擁有「五嶽猶尊」，「雄鎮天下」之至高無上之地位。〔註187〕黃河與泰山相輝映之詩句，如史記之高祖功臣侯者年表：

　　使（黃）河如帶，泰山若礪，國以永存，爰及苗裔。〔註188〕

唐代李太白之遊太山：

　　平明登日觀（太山），舉手開雲關，……黃河從西來，窈窕入遠山，

　　憑崖覽八極，目盡長空間。〔註189〕

元代周霆震之送劉弘略遠遊序：

　　余友劉弘署，淵源家學。……一日別余遠役，將極泰山黃河之高深，

　　以發抒胸中所蘊，余聞而壯之。〔註190〕

明代吳國倫之舟中自述留別惟敬子與二十六韻：

　　黃河之大地拆泰嶽，遠天垂棹屢停沽。〔註191〕

清代王初集之遊華（泰）山：

　　南顧黃河銷巨浪，北臨泰岱引諸峯。〔註192〕

2. 嵩山：位於河南登封縣內，由東部之太室山和西部之少室山組成，其形勢巍峩壁立，形成「嵩高惟嶽，峻極於天」之雄偉形象。古代帝王一般都要巡幸五嶽，封禪泰山，惟有武則天，封禪中嶽嵩山，遂改嵩陽縣為登封縣。〔註193〕詩文中敘及黃河和嵩山之詩句，如明代徐以貞之遊天壇詩：

〔註187〕謝凝高，《中國的名山與大川》（臺北：臺灣商務印書館，民國八十三年二月初版），〈華北名山〉，頁35。
〔註188〕《史記》，卷一八，〈高祖功臣侯者年表第六〉，頁877。
〔註189〕清·翁石綱，《小石帆亭五言詩續鈔》（臺北：新文豐出版社，民國七十五年三月臺一版，叢書集成新編），卷一，〈李太白，遊太上〉，頁16。
〔註190〕《石初集》，卷六，〈序〉，頁2。
〔註191〕《甔甀洞稿》，卷一八，〈舟中自述留別惟敬子與二十六韻〉，頁11。
〔註192〕《光緒豐縣志》，卷一三，〈藝文志，遊華山〉，頁10。
〔註193〕謝凝高，《中國的名山與大川》，〈華北名山〉，頁41。

前看嵩岳數點煙，俯視黃河一衣帶。〔註194〕

明代謝榛之皇甫水部道隆謫大樑詩以寄懷：

黃河蕩日寒聲轉，嵩嶽連空遠色開。〔註195〕

明代李濂之登上方寺塔：

牖入黃河氣，簷低少室峰，妙高無上鏡，臥聽下方鐘。〔註196〕

清代葉封之中峯：

峻極中峯此獨尊，雲低咫尺暗天門，路述仙館孤池在，煙斷黃河一

線昏。〔註197〕

清代焦復亨之訪僧少林不遇：

夏晴少室寒風月，路險黃河曲岸沙。〔註198〕

清代尤侗之濟瀆：

中州維嵩高，黃河為至鉅，厥秩視公侯，大物天所予。〔註199〕

　　3. 華山：位於黃河和渭河之濱，山海經稱：「太華之山，削成而四方，其
高五千仞，其廣十里。」〔註200〕描繪出華山雄偉之形象。吟詠黃河和華山之
詩句，如唐代耿湋之登鸛鵲樓：

久客心常碎，高樓日漸低，黃河經海內，華嶽鎮關西。〔註201〕

元代張羽之題華山圖：

西嶽連天向西起，頃洞秦川三百里，巨靈高掌削芙蓉，影落黃河一

絲水。〔註202〕

〔註194〕清‧蕭應植，《濟源縣志》（乾隆二十六年刊本），卷一六，〈藝文詩〉，頁38。

〔註195〕《四溟山人全集》，卷一五，〈皇甫水部道隆謫大梁詩以寄懷〉，頁23；又《乾
　　　　隆河南通志》，卷七四，〈謝榛，送王侍郎御子梁按河南〉，頁37：「天連嵩嶽
　　　　寒雲盡，馬度黃河春草生。」

〔註196〕《乾隆祥府縣志》，卷二〇，頁36；又同上書，卷二一，〈藝文，明‧劉玉，
　　　　大梁城眺望〉，頁45：「大梁城上四無山，渺渺嵩嵩百里間，宋苑梁臺何處
　　　　是，黃河流盡鳥飛還。」

〔註197〕《乾隆河南府志》，卷一〇一，〈藝文〉，頁41。

〔註198〕《乾隆河南通志》，卷七四，〈藝文三〉，頁48。

〔註199〕《乾隆濟源縣志》，卷一六，〈藝文〉，頁48；又《乾隆河南府志》，卷一〇
　　　　一，〈藝文志，清‧焦欽寵，登嵩嶽絕頂〉，頁44：「峻極嵩高四望雄，中原
　　　　灝氣麗天中，西連華嶽山峯渺，下矚黃河一線通。」

〔註200〕《山海經箋疏》，卷二，〈西山經〉，頁2。

〔註201〕《古今圖書集成》，卷三二八，〈職方典，平陽府部〉，頁3038。

〔註202〕《雍正陝西通志》，卷九五，〈藝文十一〉，頁63。

明代王世貞之喜于鱗視關中學：

　　天廻太華風前色，地拆黃河雨後聲。〔註203〕

明代李攀龍之太華山：

　　華頂岩嶢四望開，正逢蕭瑟氣悲哉，黃河忽墮三峰下，秋色遙從萬

　　里來。〔註204〕

明代徐中行之懷于鱗：

　　黃河萬里接崑崙，太華天開西極尊。〔註205〕

清代王士正之望見華山：

　　黃河一曲流千里，太華居然在眼前。〔註206〕

清代周燦之潼關：

　　天險崤函地，雄稱古雍州，黃河吞岸曲，華嶽挂城頭。〔註207〕

　　可知惟有黃河之宏觀勢態，能與泰山諸名山同題並論，古人之觀念，泰山等五嶽被視同「三公」，黃河等四瀆被視為「諸侯」〔註208〕，故四瀆和五嶽之雄偉氣勢，凌駕於天下諸山川。

（六）人文美

1. 剛猛進取

　　黃河、長江、淮河、濟河合稱四瀆，其中淮、濟二河，於黃河河道遷徙中，曾與黃河相交會，並同流入海〔註209〕。論此三河之水質，黃河之水色呈現黃濁，淮、濟二河則是清澄，在傳統之人文觀中，水色黃濁象徵剛猛和進取，追求世上之功名；清澄則表示柔德和退隱，願堅持理想而歸隱山林。此一清、濁河流所蘊含之人文觀，從詩文中呈現出，如唐代白居易云：

〔註203〕　《弇州山人四部稿》，卷三五，頁 10。
〔註204〕　《雍正陝西通志》，卷九六，〈藝文十二〉，頁 39。
〔註205〕　《徐天目先生集》，卷三，頁 7；又明・黃淮，《黃文簡公介菴集》（臺北：新
　　　　　文豐出版社，民國七十八年七月臺一版，叢書集成續編），卷二，〈送徐崇成
　　　　　赴陝西理同〉，頁 9：「黃河水落湍聲急，太華秋高月影寒。」
〔註206〕　《雍正陝西通志》，卷九七，〈藝文十三〉，頁 4。
〔註207〕　《雍正陝西通志》，卷九六，〈藝文十二〉，頁 19。
〔註208〕　《史記》，卷二八，〈封禪書第六〉，頁 1356：「天子祭天下名山大川，五嶽視
　　　　　三公，四瀆視諸侯。」
〔註209〕　黃河會淮入海，始於漢文帝十二年（西元前一六八年），黃河潰決於酸棗，
　　　　　曾一度經由泗水入淮河；從金初至清咸豐五年（一八五五），七百多年間，
　　　　　黃河大都南下奪淮入海。至於濟水，原本是古代黃河下游北岸之一條支流，
　　　　　發源於今河南濟源縣，在溫縣西南一帶匯入黃河。

濟永澄而清，河水渾而黃，交流列四瀆，清渾不相傷，太公戰牧野，

伯夷餓首腸，同時號聖賢，進退不相妨。〔註210〕

唐代許堯佐清濟貫濁河賦：

河之並濟兮，……非剛克無以見其柔，非甚濁無以彰其至清，是以

靈源濬發，柔德兼呈。〔註211〕

閩（五代）徐夤之醉題邑宰南塘屋壁：

萬古清淮碧繞環，黃河濁浪不相關。〔註212〕

元代薩天錫之過黃河：

淮水清，黃水黃，出門偶爾同異鄉，排空捲雲若飛電，隨風逐浪庸

何傷，東流入海殊不惡，萬里同行有清濁。〔註213〕

明代陶望齡之送王君之官淮安：

河水萬里渾，淮水千尺清，兩水同到海，清濁還分明。〔註214〕

從諸文可知：（1）濁與清，並無孰劣之差別，各有其人追求之目標，濁者如
「太公戰牧野」，清者如「伯夷餓首陽」，但二者均稱聖賢，所以進取和退隱
互不褒貶。（2）由於黃河水勢盛大，淮、濟二河水量緩弱；清、濁二股河水交
相會合，意謂此一社會，追求功名者眾，願潔身退隱者寡，但傳統士君子雖
屬社會中之少數，卻願以淮濟清流相期許，秉持其理想，不與濁流相沉浮，
故云：「自是長淮清徹底，應同到海不同渾。」〔註215〕

2. 德潤千里

黃河常有潰決之患，在於滾滾黃沙，但其上源水質，則是清澄而非黃濁。
此一清澄河水，意謂黃河性本廉德，能滋潤萬物，莊子云：「河潤九里，澤及
三族。」〔註216〕西瀆大河治載：「河為中國利大矣，澤潤萬里，雄視四瀆。」
〔註217〕

〔註210〕《香山酒頌》，卷上，〈其十六〉，頁40。

〔註211〕《乾隆懷慶府志》，卷二八，〈藝文志〉，頁3。

〔註212〕清·李調元，《全五代詩》（臺北：新文豐出版社，民國七十五年三月臺一版，
　　　　叢書集成新編），卷八一，頁1220。

〔註213〕清·喬弘德，《安東通志》（清康熙三十七年刊本），卷八，〈藝文志〉，頁17。

〔註214〕《歇庵集》，卷二，頁57。

〔註215〕《天啟懷安府志》，卷二六，〈出清河口〉，頁86。

〔註216〕東周，莊周，《莊子》（臺北：臺灣中華書局，民國五十四年十一月臺一版），
　　　　卷一〇，〈列御寇第三十二〉，頁8。

〔註217〕《西瀆大河志》，卷五，〈祀河瀆記〉，頁48。

黃河上源，涓涓細流，水質清澄，象徵二種意義：

（1）吏治清明。西漢哀帝時，何武為官，能奉公守法，其掌理任何職務，剛上任時，「無赫赫名」，等到屆滿離職，百姓則「常見思」。後被拔擢為「前將軍」，適哀帝崩卒，其反對王莽出任大司馬，對於外戚擅權，亦能義正嚴詞。〔註218〕反觀，富春縣令苗為，山陰太守劉寵等，為官貪瀆，欺壓鄉民，故何武與苗為、劉寵二方之作為，前者是清澄，後者為污濁，明代王之翰則以黃河源作為比喻：

> 是故牧民者，與其為苗為、劉寵，毋寧為武者，為苗（為）、（劉）寵易，為（何）武難也。河之發星宿（海），經崑崙（阿尼馬卿山），澄然清也，泓平然也。及其過沙漠，陝汴則淆之而渾也，下龍門關呂梁，則激之而鳴矣。豈河之源，未清，而性未定哉，惟返其所以澄然，泓然者，而赫赫名根，刮削都盡，裕國潤民，取之此中而足矣。〔註219〕

可知為政應持清廉，如同黃河源本清澄，是其常；黃濁是黃河流經沙漠之後，遭黃土污染所致，係其變，故晉代趙整言：「水本自清，是誰亂使混。」〔註220〕

又明太祖宗洪武二年（一三七〇）十月，黃河於開封（河南開封）潰決，駙馬李祺奉命前往賑濟災民，河南布政司和府州縣官吏對於朝廷重視災情，乃言：

> 大河之水，天泉也，所在牧守仁心，吏行事如律，即蜿蜒東注，無摧山裂石之勢；若牧守吏不仁不律，則洪流洶湧，波濤駕平野，魚鱉游園林。〔註221〕

可知古人之觀念，黃河水為「天泉」，具有獎善罰惡之功能，若吏治清明，黃河水「順軌安瀾，滋液滲漉，物蒙其利。」〔註222〕若吏政敗壞，則洪水泛濫，以警惕之。

（2）德澤廣被。明代正德、嘉靖年間（約1521），江陵地區（湖北），有

〔註218〕《漢書》，卷八六，〈何武傳〉，頁3486。
〔註219〕明‧王之翰，《凝翠集》（臺北：新文豐出版社，民國七十八年七月臺一版，叢書集成續編），〈送李懷幼之馬龍序〉，頁15。
〔註220〕《康熙孟津縣志》，卷四，〈藝文‧琴歌〉，頁2。
〔註221〕明‧何喬遠，《名山藏》（臺北：成文出版社，民國六十年一月臺一版，明崇禎十三年刊本），卷三，頁221。
〔註222〕《乾隆河南通志》，卷一，〈河〉，頁63。

二位歸隱之君子，一位是以信公（張居正之曾祖，張誠），另一東湖公（即張
居正之祖父，張鎮），此二人是父子關係。以信公性好賑濟貧困者，每逢春初，
即背負鋤頭，行遍荒野，遇有未葬屍骨，遂以泥土覆埋之；遇有鄰里，無衣
物，即盡其所有，與貧困者共用。東湖公，個性梗介，不善於迎合權貴，家境
雖清寒，但能秉持父訓，將家中擁有之物資，捐出十分之六供外人食用。東
湖公之孫，稱太虛公（即張居正），亦能秉持祖先之德行，四十三歲任官至吏
部左侍郎，人人稱頌其德行，太虛公不敢自居，乃歸功於祖先之德澤。於是
江陵地區之鄉老為表彰以信公和東湖公之德行，構建「世德慶源坊」，王世貞
撰寫「世德慶源祠記」言：

> 而諸言水者，莫儷也。滴瀝滲淫，薈蔚雲霧，蓄育鱗介，兆彙之所
> 取數，而兆動之所資取，飲者徧，而言諸功者，莫儷也。然而其源，
> 自天漢下崑崙，始涓然甕石耳，稍寬之，而星宿海泓然耳，濫觴而
> 已，又展之穿厚地而分⋯⋯然不能舍源而自稱河也，其河之得為大，
> 則河自大之也。⋯⋯而至於累纖微，積忠厚，其支流足以溉魯之山
> 川。〔註223〕

可知黃河雖為巨川，其水源來自「崑崙」之灌輸，故太虛公能登朝為官，源於
以信公、東湖公二人之積德於冥冥之中，而果報於後世子孫，故北周范質撰
「誡兒姪八百字」亦言：「四十登宰輔，天子未遐棄，日益素餐憂，黃河潤千
里，草木皆浸漬，吾宗凡九人，繼踵昇官次，門內無白丁。」〔註224〕

　　此外，壽詞和祭文裡，常以河源比喻長壽者之德澤和慈母之愛恩，如明
代邵經邦之世壽彌臻慶序：

> 直奄公，也壽八十有三，遇例榮膺冠帶，⋯⋯予曰：狩哉，夫達士
> 鉅公，所以異於凡民者，以其生有所自也。⋯⋯故有崑崙之發源，
> 而後有河潤之九里，有豫章之垂蔭，而後有廣夏之萬間。〔註225〕

明代焦竑之對君夏翁暨配鄭儒人偕壽序：

> 黃河經朔漠，徑中夏，自龍門而南，激為洪濤，播為安瀾，奔泓浩
> 渺，與天地相經緯，然出其蔥嶺與于闐，可褰裳而涉也。水莫大于

〔註223〕《弇州山人四部稿》，卷七七，〈世德慶源祠記〉，頁3。
〔註224〕《全五代詩》，卷一五，頁255。
〔註225〕明·邵經邦，《弘藝錄》（臺北：新文豐出版社，民國七十八年七月臺一版，
　　　　叢書集成續編），卷二四，〈世壽彌臻慶序〉，頁5。

江河，未有離源而自為大者，況為人乎。……頂翁年七十有三，孺
人七十春秋高矣。……余觀世之儲慶源，以發其家者，率厚施而薄
取，多積而塞洩，其累善也，雖銖寸而不厭，其獲報也，歷久遠而
不爽，此其恒也。〔註226〕

明代孔貞時之祭陳蕪湖明府太夫人：

清泉有黃金，龍淵有玉英，河九折入于海，而流不絕者，崑崙之輸
也，自古名世之起，事業卓冠寰寓，類皆發祥母氏之懿，誰得登枝
而損其本也。〔註227〕

總之，河源即德源，黃河能潤及千里，「蓄育鱗介」，「浸漬草木」，「兆動
之所資取」，在於「崑崙」之涓涓清流，若捨此細流，將無以蔚為大河，故世人
若於事業有成，應秉持黃河精神，知飲水思源，對先人之撫育，持感恩之心。

3. 贊頌漢武

黃河為患，史不絕書（詳見本文第五節「黃河災傷」），為整治河患，從
唐虞至清，各朝代曾有幾位治河能臣，如唐虞之大禹，西漢之王世延、賈讓，
東漢之王景，元代之賈魯，明代之徐有貞、劉大夏、劉天和，及潘季馴，清代
之朱之錫、靳輔、栗毓美等。但在敘黃河之詩文中，最為歷代文人一再提及
並贊頌其治河功蹟者，莫過於大禹和漢武帝二人。大禹受後人景仰在於相傳
其採用輸導之治河方法，和三過其門不入之無私精神。漢武帝，論其個人並
不懂得治河方策，而其備受後人緬懷，在於其尊重民命，為拯救百姓免遭洪
水之害，以帝王之尊，親臨決口，督導防治工程之進行，此一愛民精神，對歷
代帝王具有典範作用，乃受文人肯定。

歷代詩文敘漢武帝之治河事蹟，如西漢（成帝）崔瑗之河堤謁者箴：

水高民居，滔溢滂汨，屢決金堤，瓠子潺湲，宣房作歌，使臣司水，
敢告執河。〔註228〕

陳（南朝）之公無渡河：

何言沈璧處，千載偶陽侯。〔註229〕

唐劉孝子之早發成皋忘河詩：

〔註226〕《焦氏澹園集》，卷一八，頁18。
〔註227〕明・孔貞時，《在魯齋文集》（臺北：偉文圖書公司，民國六十六年八月初版，
明代論著叢刊），卷五，〈祭文〉，頁80。
〔註228〕《古文苑》，卷一六，頁369。
〔註229〕《古今圖書集成》，卷二二八，〈山川典，河部〉，頁2080。

鴻流導積石，驚浪下龍門，仙槎不辨處，沉璧想猶存。〔註230〕

唐代高適之自淇涉黃河途中：

馮夷何不仕，渤譎淩堤防，東郡多辛苦，天子忽驚悼，從官皆負薪，畚築豈無謀，祈禱如有神，宣房今安在，高岸空嶙峋。〔註231〕

宋代蘇軾之河復：

熙寧十年（1077）秋，河決澶淵，注鉅野，入淮泗，自澶魏以北皆絕流，而齊楚大被其害。……君不見，西漢元光、元封間，河決瓠子二十年，鉅野東傾淮泗滿，楚人恣食黃河鱣，萬里沙回封禪罷，初遣越巫沈白馬，河公未許人力窮，薪芻萬計隨流下，吾君仁壽如帝堯，百神受職河神驕，帝遣風師下約束，北流夜起澶州橋，東風吹凍收微淥，神功不用淇園竹，楚人種麥滿河淤，仰看浮槎棲古木。〔註232〕

元代張翥之黃河：

舊河通瓠子，新浪漲桃花。〔註233〕

明代馬卿之黃河：

黃河九折西極來，……崩田決岸奈愁何，束薪負壤萬人急，千載傷心瓠子歌。〔註234〕

明代張瀚之贈金雙虹二守序：

夏書稱禹抑洪水，通九道，陂九澤，度九山，蓋八年於外，而後諸夏又安功施乎？至漢河決瓠子，武帝親臨河上，湛白馬玉璧，群臣從官負薪置水，然且久勞無成，至為歌悼之，今觀其詞，亦云悲矣。宣房既塞，二渠北道，始復禹跡，以寧梁楚之地。〔註235〕

明代袁尊尼之紀朱大司空新河告成：

瓠子歌起濫觴，新渠改卜利源長。……太史書垂名世績，宣房歌作濟時猷。〔註236〕

〔註230〕《西瀆大河志》，卷六，〈藝文述第十三〉，頁12。

〔註231〕《乾隆祥府縣志》，卷二〇，〈藝文〉，頁3。

〔註232〕《民國重修滑縣志》，卷一一，〈藝文，詩歌〉，頁12。

〔註233〕《古今圖書集成》，卷二二八，〈山川典，河部〉，頁2083。

〔註234〕《民國重修滑縣志》，卷一二，〈藝文，詩歌〉，頁4。

〔註235〕明‧張瀚，《奚囊蠹餘》（臺北：新文豐出版社，民國七十五年三月臺一版，叢書集成新編），卷十二，頁526。

〔註236〕《古今圖書集成》卷二二八，〈山川典，河部〉，頁2085。

明代李維楨之新河紀績：

　　三門九曲勢如狂，此日安流一葦航，應笑河渠書太史，負薪卻愧自
　　宣房。〔註237〕

清代盛朝組之黃河：

　　極目三門險，愁聞瓠子歌，洪飆霾日月，濁浪鼓黿鼉。〔註238〕

清代費錫璜之黃河：

　　千年衛漢唐，天巡沉璧馬，國誓歷興亡，加帶盟空在，分符事渺茫，
　　堤防歌瓠子，漕輓奠金湯。〔註239〕

前述諸文，「瓠子歌」、「沈白馬玉璧」、「築宣房」，均述漢武帝之治河事蹟，茲
依史記河渠書等資料，論述其治河經過於後：

　　西漢初年，黃河在河南南樂縣（河北南樂）以下，分為兩股，一股河道
偏東，沿潔水至今山東濱縣一帶入海；另一股河道，東北行，經今河北大
名，山東冠縣、臨清、滄州等地，於黃驊縣附近入海。漢武帝元光三年（西
元前 132 年），黃河潰決於濮陽瓠子堤（河南濮陽西南），河水衝出一道新
河，奔注鉅野（山東鉅野），奪行泗水河道，東南流會淮河入海。於是武帝
派汲黯、鄭當時等率河夫堵塞決口，不久又潰決。是時武安侯田蚡為宰相，
田蚡以自己之封邑在鄃（河北夏津東），緊臨黃河，常恐河水泛濫，浸犯封
邑；茲瓠子既決，河水往南流，處於黃河北岸之鄃。就可以避免水患，年年
得以豐收，因此勸阻武帝不要堵塞決口，其言：「江河之決，未易以人為疆
塞，塞之未必應天。」往後二十年，沒有再堵塞決口，而聽任河水南流。但
梁楚之地（豫東、魯西南、皖北和蘇北一帶），卻連連遭水患，五穀歉收，

〔註237〕同前註，頁 2086。又《少室山房類稿》，卷六〇，〈淮上遇景陵徐以參知督開
　　　　新渠擊其胼胝之苦，茲工將告成先賦二津東之〉，頁 3：「日浪南排千谷迴，
　　　　黃流東注萬川遙，當年璧馬俱陳跡，何藉宣房漢殿謠。」又明·王廷棟，《夢
　　　　澤集》（臺北：新文豐出版社，民國七十八年七月臺一版，叢書集成續編），
　　　　卷一七，〈答劉松石〉頁 10：「執事者，出遵神禹之故智，寬瓠子之深憂，然
　　　　不俟八年之久，不資馬璧之沈，而大功告成。」又清，劉光業，《淮安府志》
　　　　（清康熙二十四年刊本，卷一二，〈藝文，明·方尚祖，淮郡城西新築石堤
　　　　歌〉，頁 35：「築宮瓠子漢時艱，誰似經營指顧間，曲奏宣房追盛事，上公贏
　　　　得一開顏。」又《甔甀洞稿》，卷二七，〈使事便道省觀賦詩贈之〉，頁 19：
　　　　「初聞璧馬尊黃河，天下軍儲枕席過，書奏帝迹宵旰釋，秩移即署寵靈多。」
〔註238〕清·王賜魁，《封邱縣志》（康熙三十六年刻本），卷七四，〈藝文三，清盛朝
　　　　組黃河〉，頁 18。
〔註239〕《蜀雅》，卷七，頁 71。

以致發生人吃人之慘象。〔註240〕由於災情慘重，元封元年（西元前109年），武帝決定治理河患，派汲仁、郭昌役士卒數萬人堵塞瓠子決口，並親臨決口處，先以白馬、璧玉投擲於河中，以祭祀河神；又命令隨從官員自將軍以下，都搬運柴草參與施工，武帝惟恐賭口工程未能完成，乃作歌二首，以激勵士氣，歌云：

瓠子決分將奈何，晧晧旰旰分閭殫為河，殫為河分地不得寧，功無已分吾山平。吾山平分鉅野溢，魚沸鬱分柏冬日。

延道弛分離常流，蛟龍騁分方遠遊。歸舊川分神哉沛，不封禪分安知外，為我謂河伯分何不仁，泛濫不止分愁吾人，嚙桑浮分淮泗滿，久不反分水維緩。〔註241〕

河湯湯分激潺湲，北渡污分浚流難，搴長茭分沈美玉，河伯許分薪不屬，薪不屬分衛人罪，燒蕭條分噫乎何以禦水，頹林竹分楗石菑，宣房塞分萬福來。〔註242〕

瓠子決口終被築塞，在其上構築宮室，稱上「宣房宮」，從此黃河又回歸二十年前之故道，而梁楚之地恢復安寧，沒有河患。〔註243〕

瓠子歌裡表現出一位有德之君眼見水患橫溢，民不聊生，憂國憂民之心境。此次堵口工程，尚賴漢武帝之親臨督導，群臣亦均背負柴草、土石等物料，填塞決口，君臣同心協力，方能竣工。故從前引詩文可知：（1）凡詩文之作者，是為贊揚某位治河功成者之事蹟，如明代袁尊尼為表彰朱衡開通南陽新河，其詩文中引用瓠子等詞句，是意謂治河者能體恤民艱，功同漢武帝。（2）凡是描述黃河潰決之詩文，文中提及瓠子、宣房等，含

〔註240〕《史記》，卷三〇，〈平準書第八〉，頁1437。
〔註241〕《史記》，卷二九，〈河渠書第七〉，頁1413。
〔註242〕《史記》，卷二九，〈河渠書第七〉，頁1413。
〔註243〕此次堵口工程，所採行之方法，瓠子歌中有詳細描述：「搴長茭分沈美玉，……燒蕭條分噫乎何以御水，頹林竹分楗石菑，宣房塞分萬福來。」茭，一說是草屬，一說是竹葦編制的繩索，還有說是長竿；菑，是插立土中之柱石。頹林竹，就是淇園（淇縣西北三十五里）所產之竹子，所有這些堵口時所用之材料。據東漢末年，如淳之解釋，堵口方法是：「樹竹塞水決之口，稍布插接樹之，水稍弱，補令密，謂之楗。以草塞其裡，乃以土填之，有石，以石為之。」就是由大竹或臣石，沿著河口之橫向插入河底為椿，由疏而密，先使口門之水勢減緩，再由草料填塞其中，最後壓土壓石。「頹石竹」、「楗石菑」之含義，與此頗為相近，這大概就是打椿，椿間填塞柴草、土石之堵塞方法，這種方法很像近代之椿柴平堵法。

有警惕當時之帝王或執事大臣,應如同漢武帝君臣之治河精神,不畏艱難,整治水患,誠如明代王廷棟所言:「執事者,出神禹之故智,寬瓠子之深憂。」〔註244〕

六、黃河災傷

論及黃河,就令人聯想及水災和決口,水患似為黃河與生具有之天性。依近人沈怡之統計,從周定王五年(西元前605年),黃河徙於砱磜(河南滑縣)起,至民國二十二年(1933)之二千五百三十餘年間,黃河已決溢一千五百七十三次,大水九百七十三次,共計二千五百四十六次,平均每一年發生水患一次。其中以明代二百七十六年發生七百次(決溢四五四次,大水二四六次),最為嚴重;其次是清代,二百六十八年計有六百八十九次(決溢四八○次,大水二○九次)。〔註245〕

黃河於歷代詩文中,表現出優美之一面,但其善淤、善決之特性,對其中下游沿岸諸州縣之生命和財產構成嚴重之威脅,故在史書裡對於黃河另有評價,茲以歷代正史河渠志之內容為準,述其觀點於後。其漢書河渠志載:

> 然河災之羨溢,害中國也尤甚。〔註246〕

宋史河渠一:

> 河為中國患,二千歲矣,自古竭天下之力以事者,莫如本朝,蓋河流混濁,泥沙相半,流行既久,迤邐淤澱,則久而必決者,勢不能變也。……河防夫工,歲役十萬,濬河之民,困調發。〔註247〕

金史河渠志:

> 黃河遷徙無定,金人設官置屬,以主其事,……埽兵一萬二千人,歲用薪一百一十一萬三千餘束,草一百八十三萬七百餘束,樁栈之木不與,此備河之恒制也。〔註248〕

元史河渠二:

〔註244〕《夢澤集》,卷一七,〈答劉松石〉,頁10。
〔註245〕民國・沈怡,《黃河問題討論集》(臺北:臺灣商務印書館,民國六十年三月初版),附錄六,〈黃河史料之研究〉,頁381。
〔註246〕《漢書》,卷二九,〈溝洫志第九〉,頁1675。
〔註247〕元・脫脫,《宋史》(臺北:鼎文書局,民國六十八年五月出版,標點本),卷九三,〈河渠三〉,頁2310。
〔註248〕元・脫脫,《金史》(臺北:鼎文書局,民國六十八年五月出版,標點本),卷二七,〈志第八,河渠〉,頁669。

黃河之水，其源遠而高，其流大而疾，其為患於中國者，莫甚焉，前史載河決之事詳矣。……黃河決溢，千里蒙害，浸城郭，漂室廬，壞禾稼，百姓已懼其毒。〔註249〕

明史河渠志：

黃河為患，南決病河南，北決病山東，……今京師專藉會通河歲漕粟數百萬石，河決而北，則大為漕憂。〔註250〕

清史稿校註河渠志：

中國河患，歷代而然，有清首重治河，探源以窮水患。〔註251〕

可知漢、宋、金、元、明、清等正史均敘黃河危害甚鉅，至於三國初年至唐代末年，此七百多年則是黃河較安靖時期。〔註252〕

黃河潰決對沿岸州縣所造成之危害，從歷代詩文所載內容可知水患發生時之災情。由於明清二代是河患最為嚴重時期，茲以明清二代之詩文，依州縣順序由東而西描述河患之慘重災情：

（一）淮安府（江蘇淮陰）。明代朱德重之洪水篇：

銀河直下千萬丈，靈根倒掛斗牛間，浩浩崑崙湧不竭，綿綿襟帶原相環，上由青徐，下淮（安）泗（州），頻年作青民凋殘，毒龍乘之怒且吼。……盪我田分析我舍，木巢土窟那能安，野燐漁火不忍見，九衢三市揭陽帆，閭閻翻作蛟蜃穴，馮夷晚瞰幽宮閉，陸地茫茫盡沉溺。〔註253〕

清代戴勝徵之河皋十歎：

雷震動天地，淮（安）泗（州）決洪濤，驟漲滿堂室，四顧皆滔滔，雞飛屋上叫，犬蹲牆頭號，家人聲慘裂，水勢簷前高，魚鱉互跳躍，相顧樂其曹，鮫居誰見慣，鄰舍偕我逃，三日絕火食，千錢賃小舫，

〔註249〕明・宋濂，《元史》（臺北：鼎文書局，民國六十七年五月出版，標點本），卷六五，〈河渠二・黃河〉，頁1619。

〔註250〕清・張廷玉，《明史》（臺北：鼎文書局，民國六十五年一月出版，標點本），卷八三，〈河渠一〉，頁2022。

〔註251〕《清史稿校註》（臺北：國史館，民國七十五年九月出版），卷一三三，〈河渠一・黃河〉，頁3627。

〔註252〕同註245。依沈怡之統計，從三國初至唐末，河水溢、決計有三十六次，大水有二五三次；又《黃河遷史記》，第九章，〈隋唐的黃河〉，頁330：「由三國初至唐末，近幾七百年，是黃河最安靖的時期。」

〔註253〕《天啟淮安府志》，卷二二，〈藝文二・淮安府〉，頁15。

同難煙波中，日瘦風蕭颼。〔註254〕

（二）徐州（江蘇銅山）。明代歸有光之自徐州至呂梁述水勢：

黃河漫徐方，原野層波生，萬人化為魚，凜然餘孤城，僅見沮洳間，檐楹半頹傾，日月照蛟室，風波棲蜓泯。〔註255〕

明代曾燦之黃河雜詩：

河水日噴射，河堤日傾欹，人家立堤岸，性命如懸絲，朝廷議修築，急於防邊陲，歲費百鉅萬，原不累有司，今者驅民貸，官自設其貲，錢財亦以竭，筋力苦難為，屬薪無晝夜，薪盡命亦隨，困臥濕薪中，束縛投淤泥，死者不足惜，生者鞭撻之，河潰尚可逃，河復不可支，不如訴河伯，殺我無孑遺。〔註256〕

（三）單縣（山東單縣）。清代李開芳之河決嘆：

黃河之水勢莫當，一決再決桑為滄，黃沙一望數千里，蕩舍漂廬盡水鄉，單邑正衝西決口，城北一帶水中央，魚龍入室蛙產竈，老農吁嗟舟子笑，百年桑麻一旦空，斜陽終歲流殘照，一照逃亡人化離，再照畚鍤筋力疲，五百里外遠辦柳，肩挑背負能幾枝，攬頭索錢錢實盡，賣鬻女妻苦自知，人生遭際已如此，急望當事大展奇。……畚淺果得排理，吾民猶可見耕鋤。〔註257〕

清代袁養之河決篇上王太尊：

何來劫運逢陽九，崑崙倒瀉黃河走，飛空真破石爐防，雪波翻天蛟龍吼，曹（州）南為背單（縣）為心，衝舍漂廬莫措乎？秋成一旦逐流波，來牟何曾餘腐朽，孤城西南敵狂瀾，百里全無尺寸乾，沉者既飽黿鼉腹，浮者憫憫在淺灘，欲度舟楫何處見，眼中只見水漫漫，倏忽風起濤生怒，老弱依舊付洪湍，見說一老者，種園西郭下，一生活計二畝田，半世辛苦三間廈，忽爾水深三尺餘，赤身之外存也寡，嚎啕無計且呼天，向晚投環將命舍。又有幾家住孤村，流漂茅舍無一存，架水為筏中流渡，浪激風生筏盡翻，可憐數口無遺類，百年何地可招鬼，只此目覩已堪傷，未聞未見安能詳。登城一望膽

〔註254〕清・阮元，《淮南英靈集》，甲集，頁108。

〔註255〕《古今圖書集成》，卷三八八，〈職方典，開封府部〉，頁3561。

〔註256〕《六松堂詩集》，卷二，〈黃河雜詩〉，頁21。

〔註257〕《乾隆單縣志》，卷九，頁23。

欲落，水天無際混茫茫，不聞犂歌呼日夕，縱橫只有亂飛航，河泊
不知靈與否，祈禱澆盡千鍾酒，日日肩上處處填，向晚持火守堤口，
每逢雨過一銷魂，家家木筏相牽紐，兒持甄妻持缸，盡道孤城不可
守，神君晝夜枕不安。……我今生來三十歲，幾見黃決與堤潰，父
老涕泣向我言，從來水患此為最，幾回翹首呼蒼穹，無奈蒼穹耳不
聰，欲向君門告疲癃，君門萬里若難通。〔註258〕

（四）曹州（山東曹縣）。明代黃哲之河渾渾歌：

河渾渾發崑崙，……赤子為魚，久沒鉅野，朝涵孟諸，茫茫下邑皆
塗汙，民不粒食鄉無廬，桑畦忽變葭葦澤，麥壠盡化黿鼉居，官中
聖人方旰食，羣公日夜憂曠職。……我上梁山望曹（州）濮（州），
滄桑變陵谷。〔註259〕

清代王崇獻之河決歌：

八月九日河水溢，賈魯堤防迷舊跡，涓涓起自澗谿間，頃刻岸崩數
千尺，我行見此殊銜恤，觀者如堵咸股栗，怒氣噴却九天風，聲若
萬雷號鎮口，晡時東注如海倒，平原千里連蒼昊，人家遠近百無存，
禾黍高低付一埽，人民湛溺不知數，牛羊畜產何須顧，倉皇收拾水
中糧，擬向他鄉度朝暮，翻思山東富庶鄉，百年生育荷吾皇，哀哉
河伯何不在，忍使一旦成蒼茫，聞道當年瓠子河，舉卒十萬功不磨，
況復曹南水勢雄，廟堂發策當如何，君不見東村子父兮，救子父先
死，……安得治河最上策，灑淚匍匐獻天子。〔註260〕

清代趙惟勤（縣令）之聞勘水災使者臨都：

三秋霪水破農田，萬里空虛各慘然，租稅溢來遵舊約，閭閻何處辦
青錢，為向巡方蒼水使，幾時奏上紫宸前，漁樵亦有憂時意，愁極
傷神只醉眼。〔註261〕

（五）虞城縣（河南虞城）。清代劉琯之喜賑行：

黃河之濱古綸城，半是澤國半榛荊，豐稔猶自苦不給，況值災祲襟
百悸，連年水溢沒鄉井，桑田飛送鴛鴦影，……倉箱那得一粒存，

〔註258〕《乾隆單縣志》，卷九，頁26。
〔註259〕清・佟企聖，《曹州志》（清康熙十三年刊本），卷一八，〈藝文〉，頁18。
〔註260〕清・佟企聖，《曹州志》，卷一八，〈藝文〉，頁23。
〔註261〕清・佟企聖，《曹州志》，卷一八，〈藝文〉，頁30。

半菽不飽度朝昏，聞之樹衣堪下咽，急取權作甕與殮，未幾樹衣已告竭，清宵僵臥共誰說，踉蹌出門圖稱貸，稱貸無門甕徒設，展轉只有鬻兒女，斗米得來聊克飯，母子相看慘別離，索衣號天不肯去，此際真足動人憐。〔註262〕

（六）中牟縣（河南中牟）。清代冉覲祖之傷田家：

中牟從來地若磽，半是黃沙半是茅，日夜勤勤輸公府，豐年不辦朝夕肴，今歲禾黍鬱芊芊，河水突至盡成川，展轉自傷還自慰，爭道河水可肥田，河水日長無止期，噴來黃沙沒腰肢，父老曾憶前朝事，嘉靖年間似此事，一十八水變為沙，父子攜持歎化離，哭聲千霄不可聞，九閽杳杳那得知，屈指今昔無多日，不謂河水復如茲，欲留已無餬口具，欲去誰能一葦渡，長跪合辭告河伯。〔註263〕

清代婁躋壽之石橋決口紀實：

黃河潰長隄，濁浪齊湧出，飛奔向東南，水頭高數尺，驚慌片時間，村落忽焉失，一派水流聲，迅如萬馬逸，長林露樹梢，急溜見浮尸，水勢抱城來，中牟成澤國，分屯各城門，時時懼衝決，人心亂如麻，西城已崩裂，欲逃未有船，眼看生路絕，東關地勢高，羣集關廟側，紛紜無數人，擁擠不嫌窄，城內餘數家，危亡在旦夕，平地皆出泉，四隩水洋溢，柴米無路通，焦愁見於色，頻覆浪中舟，往來虞不測，時聞風怒號，中情殊驚怯，登城四望遙，長天與水接，塚棺逐水翻，令人心酸惻，高岡為深潭，溝渠頓壅塞，嗟此一萬民，同時罹浩劫，倘不速合龍，萬姓無遺子。〔註264〕

（七）儀封縣（河南蘭封）。明代劉大謨之黃河歎（弘治十一年）：

大河遙自西域來，萬折千廻東赴海，……吾邑正當夾河流，溟溟浩淼愧瀛洲，三里之城七里郭，搖搖漾漾等浮鷗，伏水新來轉增勢，須臾巨艘集平地，樹杪飛流噴雪花，淮鯨潮鱣爭作祟，宛臨三江面五湖，守堤人吏不停呼，負畚荷鍤惟恐後，閉目蹻舌更切齬，野圃咫尺音耗絕，莊童佃僕憂悁悁，千家墳墓委泥沙，在處村落淪魚鱉，

〔註262〕《乾隆虞城縣志》，卷九，頁53。
〔註263〕民國・蕭德馨，《中牟縣志》（臺北：成文出版社，民國二十五年石印本景印），卷三，〈藝文詩〉，頁25。
〔註264〕民國・蕭德馨，《中牟縣志》，卷三，〈藝文詩〉，頁21。

誰能一掌抵洪河，荒堤如線障穨波，萬姓偟偟驚靡定，時向城頭望盤渦，松石新承總理命，縉紳咸推知水性，前日馳書向濟寧（山東濟寧），應憐赤子投陷井，欲平水土仰司空，何日乘檣來自東，指顧即看成丕績，神禹百代宜同功。〔註265〕

明代張鹵之七哀歌（萬曆十五年七月十日）：

昨日飢民滿道周，丟兒棄女遍田疇，人人環視空悲嘆，家家無食誰敢收，三更河漲陡如此，漂流應到海東頭，嗚呼五歌兮悲切，眼中淚盡心流血。〔註266〕

（八）開封府城（河南開封）。明代獻圭之汴梁篇（崇禎十五年）：

攻圍踰十旬，岌岌孤城危。……決河使東注，河水浸闤闠湧天上，蛇龍恣猙獰，崇墉澱泥沙，衣冠易介鱗，於嗟萬萬命，頃刻無一生，到今多蔀屋，積泥與簷平，郭外盡灌莽，惟餘草青青。〔註267〕

明代葛孕秀之若水行（崇禎末年）：

君不見河陽兵馬多如雲，人心此日憂如焚。……洪河乘此勢，汪洋長堤一潰不可當，波濤萬頃怒且狂，咫尺樓船帆與檣，已見黿鼉隨浪舞，更聞馮夷夜擊鼓，酋魚不任海靈胥，不在江齊助，此河之奔騰，……陸地盡變為水府，斬蛟無復見。〔註268〕

（九）陽武縣（河南陽武）。清代張慎為之河上戍民謠：

我生不辰在河滸，磧石西下嚙中土，桃花濁浪吼天口，兩岸不辨潎秋浦，歲歲匏子築西風，璧馬空沉沙河雨，破產能有幾家存雞犬。〔註269〕

清代靳五雲之河決行：

黃河怒派勢滔天，河南河北少人烟，西自懷州東齊魯，湯湯千里無尺土，脩忽桑田變滄海，魚鱉為鄰蛟龍舞，廬舍傾倒禾黍空，家家盡浮洪濤中，死者漂沒生者少，四顧徬徨無定踪，我昔策馬到河灣，男擔女號扳，兩岸哀哀聲不斷，百姓生靈呼吸間，河臣章上皇心憂，遣官督役勤築修，自從六月至臘月，二百餘日不得休，晝塞夜防百

〔註265〕《民國儀封縣志》，卷一二，〈藝文下〉，頁33。
〔註266〕《民國儀封縣志》，卷一二，〈藝文下〉，頁33。
〔註267〕《康熙開封府志》，卷三四，〈藝文四〉，頁10。
〔註268〕《康熙開封府志》，卷三四，〈藝文四〉，頁8。
〔註269〕清·談誼曾，《陽武縣志》（清乾隆十一年刊本），卷一一，〈藝文〉，頁62。

計生，一朝泛濫幸底平，龍門初合打月隄，水患既息地可耕，逃者歸來不勝悲，舉目田園非昔時，忍飢耐寒餘殘息，稱貸且為播種期，孰知今春水復降，決堤衝埽墮前功，歸者未幾旋逋竄，萬姓枵腹何時充，吁嗟乎？萬姓枵腹時充。〔註270〕

從前述諸文，黃河潰決時，百姓遭受之損害，十分悲殘，千里變成澤國，廬舍漂蕩，「雞飛屋上叫」，「犬蹲牆頭號」，飢民流徙他鄉，所携帶之錢財用盡，為得斗米以充飢，只有鬻賣兒女，以致「母子相看慘別離，索衣號天不肯去」，甚至子女無人收買，只好「丟兒棄田徧田疇，人人環視空悲嘆。」亦因河患危害殘烈，宋代邵雍吟黃河詩一首，以抒其嘆，其云：「誰言為利多於害，我謂長渾未始清，西至崑崙東到海，其間多少不平聲。」〔註271〕

七、結論

　　中國文人墨客所吟詠之黃河詩文，其情境表現出傳統中國人對黃河之審美觀，此一黃色巨流，充滿著美感，其線條具有九曲百折之勢；其濁浪，波瀾壯闊，形如竹箭、奔馬；其地位，位四瀆之宗，位比諸侯；此外，尚具有人文精神，其淵遠流長，視為慈母之愛心和年長者之德澤，能滋潤於後世；其向東奔流，蘊有行文順暢、辯才無礙等含義。

　　黃河之潰決，可謂史不絕書，自周代以來，平均每年發生水患一次。每逢大水患，不知奪走多少之生命和財產。雖然西方人稱黃河是「中國剋星」「China's Sorrow」或「黃禍」（Yellow Sorrow），但中國文人受陰陽五行學說之影響，視其為滎河、靈河，其水源來自天上，亦稱銀河、天河。因此傳統中國之治河方策雖無法善治黃河，以致沿河州縣百姓飽受水患之苦，但國人從未以「惡名」稱呼它，反而因其遷徙不定，年年泛濫，而稱之「神水」，如明嘉靖十五年（一五三六）總理河道右副都御史李如奎言：「今之論黃河者，惟其瀰漫之勢，又以其遷徙不常，而謂之神水，遂以為不可治。」〔註272〕

〔註270〕清・談諟曾，《陽武縣志》，卷一一，〈藝文〉，頁63。

〔註271〕清・劉光業等，《淮安府志》（清康熙二十四年序刊本），卷一二，〈藝文〉，頁23。

〔註272〕清・顧炎武，《天下郡國利病書》（臺北：廣文書局，民國六十八年十一月初版），卷三一，〈江南十九，漕政〉，頁16；又明・祁伯裕等，《南京都察院志》（臺北：中央圖書館漢學中心景印），卷二八，〈奏疏二，請遣大臣治河疏，湖廣道御史陳堂〉，頁43：「每藉口必曰：神河，而皆付之，曰：不可治。」又明・孫繼皋，《宗伯集》（臺北：臺灣商務印書館，四庫全書珍本四

　　總之，中國人之黃河情結，源自中國文人以詩文美化黃河，視其能滋潤萬物之生長，為中國文化之搖籃；且其流程亦視為中華民族五千年來胼手胝足之歷程，黃河從發源地，歷經各種地形，有時遇地勢險巇，激起奔騰巨浪，氣勢雄渾，有時流經平野，波平浪靜，一衣帶水，但終奔注於大海，此象徵中國文化綿延擴張，有容乃大，將光被於四表。

集），卷三，〈賀督撫僉都御史臨川周公晉副都御史治河敘〉，頁 27：「河上應天漢，折萬里入中國，悍而善噛，奔而善徙，若有神焉。」又明・潘鳳梧，《治河管見》（明萬曆間刊本），卷四，〈治河或問，龐尚鴻〉，頁 21：「今之論黃河者，因其遷徙不常，遂謂之神水。」又明・章潢，《圖書編》（臺北：臺灣商務印書館，四庫全書珍本五集），卷五三，〈治兩河議〉，頁 61：「人多狃于俗見，惟以彌漫之勢，為言：謂黃河為神水，不可治，要在斷然行之耳，」又《清史稿》，卷一二六，〈河渠一，黃河〉，頁 3717：「順治十六年，吏部左侍郎朱之錫言：桃源費家嘴及安東五口淤澱久，工繁費鉅，據黃河諺稱神河，難保不旋濬旋淤。」

泰山與太和山的香稅徵收、管理與運用

摘要

　　明清時期，千萬香客為求子求壽攀登岱頂與金頂（天柱峰），以祈求碧霞元君與真武大帝，使泰山與太和山（武當山）成為道教的南北聖地。

　　泰山每年朝聖人數，多達 80 萬人少亦有 40 萬人；太和山則有數萬人。明中葉，為籌財源以整修宮觀及支應地方與中央政府財政的需要，乃向香客與廟宇課徵香稅。

　　泰山香稅分為入山香稅與頂廟香稅兩種，每年收入雖有盈縮平均約計 7 萬兩；太和山香稅的性質則如同泰山的頂廟香稅，每年約有 4 千兩。致於香稅的徵收與管理，泰山設有總巡官與分理官，由山東布政司派任司府州縣佐貳官兼理，管理上較為嚴謹；太和山於明代主要由提督太監委派玉虛等宮觀提點與均州千戶所千戶監管，帳目較不清，至清代才轉由下荊南道管理。在香稅運用上，泰山香稅除上繳國庫外，主要用於布政司公務、修建廟宇、修築城牆、協助科場、支山場公務、補里甲差銀、補德魯衡三王府祿米、襄助河工、濟助軍餉等方面；太和山香稅除用於修理宮觀、山場歲用香炷、布匹、官軍折俸外，還用於地方災傷賑濟、補興王府祿米、濟助軍餉等。本文旨在探討泰山與太和山香稅的意涵、徵收、管理與運用，也藉此反應明清時期宗教旅遊活動的盛行。

關鍵字：明代、清代、泰山、太和山、香稅

一、前言

　　明代中晚期，商品經濟發達，社會控制力較弱，以致宗教旅遊活動盛行，泰山與太和山成為千萬香客朝山進香的主要聖地。

　　泰山雄鎮東方，為五嶽之尊，其尊崇地位，係由秦漢至北宋的帝王封禪和百姓的朝山進香所塑造。在明清兩代，雖然帝王不再舉行封禪禮，但百姓的朝山進香卻匯成一股沛然沒之能禦的潮流；此時百姓登岱頂所朝聖的神明，已從泰山主神的東嶽泰山之神，逐漸被碧霞元君取而代之，於明中葉，碧霞元君已成為泰山最顯赫的神明。香客不遠千里攀登岱頂，其人數，於崇禎2年（1629）以前，每年多達80萬人，少者也有60萬人；至明末，由於清人入關，戰火四起，登泰山進香人數驟減，每年不到40萬人。〔註1〕至於朝聖季節，則分上（1月～4月）、中（5月～8月）、下（9月～12月）三季。上、下兩季，「香眾甚多」；中季，「香客不多」。〔註2〕尤其是上季，「當春、夏間，往來如蟻」，「合計入山者日八、九千人，春初日滿二萬。」〔註3〕「若三、四月，五方士女登祠元君，以數十萬。」〔註4〕此因4月18日為碧霞元君的聖誕，故「每當四月盛會，進香報賽，于（千）里雲集。」〔註5〕

　　太和山即武當山，明永樂16年（1418）敕封為「太嶽太和山」，〔註6〕嘉靖32年（1553）又賜名「治世玄岳」，〔註7〕使太和山的地位和聲望超越泰山等五嶽，成為明代皇室欽定的天下第一名山，明・王世貞即云：「至明太宗文

〔註1〕明・陳宏緒，《寒夜錄》（叢書集成新編，臺北：新文豐出版公司，1986年）卷下，頁25。

〔註2〕明・查志隆，《岱史》（四庫禁燬書叢刊，北京：北京出版社，2000年）卷13，頁史11-607上。

〔註3〕清・張岱，《岱志》（泰山文獻集成，濟南：泰山出版社，2005年），頁404。

〔註4〕明・查志隆，《岱史》卷18，頁史11-715下。

〔註5〕清・吳錫麒，《有正味齋集》（續修四庫全書，上海：上海古籍出版社，2002年）卷15，頁411；又清・哈達清格，《塔子溝紀略》（臺北：廣文書局，1968年）卷11，頁27。《遼海叢書》：「每年四月十八日，恭逢聖誕之辰，虔誠祭祀，靡不傾心，維時老弱盈庭，簪裙塞道，雍容鴛鷺，若眾星之拱北辰，輻輳駢肩，猶百川之赴巨海。」

〔註6〕明・任自垣，《敕建大岳太和山志》（湖北：湖北人民出版社，1999年）卷2，頁23；明・夏原吉，《明太宗實錄》（國立中央研究院歷史語言研究所民國51年刊本縮印，京都：京都出版社，1984年）卷207，頁1上，永樂16年12月丙子。

〔註7〕明・張居正，《明世宗實錄》（國立中央研究院歷史語言研究所民國51年刊本縮印，京都：京都出版社，1984年）卷394，頁4上，嘉靖32年2月壬戌。

皇帝尊之曰大嶽，世宗朝復尊之曰玄嶽，而五嶽左次矣。」。〔註8〕太和山主祀真武神，此神明源於古代的玄武崇拜；在明代，真武崇拜達於頂峰，相傳明太祖平定天下時，有感於真武神「陰翊顯佑，靈明赫奕」，於定都南京後，即建真武廟奉祀之。〔註9〕至明成祖，其從北方起兵而入繼大統，真武神更被尊奉為「護國家神」；並於永樂 10 年（1412）至永樂 21 年（1423），「凡竭天下之府庫」，營建真武宮於太和山，以天柱峰金頂為中心，共建 9 宮 9 觀 33 處建築群，大小房宇 1800 多間。由於帝王的崇信，於明代掀起真武崇拜的熱潮；也因明成祖修建太和山宮觀後，太和山成為當時百姓傾心嚮往的名山仙境。每年香客「豈止數萬」，〔註10〕「行者肩摩，入山如市」，〔註11〕正月至 4 月，為進香盛行時期，《弇州四部稿》載：「每到春時，中國焚香者，傾動郡邑。」〔註12〕此因真武大帝的聖誕為 3 月 3 日，且此時太和山景色迷人，各地香客「莫不駢肩接踵，不數百里，歡呼而至。」5 月以後，則因「農忙，天道炎寒」，以致香客稀疏。〔註13〕

　　香客為求子求壽等原因，蟻旋魚貫於泰山與太和山上下，以祈求碧霞元君與真武大帝的庇護。明政府則因財政匱乏，為充實國庫，及支應地方財政與山場的開支，不僅向攀登岱頂的香客徵收門票費，而且還派員徵取香客奉獻給神明的各種禮物。

　　在泰山徵收入山香稅計有 219 年（正德 11 年至雍正 13 年），搜取頂廟香稅則有 177 年（嘉靖 37 年至雍正 13 年）；太和山開徵香客敬奉神明的香錢有 243 年（弘治 6 年至乾隆元年）。這些香稅的徵收，並不能阻擋此時期香客進香朝聖的熱潮，因此從香稅的課徵數與運用，不僅可以瞭解晚明財政的拮据，也能反應此一時期民間宗教旅遊活動的盛況。

〔註 8〕明・王世貞，《弇州四部稿》（文淵閣四庫全書，臺北：臺灣商務印書館，1986　　　年）卷 1，頁 1。
〔註 9〕梅莉，《明清時期武當山朝山進香研究》（武漢：華中師範大學出版社，2007　　　年）第 1 章，頁 37、42。
〔註10〕明・凌雲翼，《大岳太和山志》（湖北：湖北人民出版社，1999 年）補遺，頁　　　517。
〔註11〕同上註，卷 5，頁 358。
〔註12〕明・王世貞，《弇州四部稿》卷 174，頁 13～14。
〔註13〕明・范欽，《明抄本嘉靖事例》（北京：北京圖書館出版社，1997 年）第 2 冊，　　　〈議處太和山香錢〉；明・萬表，《皇明經濟文錄》（四庫禁燬書叢刊，北京：　　　北京出版社，2000 年）卷 22，頁 41。

　　研究明清泰山與太和山香稅的論文，主要有：韓光輝〈泰山香稅考〉，[註
14] 成淑君〈自是神人同愛國，歲輸百萬佐升平——明代泰山碧霞靈應宮香客
經濟初探〉，[註15] 澤田瑞穗〈泰山香稅考〉，[註16] 楊立剛〈明清時期武當
宮觀經濟收入初探〉，[註17] 梅莉《明清時期武當山朝山進香研究》第7章3
節〈香稅的徵收〉。[註18] 前述研究成果，尚有以下諸問題未探討：

（一）泰山香稅方面

　　1. 未能釐清泰山香稅的性質分為兩種，一為入山香稅（人頭稅），二是頂
廟香稅（混施錢）；也未能瞭解納入國庫（太倉）的香稅係指頂廟香錢；[註
19] 2. 未深入分析香稅管理組織，係由哪些州縣佐貳官出任總巡官（1 人）、
分理官（6 人），又如何運作；3. 未探討泰山香稅的運用。

（二）太和山香稅方面

　　1. 未能闡明其香稅的內涵，而陷入其既稱為「稅」，必如同泰山的入山香
稅，有一定稅率；[註20] 2. 未探討太和山香稅管理制度；3. 尚未釐清香稅徵
收數額。

　　本文為闡明前述諸問題，在探討順序上，先行論述泰山香稅，再探太和

[註14] 韓光輝，〈泰山香稅考〉，《泰山研究論叢》第 5 集（青島：青島海洋大學出版
　　　 社，1992 年），頁 189～197。

[註15] 成淑君，〈自是神人同愛國，歲輸百萬佐升平——明代泰山碧霞靈應宮香客經
　　　 濟初探〉，《濟南大學學報》13：3，2003 年，頁 38～41。

[註16] 澤田瑞穗，〈泰山香稅考〉，《福井博士頌壽紀念東洋文化論集》（東京：早稻
　　　 田大學出版社，1969 年），頁 547～563。

[註17] 楊立剛，〈明清時期武當宮觀經濟收入初探〉，《武當學刊（社會科學版）》第
　　　 4 期（總第 44 期），1994 年，頁 13～16。

[註18] 梅莉，《明清時期武當山朝山進香研究》，頁 271～285。

[註19] 成淑君，〈自是神人同愛國，歲輸百萬佐升平——明代泰山碧霞靈應宮香客經
　　　 濟初探〉，頁 39：「泰山香錢數在 2 萬兩左右，其中，包括混施錢 8300 兩，
　　　 如此純粹來自進香錢者約有 12000 餘兩。」

[註20] 楊立剛，〈明清時期武當宮觀經濟收入初探〉，頁 15：「這說明香稅是明清國
　　　 家財政收入的補充部分，具有確定的稅率及極強制性等特性。」梅莉，《明清
　　　 時期武當山朝山進香研究》第 7 章 3 節，頁 284：「武當山的香稅似沒有定
　　　 額，而是隨香客的意願。……但既稱為『稅』，就應當有定額。泰山香稅實行
　　　 之初，內外有別，本省香客每名輸銀 5 分 4 厘，外省 9 分 4 厘。……關于武
　　　 當山香稅具體數額，還有賴于更多史料的發掘。但無論如何，武當山香稅決
　　　 不是出於自願，而是強行徵收。這從上引徐霞客文可知。而且，從武當山與
　　　 泰山的香稅總數不相上下來看，朝武當的香客所納稅金當與泰山差不多。」

山，此因要瞭解太和山香稅的意涵、徵收數、管理方法等，須先探討泰山香稅的意涵、徵收數，管理方法等。

二、泰山與太和山香稅徵收

香稅與香錢於泰山和太和山，其意涵有所不同，前者為強制性，對朝山香客課徵一定金額的稅收；後者則是隨香客意願，自由奉獻神明，沒有定額。〔註21〕明清史料常將香稅與香錢混用，一致無法瞭解史實真相。

（一）釋香稅與香錢

1. 泰山香稅意涵。泰山香稅始徵於正德 11 年（1516）7 月，依《明武宗實錄》載：

> 東嶽泰山有碧霞元君祠，鎮守太監黎鑑請收香錢，以時修理，許之。
> 工科給事中石天柱等言，祀典惟東嶽泰山之神，無所謂碧霞元君者，
> 淫祀非禮，可更崇重之乎？況收香錢，耗民財，虧國典，啟貪盜，
> 崇邪慢，請毀之便。疏入，付所司知之。〔註22〕

太監黎鑑為籌修繕頂廟碧霞宮的經費，奏請「收香錢」。此「香錢」的徵收，係香客必須先在泰安州城的遙參亭，購買入山門票後，方得登山朝聖，因此一入山門票係屬強制性，論其性質，應稱之為「香稅」，故明清史籍記載此一史實時，有採香稅之名者，如《居易錄》：「吾鄉泰山收碧霞元君祠香稅，自正德十一年，從鎮守太監言始。」〔註23〕

為釐清泰山香稅與香錢的區分，茲以明·查志隆《岱史·香稅志》和雍正 13 年（1735）乾隆皇帝所頒〈禁泰山香稅〉諭令的內容，予以闡明：

（1）論析《岱史·香稅志》。

此書出版於萬曆 15 年，其卷 13〈香稅志〉係記載明清香稅甚為重要史料。依《岱史·香稅志》所敘泰山香稅的意涵，即呈現二種：

〔註21〕明·周嘉胄，《香乘》（文淵閣四庫全書，臺北：臺灣商務印書館，1986 年）
　　　　卷 11，頁 10：「每歲乾元節，釀錢飯僧進香，以祝聖壽，謂之香錢。」清·
　　　　涂鴻儀，《道光蘭州府志》（中國方志叢書，臺北：成文出版社，1976 年）卷
　　　　5，頁 24：「各寺每歲必作佛事，本族及附近居民，布施銀錢、穀麥，謂之香
　　　　錢。此不過鄉民好善之舉也。」
〔註22〕明·費宏，《明武宗實錄》（國立中央研究院歷史語言研究所民國 51 年刊本縮
　　　　印，京都：京都出版社，1984 年）卷 139，頁 1 上下，正德 11 年 7 月甲申。
〔註23〕清·王士禎，《居易錄》（文淵閣四庫全書，臺北：臺灣商務印書館，1986 年）
　　　　卷 29，頁 24。

A. 入山香稅。「舊例本省香客，每名五分四釐，外省香客，每名九分四釐，俱店戶同香客赴遙參亭報名，納銀領單上嶺。」〔註24〕每名香客須繳納入山門票的金額，若是山東人，係納 5 分 4 釐；若非山東人士，則是 9 分 4 釐。

B. 頂廟香稅。此志書一開始即解釋「曷云乎香稅」：

　　四方祈禳之士女，捧瓣香謁款神明，因捐施焉，而有司籍其稅，以助國用也。夫檠天下香稅，惟岱（嶽）與楚（湖廣）之太和山也。〔註25〕

前述有關頂廟香稅意涵的關鍵詞，在於：「捐施」、「有司籍其稅」、「以助國用」。

　　「捐施」：其意為四方香客登岱頂至碧霞宮，為禮敬碧霞元君，所捐施的物件；這些物件為自由捐獻，依《喙鳴文集》載：「聽其自捐，無定數。」〔註26〕故論其性質，理應稱為「香錢」或「混施錢」。

　　「有司籍其稅」、「以助國用」：晚明財政匱乏，為充實國庫，於嘉靖 37 年（1558）派官員徵收頂廟香錢中較值錢的金銀、珠寶等項，以納入太倉庫，每年約 2 萬兩（詳見本節第 2 項〈泰山香稅徵收額數〉）。因頂廟香錢被朝廷徵入太倉，以襄助國家用需；在政府的立場上，這是一項雜稅收入，故嘉靖 37 年以後香客於頂廟所奉獻的香錢亦可稱為「頂廟香稅」，依《萬曆會計錄‧太倉銀庫》載：「泰山香稅銀貳萬餘兩」；〔註27〕又同書〈山東清吏司‧太倉〉：「泰山頂廟香稅銀貳萬餘兩」。〔註28〕

　　（2）論析〈禁泰山香稅〉諭令。

　　雍正 13 年 11 月，乾隆皇帝即位後，基於貧民百姓無力繳納泰山入山香稅，即不能登岱頂祈求碧霞元君，認係不合理現象。為革除弊政，〔註29〕頒

〔註24〕明‧查志隆，《岱史》卷 13，頁史 11-607 下。

〔註25〕明‧查志隆，《岱史》卷 13，頁史 11-606 下。

〔註26〕明‧沈一貫，《喙鳴文集》（續修四庫全書，上海：上海古籍出版社，2000 年）卷 5，頁 30。

〔註27〕明‧張學顏，《萬曆會計錄》（續修四庫全書，上海：上海古籍出版社，2000 年）卷 1，頁歲額 17～18。

〔註28〕明‧張學顏，《萬曆會計錄》卷 1，頁山東司 4。

〔註29〕清‧劉錦藻，《皇朝續文獻通考》（續修四庫全書，上海：上海古籍出版社，2000 年）卷 46，頁 239：「國初檠唐樞虞，禁罔疏闊，如，……乾隆閒，……又免泰山及湖北太和山香稅，……凡有便於民者，無不恩綸疊沛，而未嘗稍有恡惜，庶幾視西政為廣大矣。」

佈廢除徵收泰山入山香稅的諭令，依《大清高宗純（乾隆）皇帝實錄》載：

> 朕聞東省泰山有碧霞靈應宮，凡民人進香者，俱在泰安州衙門，輸納香稅，每名輸銀一錢四分，通年約計萬金，若無力輸稅者，即不許登山入廟，此例起自前明，迄今未革。朕思小民進香禱神，應聽其意，不必收取稅銀，嗣後將香稅一項，永行蠲除。如進香人民，有願捨香錢者，各隨願力，不得計較多寡，亦止許本山道人收存，以資修葺祠廟、山路等費，不許官吏經手，絲毫染指，永著為例。〔註30〕

這段諭旨內容：

A. 將入山香稅與頂廟香錢區分得很清楚。香客在泰安州遙參亭繳納的門票費，稱「香稅」；於岱頂靈應宮施捨的錢物，稱「香錢」。

B. 從雍正 13 年以後，不僅永行廢除入山香稅，也不再派官員駐守頂廟碧霞宮，徵收頂廟香錢為香稅；但香客「有願捨香錢者，各隨願力，不得計較多寡」，由山場道士自行收存，作為整修廟宇、山路等經費。

從上可知，泰山香稅意涵有二：一為從正德 11 年至雍正 13 年，所開徵的入山香稅，也稱「愚民稅」。〔註31〕二是從嘉靖 37 年至雍正 13 年，派官員徵收頂廟香錢以入國庫的頂廟香稅。但明清有些史籍不查，不僅將入山香稅稱為香錢，更將入山香稅與頂廟香稅的稅額相混，如《續文獻通考》：「（正德）十一年，始徵泰山碧霞元君祠香錢（應稱香稅），……自是遂為稅額，萬曆中稅入二萬兩。」〔註32〕此段內容，原是論述正德 11 年太監黎鑑奏請開徵入山香稅事；但「自是遂為稅額，萬曆中稅入二萬兩」，並非入山香稅的稅額，而是嘉靖 37 年以後開徵入國庫（明代繳入太倉，清代則入戶部）的頂廟香稅額數。

2. 太和山香稅意涵。派官員徵取太和山香稅，始於弘治 6 年（1493），這時係為籌措整修廟宇經費而開徵此項稅收（詳見本節第 3 項〈太和山香稅徵收額數〉，及本文第 4 節 2 項〈太和山香稅運用〉）。至乾隆元年（1736）4 月，

〔註30〕清・桂慶，《大清高宗純（乾隆）皇帝實錄》（臺北：華文出版社，1963 年）卷 7，頁 25～26，雍正 13 年 11 月己未。

〔註31〕清・查嗣瑮，《查浦詩鈔》（四庫全書未收書輯刊，北京：北京出版社，2000 年）卷 2，頁 15。

〔註32〕清・嵇璜，《欽定續文獻通考》（文淵閣四庫全書，臺北：臺灣商務印書館，1986 年）卷 24，頁 31。

乾隆皇帝於廢除泰山香稅的 5 個月後，也免除太和山香稅，依《大清高宗純（乾隆）皇帝實錄》載：

> 免湖北太和山香稅諭。山東泰安州香稅，朕已降旨豁免，近聞湖北太和山，凡遠近進香者，亦有香稅一項。小民虔禮神明，止應聽其自便，不宜征收香稅，以滋擾累。所有太和山香稅，著照泰安州之例，永行豁免。該督撫即飭令地方官，實力奉行，毋使奸胥土棍，巧取滋弊。〔註33〕

乾隆皇帝之所以廢除太和山香稅的徵收，係因「山東泰安州香稅，朕已降旨豁免」，遂「著照泰安州之例」，予以豁免。

太和山香稅的性質，若與泰山香稅相比較，其應等同於頂廟香稅，而非入山香稅，此可證諸以下史實，依嘉靖 12 年（1533），右少監李學〈議處太和山香錢〉載：

> 弘治 6 年，各宮觀巖廟年久損壞甚多，工程費用甚大，各軍無處採辦物料，俱派有司錢兩修理。比該均州民人蔡傑，見得武當山太和宮金殿，頗有四方人捨香錢，奏奉欽依該部議定，每年自正月起至四月終止，委官收受，解送均州淨樂宮庫，以備修山等項支用，餘月農忙，天道炎熱，香客稀疏，免委官收。〔註34〕

> 且謂本山香錢，量其年歲豐歉，隨人任意善捨，非比有司額辦歲糧，可以刑迫，以故數目多寡，原無定載。〔註35〕

又《五雜組》：

> 武當、元君二祠，國家歲籍其香錢，常數萬緡，官入之，以給諸司俸祿，不獨從民之便，而亦藉神之貺矣。……今泰山四、九二月之終，藩省輒遣一正官，至殿中親自檢閱，籍登其數，從者二人，出入搜索，如防盜然，謂之掃殿。而袍帳、化生、俚褻之物，皆折作官俸，殊不雅也。武當亦然。〔註36〕

又天啟年間（1621～1627），徐霞客遊太和山時，在太和宮金殿，親見：

〔註33〕清・桂慶，《大清高宗純（乾隆）皇帝實錄》卷16，頁21，乾隆元年4月丁丑。

〔註34〕明・范欽，《明抄本嘉靖事例》第2冊，〈議處太和山香錢〉。

〔註35〕明・范欽，《明抄本嘉靖事例》第2冊，〈議處太和山香錢〉。

〔註36〕明・謝肇淛，《五雜組》（四庫禁燬書叢刊，北京：北京出版社，2000年）卷4，頁11。

督以一千戶、一提點，需索香金，不啻禦奪。〔註37〕

從「均州民人蔡傑，見得武當山太和宮金殿，頗有四方人捨香錢」，「隨人任意善捨」，「謂之掃殿」，「武當亦然」，可知太和山從弘治6年以來，其所開徵的香稅，是隨香客各人的願力，在太和宮金殿施捨的香錢，故徐霞客遊金殿時，被均州千戶所千戶與宮觀提點「需索香金」，即有「不啻禦奪」的反感，由此亦可知香客在此有被強迫捐獻的情形。

進香太和山，不須繳納入山或入廟的門票費，故太和山香稅的性質係屬官方徵取香客在金殿所奉獻的香錢，以作為山場及地方的公務支出。

在萬曆15年以前，全國各廟宇中，有官方代表駐守道場，參與廟宇財物管理，並徵取香客所奉獻香錢者，僅有泰山與太和山兩地，故《岱史・香稅志》載：「夫榷天下香稅，惟岱與楚之太和也。」〔註38〕《棗林雜俎》也載：「泰安州泰山碧霞元君祠，均州太和山真武祠，俱官徵香稅。」〔註39〕

（二）泰山香稅徵收額數

泰山香稅分為入山香稅與頂廟香稅兩種，茲論述此兩項香稅徵收及數額：

1. 香稅徵收。分入山香稅與頂廟香稅論述：

（1）入山香稅。

香客登岱頂，須於泰安州遙參亭納銀兩購買入山門票，若從山後攀登者，則在玄武門填單繳費。此項稅收的執行，相當嚴謹，依萬曆23年（1595），嚴逸山〈乙未東遊日記〉：「乃抵泰安州，……既次旅館，將以次日登岱，忽有索香稅者，予不應，旁人曰：此有嚴禁，乃稅。」〔註40〕又康熙60年（1721），孫嘉淦遊泰山，依《鄉園憶舊錄》載：「至泰安始當其面。……次早欲上，土人云：『山上有娘娘廟，領官票而後得入。票銀，人二錢，曰香稅。』不得已，亦領票。」〔註41〕前述二人，面對索繳入山香稅時，嚴逸山雖表露「予不應」；

〔註37〕明・徐宏祖，《徐霞客遊記》（文淵閣四庫全書，臺北：臺灣商務印書館，1986年）卷1下，頁23。

〔註38〕明・查志隆，《岱史》卷13，頁史11-606上。

〔註39〕明・談遷，《棗林雜俎》（四庫全書存目叢書，臺南：莊嚴文化事業公司，1996年）和集，頁38。

〔註40〕明・嚴書開，《嚴逸山先生文集》（四庫禁燬書叢刊，北京：北京出版社，2000年）卷6，頁4。

〔註41〕清・王培荀，《鄉園憶舊錄》（濟南：齊魯書社，1993年）卷5，頁258；清・賀長齡，《清經世文編》（臺北：臺灣中華書局，1992年）卷6，頁23。

尤其孫嘉淦身為督御史，雖批評：「夫東嶽自有神，所謂娘娘者，始於何代？功德何等？愚民引夫婦，奔走求福，為民上者，既不能禁，又因以為利。」〔註42〕但都在「此有嚴禁」，「不得已」的情勢下，仍按規定繳稅。

　　入山香稅的稅額，山東境內的百姓，原本每人須納5分4釐；若是他省香客，則是9分4釐。後因山東內外香客購買入山門票有4分差距，以致發生「外省香客冒充本省報名」，故從萬曆8年（1580）起，「不分本省外省」一律收銀8分。〔註43〕至清初，入山香稅大幅提高，康熙60年，「票銀人二錢」；〔註44〕雍正13年，「每名輸銀一錢四分」。〔註45〕為何清初較晚明多徵入山香稅的額數，依雍正7年（1729）11月，山東巡撫僉都御史岳濬的奏疏：「竊查泰安州泰山廟香稅，舊例每香客一名，正稅八分之外，有廟工銀一分，以為遞年廟內添補用度之費；又有裁留聽支明加等銀五分八釐四毫八絲。是以每香客一人，計正稅、公款共納銀一錢四分八釐四毫八絲。」〔註46〕可知正稅仍是8分，但另加徵廟工等公務支出6分8釐4毫8絲。

　　（2）頂廟香稅。

　　香客施捨於頂廟碧霞宮內的香錢，種類繁多，計有「金銀、珠寶、玉石、首飾，並金銀娃娃、銅錢，及旛蓋、袍服、紗羅、段幣等項。」香客敬獻香錢的情形，依《醒世姻緣傳》載：

> 漸次走到山頂，那管香稅的是歷城縣的縣丞，將逐位的香客一一名點進，方到聖母殿，殿門是封瑣的，因裏邊有施捨的銀錢、袍服、金銀、娃娃之類，所以人是進不去的。要看娘娘金面的人，都墊了甚麼，從殿門格子眼裏往裏觀看，素姐搭著狄希陳的兩個肩膀，狄希

〔註42〕清·李祖陶，《國朝文錄》（續修四庫全書，上海：上海古籍出版社，2002年）卷2，頁3。

〔註43〕明·查志隆，《岱史》卷13，頁史11-607下；明·沈一貫，《喙鳴文集》卷5，頁29～30：「九月至于四月尤盛，縣官因莞榷之，謂之香稅，亦不知所起，香客來人，具銀八分，報名于遙參亭，委官給單，從山後來者，玄武門委官給單，皆持至碧霞宮委官驗放。」

〔註44〕清·李祖陶，《國朝文錄》卷2，頁3；清·賀長齡，《清經世文編》卷6，頁23。

〔註45〕清·桂慶，《大清高宗純（乾隆）皇帝實錄》卷7，頁25，雍正13年11月己未；清·彭元瑞，《孚惠全書》（北京：北京圖書館出版社，2005年）卷4，頁2下～3上。

〔註46〕清·雍正十年勅編，《世宗憲皇帝硃批諭旨》（文淵閣四庫全書，臺北：臺灣商務印書館，1986年）卷201上，頁48。

陳兩隻手攢著素姐兩隻腳，倒也看得真實，也往殿裏邊拾了些銀子。

燒香已畢，各人又都到各處遊觀一會，方纔各人上轎下山。〔註47〕

又《喙鳴文集》載：

香客謁碧霞宮，有施以大柵閑宮門，而聽其自捐。〔註48〕

又《養吉齋餘錄》載：

進香者各有獻，如金、銀、錢、帛，銀男、銀女之類，皆投殿中，祖置錢求福意，殿有柵，蔽以鐵網。四月十三日封山，香會始罷。

〔註49〕

又《岱志》載：

為碧霞宮門，左進右出。入門，十數人負予而前，坐其肩上，亂扑香客。導余見元君金面，鐵柵如橡，從窗櫺中見佛像不甚大。……應劭《封禪記》，漢武帝至泰山下，未及上，百官為上跪拜，置梨、棗、錢于道，為帝祈福。置錢之例，其來已久，然未有盛于今時。四方香客，日數百起，釀錢滿筐，開鐵柵向佛殿傾瀉，則以錢進。

〔註50〕

從前述：A. 香客至頂廟碧霞宮，是無法進入聖殿內，因殿門「施以大柵閑宮門」，「蔽以鐵網」，因裡面堆積著香客施捨的金銀、袍服等物。每年夏、冬兩季，濟南府會派官員開啟柵門，清點財物，「搜索如防盜」，稱為「掃殿」。〔註51〕B. 由於香客無法進入聖殿內，若想禮觀碧霞元君的金面，須「墊了甚麼，從殿門格子眼裏往裏觀看。」因此萬曆13年（1585），巡撫御史韓應庚重新規劃聖殿空間，將殿南的五間房宇，「欄其東一間，題曰東寶庫；欄其西一間，題曰西寶庫」，「用以投儲諸所捐施焉」。〔註52〕C. 香客在此所施捨的香錢，雖謂「聽其自捐」，「各隨願力」，但依康熙9年，余縉〈登岱記〉：「州倅藉香稅為名，需索遊人無饜。」〔註53〕似有假藉徵收頂廟香稅之名，而會「計較

〔註47〕清・西周生，《醒世姻緣傳》（古本小說集成，上海：上海古籍出版社，1994年）69回，頁8下～9上。

〔註48〕明・沈一貫，《喙鳴文集》卷5，頁30。

〔註49〕清・吳振棫，《養吉齋餘錄》（筆記小說大觀，臺北：新興書局，1986年）卷6，頁342。

〔註50〕清・張岱，《岱志》，頁405。

〔註51〕明・謝肇淛，《五雜組》卷4，頁11。

〔註52〕明・查志隆，《岱史》卷9，頁史11-580上。

〔註53〕清・余縉，《大觀堂文集》（四庫未收書輯刊，北京：北京出版社，2000年）

多寡」。

2. 香稅收入。泰山的入山香稅和頂廟香稅一年可開徵多少數額，明清所撰寫的泰山祠記或遊記，多採「萬金」、「萬緡」、「億萬」等文辭來形容，如入山香稅：清・趙懷玉〈登岱七十韻〉載：「舊例民人進香，先向泰安州納香稅，歲可萬餘金。」〔註54〕清・戴均衡《方望溪（苞）先生全集》：「例輸稅於州，乃許登山，歲約萬金。」〔註55〕致於頂廟香稅：如嘉靖6年，〈崔文奎記略〉：「歲進香帛者，恒以億萬計。」〔註56〕明・王世貞，〈游泰山記〉：「祠宇頗瑰偉，而歲所入香緡，以萬計。」〔註57〕明・王嘉言〈重修聖母元君祠記〉：「今岱嶽有祠，祠宇瑰偉壯麗，天下之祝釐祈福者趨焉，歲所入香緡，以萬計。」〔註58〕又明・王錫爵〈東嶽碧霞宮碑〉：「每歲瓣香岳頂數十萬眾，施舍金錢幣亦數十萬，而碧霞香火視他岳盛矣。」〔註59〕

為明確瞭解晚明、清初泰山香稅的收入，茲論述如下：

（1）晚明泰山香稅收入：

A. 頂廟香稅數額。依《岱史・香稅志》記載：從嘉靖37年起，頂廟香錢中，「除旛蓋、袍服等物，照舊該省（山東）官員折俸外」，其餘較值錢的金銀、首飾等項，則分夏、冬二季起解太倉，共計2萬2、3千兩（春季1萬兩，冬季1萬2、3千兩）。〔註60〕此後即成定額，依《明史・會計》載：「歲入之數，……太倉銀庫，……泰山香稅二萬餘兩。」〔註61〕

卷18，頁20。

〔註54〕清・趙懷玉，《亦有生齋集》（續修四庫全書，上海：上海古籍出版社，2002年）詩卷8，頁4。

〔註55〕清・戴鈞衡，《方望溪（苞）先生全集》（臺北：文海出版社，1973年）集外文卷8，頁24上。

〔註56〕明・汪子卿，《泰山志》（泰山文獻集成，濟南：泰山出版社，2005年）卷2，頁118。

〔註57〕清・岳濬，《乾隆山東通志》（文淵閣四庫全書，臺北：臺灣商務印書館，1984年）卷35之19下，頁43。

〔註58〕清・黃宗羲，《明文海》（文淵閣四庫全書，臺北：臺灣商務印書館，1986年）卷371，頁12。

〔註59〕清・宋思仁，《泰山述記》（泰山文獻集成，濟南：泰山出版社，2005年）卷6，頁165。

〔註60〕明・查志隆，《岱史》卷13，頁史11-608上。

〔註61〕清・張廷玉，《明史》（新刊本，臺北：國防研究院，1962年）卷82，頁866上下。

B. 入山香稅數額。從知見史料，明·楊一魁於萬曆 9 年所著《山東觀風便覽》，其卷 4〈課稅·泰山香稅〉，對入山香稅的年收入有詳細記載：

> 每年報名正銀約四萬一千八百五十六兩有零，正錢約九百一十五萬三千五百有零，每錢一千文折銀一兩，約折銀九千一百五十三兩五錢有零，混施銀一千七百二十兩有零，段紬紗絹約一千八百六十疋有零，段紬紗絹袍約六百二十件有零，內除袍絹折俸外，通共一年約銀五萬二千七百二十九兩五錢有零。〔註62〕

可知：a. 每年香客於泰安州城遙參亭添單報名所繳的入山香稅總額為 4 萬 1 千 8 百 56 兩。b. 萬曆 8 年，每名香客的入山香稅額已不分本省外省一律徵銀 8 分（詳見本節第 2 項〈泰山香稅徵收額數〉），據此可計算出每年攀登岱頂人數為 52 萬 3 千 2 百人；此一人次，本文於前言中，曾引明·陳宏緒，《寒夜錄》的記載，以論述晚明每年登岱頂總人數：於崇禎 2 年（1629）以前，每年多達 80 萬人，少者也有 60 萬人，與前述估算人次相較有些微差距。c. 萬曆初年，泰山香稅總額，除頂廟香稅（上繳國庫）、入山香稅外，尚包括一部分的香錢，計有：正錢 915 萬 3 千 5 百文（約折銀 9 千 1 百 53 兩 5 錢）、混施銀 1 千 7 百 20 兩，段紬紗絹約 1 千 8 百 60 疋，段紬紗絹袍約 6 百 20 件。論此一錢物的來源，係香客於頂廟碧霞宮所敬奉的香錢中存留於山東省的部分；此因頂廟每年所收香錢，除「金銀、首飾等項」，上繳國庫外（頂廟香稅）；銅錢等項於萬曆年間係轉存於山東布政司庫，作為該省公務支出，致於香客所奉獻的物件，如旛蓋、袍服、紗羅、段幣等，則儲存於濟南府庫，作為官吏折俸（詳見本文第 4 節 1 項〈泰山香稅運用〉）。d. 所謂山東省〈課稅〉中的「泰山香稅」，於萬曆初年，年總額計 5 萬 2 千 7 百 29 兩 5 錢，其中入山香稅 4 萬 1 千 8 百 56 兩，頂廟銅錢折銀約 9 千 1 百 53 兩 5 錢，頂廟混施銀 1 千 7 百 20 兩。e. 頂廟香錢年總收入，於萬曆初年，為 3 萬 3 千 8 百 73 兩 5 錢（頂廟香稅約 2 萬 3 千兩、銅錢折銀約 9 千 1 百 53 兩 5 錢、混施銀 1 千 7 百 20 兩），及段紬紗絹約 1 千 8 百 60 疋，段紬紗絹袍約 6 百 20 件。

晚明，泰山香稅總額每年約有 7 萬兩（頂廟香稅約 2 萬餘兩、入山香稅約 4 萬餘兩、及頂廟香錢存留山東部分約 1 萬餘兩），致使泰安州城成為倭寇侵犯山東，覬覦的城市之一，依《廣志繹》載：「然中國之股肉夷險，倭必有

〔註62〕明·楊一魁《山東觀風便覽》（明萬曆刊本）卷 4，頁 53 上。

鄉導預知之，而泰山香稅，外國所艷聞也，則必馳泰安州。既則濟寧商店咸在城外，倭必覬之而走濟寧。又進則臨清大賈所必覬也，而馳臨清。掠劫既飽，然後入省城，此山東大廳堂而倭必由之道也。」〔註63〕

（2）清初泰山香稅收入：

A. 頂廟香稅數額。每年頂廟香稅徵入戶部，仍維持在 2 萬餘兩，依《泰安州志》：「按往例，香稅籍諸藩司，以瞻地方一切公需，代田賦所不給。邐迤轉而入之內帑，歲作正項。」〔註64〕又《左司筆記》載：「國朝懲歷代征榷之弊，……山東雜稅四萬五千三百五十三兩，泰山香稅二萬一千二百五兩，雜稅二萬四千一百四十八兩。」〔註65〕

B. 入山香稅數額。依《乾隆山東通志》載：

> 泰山香稅，舊係泰安州經收，原額伍千玖百參拾肆兩零。雍正四年後，儘收儘解。〔註66〕

又《世宗憲皇帝硃批諭旨》：

> （雍正 4 年 3 月 10 日）查泰安州香稅，每年布政司有分規銀一千五百兩；濟寧州課程溢額稅，每年有分規銀五百兩。……臣（山東布政使張保）思此二項分規，皆從前舊例，若飭令收回，徒使州牧中飽，因收存庫，以被公用。〔註67〕

> 查自雍正三年十一月起至四年十二月，泰安州解送過五季分規銀一千八百七十五兩。……據爾奏稱，各款分規，俱歸公備用，但不必矯廉，於離任臨回時，將分內應得項下，可酌取一、二萬金帶來，亦不為多，一者爾作回京之用度，二者朕或另有用，爾處更可作將來養廉。〔註68〕

又同前書載：

> 今據布政司移會濟東道查核，在山巡查、收單、火夫、造飯等役工

〔註63〕明·王士性，《廣志繹》（北京：中華書局，1997 年）卷 3，頁 60。

〔註64〕明·任弘烈，《泰安州志》（中華地方方志叢書，臺北：成文出版社，1968 年）卷 2，頁 14 上。

〔註65〕清·吳暻，《左司筆記》（四庫全書存目叢書，臺南：莊嚴文化事業公司，1996 年）卷 10，頁 1～2。

〔註66〕清·岳濬，《乾隆山東通志》卷 12，頁 73。

〔註67〕清·雍正十年勅編，《世宗憲皇帝硃批諭旨》卷 55，頁 4。

〔註68〕清·雍正十年勅編，《世宗憲皇帝硃批諭旨》卷 55，頁 37～38。

食，及收稅、經承、紙筆、飯食等費，每年共應給銀一百四十四兩，詳請於歸公項內，按季撥給。更向來，每年香稅奏銷，有部飯銀六百兩，及解稅等盤費，亦應於歸公項內撥出。〔註69〕

泰安州每年經收的入山香稅額為 5934 兩，若加上解送山東布政司的分規銀（即養廉銀）1500 兩、山場公務支出至少 744 兩（部飯銀 600 兩、巡查等費 144 兩，尚未合計解稅等盤費），共計至少 8178 兩。

　　清初，泰山香稅數額中，頂廟香稅，仍維持晚明以來的 2 萬餘兩；入山香稅，至少有 8 千餘兩，故雍正 13 年廢除入山香稅，是時入山香稅收入數，「歲約萬金」。〔註70〕清初，朝聖泰山香客人數減少的原因，一則入山稅率的提高；二則社會控制力增強，雖未禁止名山寺廟的進香活動，但卻禁止一般寺觀神廟的燒香行會，依《世宗憲皇帝上諭內閣》載：「（雍正 2 年 4 月）婦女入廟進香，成群聚會，混雜行走，妄費無益；及入於別教，妖言惑眾，理宜禁止者；曾降旨准行，但並未禁止，民人於名山寺廟中禮拜也。今聞凡係寺廟，輒行禁止，不許民人叩拜，……皆與朕旨不合。」〔註71〕三則清初文人對碧霞元君信仰表示懷疑與反對，導致女神崇拜熱潮逐漸衰退，如顧炎武《日知錄》將碧霞元君列入假神名單中，聶劍光《泰山道里記》形容碧霞元君信仰為「荒遠不可瞀」，韓錫胙對碧霞元君的歷史真實性提出質疑等。〔註72〕

（三）太和山香稅徵收額數

　　太和山香稅係來自香客禮敬金頂真武大帝所奉獻的香錢，每年徵收多少數額，若依《弇州四部稿》載：「當永樂中，建真武廟於太和，……而二廟（太和山金頂，岱頂碧霞宮），歲入香銀亦以萬計。」〔註73〕又《皇明大政紀》：「正德元年三月，……撫治鄖陽都御史孫需，議國家祈禱諸費，取諸香錢，

〔註69〕清・雍正十年勅編，《世宗憲皇帝硃批諭旨》卷 201 上，頁 48～49。

〔註70〕清・戴鈞衡，《方望溪（苞）先生集》集外文卷 8，頁 24 上。

〔註71〕清・允祿，《世宗憲皇帝上諭內閣》（文淵閣四庫全書，臺北：臺灣商務印書館，1986 年）卷 18，頁 18；清・不著撰者，《新例要覽》（四庫未收書輯刊，北京：北京出版社，2000 年），頁 8：「愚昧之人，習于流俗，娼人成羣聚會，入廟燒香者甚多，若不禁止，恐相沿日久，有壞風俗，應將寺廟進香，羣集起會之處，永遠嚴禁等語。」

〔註72〕彭慕蘭，〈上下泰山——中國民間信仰政治中的碧霞元君（約公元 1500 年至 1949 年）〉，《新史學》20：4，2009 年，頁 197、200、201。

〔註73〕明・王世貞，《弇州四部稿》卷 174，頁 13。

從之。初，祈禱諸費皆民出，（孫）需曰：山有香錢鉅萬，典守者私之。」〔註74〕又《安楚錄》：「訪得湖廣均州大嶽太和山，各處商賈軍民人等，每歲燒香布施銀錢等項，不下萬計。」〔註75〕於明中晚期，將太和山香稅收入視有「萬計」或「不下萬計」。

　　為明確瞭解太和山香稅年收入，另據《明分省人物考》：

　　　　馬銓，字秉衡，南和人。……陞湖廣參議，……改都武當山，有金
　　　　殿香錢，素無紀籍，守者得肆侵漁，銓置籍，嚴出入，歲得銀三千
　　　　餘兩，陞參政。〔註76〕

又《名山藏》：

　　　　隆慶二年五月，……太和山歲收香錢約四千餘，提督太監柳朝乞留
　　　　修宮，從之。戶部尚書劉體乾言：稅不止此，請歸之有司，如泰山
　　　　例。忤旨，奪俸六月。〔註77〕

馬詮於弘治3年（1490）至弘治5年（1492）出任太和山提督參議，此時尚未設官徵收太和山香錢（詳見本文第4節2項「太和山香稅管理」），以致金殿香錢收入，沒有嚴謹管理，管理者得以肆意侵沒；經馬詮整頓後，「歲得銀三千餘兩」。隆慶2年（1568）提督太監柳朝奏報當年所收「香錢約四千餘」（雖然戶部尚書劉體乾認為香錢數額不僅於此），移作修建廟宇經費。由此可知，明代中晚期太和山香稅的年收入，未必有上萬兩，約僅4千餘兩。於清順治年間（1644～1661）及康熙初年，太和山地區因戰亂頻繁，以致香客銳減，是時所收香稅數，依康熙11年（1672）王澐遊太和山所撰《楚遊紀略》載：「殿（金殿）旁二小室，左以憩客，右有司香稅者，曰：稅不及千金，以給軍興費矣。」〔註78〕香稅縮減為「不及千金」。

〔註74〕明·雷禮，《皇明大政紀》（四庫全書存目叢書，臺南：莊嚴文化事業公司，1996年）卷19，頁937；又明·過庭訓，《明分省人物考》（明代傳記叢刊，臺北：明文書局，1991年）卷59，頁23上：「武當屬在境內，國家祈禱諸費出于民間，需令有司籍記，香錢悉貯均州，歲可得萬金，於是祈禱之費，絲毫不擾於民，鄖人謂前此撫治，未有如需之精密者。」

〔註75〕明·秦金，《安楚錄》（四庫全書存目叢書，臺南：莊嚴文化事業公司，1996年）卷2，頁36。

〔註76〕明·過庭訓，《明分省人物考》卷8，頁6下。

〔註77〕明·何喬遠，《名山藏》（四庫禁毀書叢刊，北京：北京出版社，2000年）卷29，頁454。

〔註78〕清·王澐，〈楚遊紀略〉（小方壺齋輿地叢鈔，臺北：廣文書局，1962年），頁

太和山金殿所徵香稅，主要存儲於均州城內北方的淨樂宮的香錢庫，且「累朝所賜諸器物，金鍾（鐘）、玉磬之屬」，也典藏於此。〔註79〕

三、泰山與太和山香稅管理

泰山與太和山的香稅徵收，各有不同的管理組織，前者由山東布政司派員兼理，管理嚴謹；後者於明代主要由太監提督，帳目較不清。

（一）泰山香稅管理

茲分入山香稅與頂廟香稅兩方面論述：

1. 入山香稅管理。設有總巡官與分理官，茲論述其員額、派任及職責。總巡官：一員，職在「專一督理香稅，上下稽查。」〔註80〕在頂廟碧霞宮西側的東公署設有休憩之所。〔註81〕出任此一職務者，依《岱史・香稅志》，係由「府佐內行委」；〔註82〕雖然泰安州隸屬濟南府，但擔任者未必全由濟南府相關官員兼任，詳見表一所載：

表一：明清泰山香稅總巡官知見表

姓　名	原　職	時　間	督理香稅優良事蹟	備　註
姚奎	東昌府同知	嘉靖4年（1525）	綜理微密，覬覦者不得逞其奸，寸鏃縷絲，罔或遺露，始于是冬孟月，踰年季春之十日，計收金、銀、錢幣、畜產約三萬緡，珠玉、袍襦弗與也，視往歲加增三之一。	明・查志隆，《岱史》卷18，頁史11-692下～693上。清・謝香開，《嘉慶東昌府志》卷15，頁20。
薛亨	右參議	萬曆14年（1586）	督泰山香稅。	清・劉於義，《雍正陝西通志》卷57下，頁9。明・溫體仁，《明神宗實錄》卷175，頁3下，萬曆14年6月己巳。

180下。

〔註79〕明・何鏜，《古今游名山記》（四庫全書存目叢書，臺南：莊嚴文化事業公司，1996年）卷9，頁18；清・陳夢雷，《古今圖書集成》（臺北：文星出版社，1966年），〈神異典・道觀部彙考一〉卷279，頁2800。

〔註80〕明・查志隆，《岱史》卷13，頁史11-607上。

〔註81〕明・查志隆，《岱史》卷11，頁史11-598下。

〔註82〕明・查志隆，《岱史》卷13，頁史11-607上。

鍾昌	山東右參政	萬曆年間（1573～1619）	嘗監泰山香稅，攝司事，籍羨餘數千緡，歸公帑。	清‧陳昌齊，《道光廣東通志》卷281，頁753。
黃一桂	濟南府通判	崇禎10年（1637）	主岱宗香稅，稅多羨，毫無私焉，或勸稍為子孫計，先生謝曰：吾於一官何有，惟父母寵命，未沾之。	明‧顧憲成，《涇皋藏稿》卷17，頁3上。
蔡懋德	以參政分守濟南	崇禎12年（1639）	有泰安州守某，貪墨不法，知不免，因懋德生日，製金帶、綺服，躬捧上壽。懋德提其所束帶，笑曰：吾十餘年，一銅帶，轉覺馨香耳。守慙而退，明日解綬去，於是墨吏望風引避。又却泰山香稅羨餘二千金，修泰安城。	明‧陸應陽，《廣輿記》卷5，頁9。清‧毛奇齡，《西河集》卷78，頁14。
畢振姬	濟南道參議	順治10年（1653）	泰山香稅，歲羨餘七千金，例充公使錢，振姬悉以佐餉。	民國‧趙爾巽，《清史稿》卷247，頁9653。清‧秦瀛，《己未詞科錄》卷6，頁16。

從前表，擔任總巡官者雖多由濟南府通判或濟南道參政等官出任，但也有右參議、東昌府同知者。由於山東香稅數額頗巨，因此山東撫按等官乃「精選州縣廉能官，分掌厥務」，〔註83〕故姚奎督理香稅時，稅額較往年增加3分之1；蔡懋德將「香稅羨餘二千金」，充當修建泰安城的經費；畢振姬則將香稅「羨餘七千金」，移作軍餉。

　　分理官：原有6員，此員額配置於5個地方：（1）泰安州遙參亭2員，一收本省香稅，一收外省香稅，均需填俱門票給香客。（2）玄武門一員，專收由後山登入者的香稅。（3）紅門一員，驗收門票放行。（4）南天門一員，查驗門票。（5）頂廟碧霞宮門一員，查放香客出入。於隆慶5年（1571），經裁革後，僅存遙參亭、玄武門、頂廟碧霞宮各一員。〔註84〕

　　分理官的派任，依《岱史‧香稅志》載：「於州縣佐貳官內行委」，〔註85〕

〔註83〕明‧查志隆，《岱史》卷18，頁史11-692下～693上。
〔註84〕明‧查志隆，《岱史》卷13，頁史11-607上。
〔註85〕明‧查志隆，《岱史》卷13，頁史11-607上。

茲詳見下表所載：

表二：明代泰山香稅分理官知見表

姓　名	職　官	時　間	分理香稅優良事蹟	備　註
濮瑾	寧陽縣丞	正德初年（1506～1515）	泰岳香稅舊額二萬有奇，三委瑾攝，增十之二、三。	陳夢雷，《古今圖書集成》，〈官常典・縣佐部〉卷657，頁6174。
杭子龍	兗州府經歷	嘉靖10年（1531）	委管太（泰）山香錢，不取羨餘	明・瞿景淳，《瞿文懿公集》卷9，頁18。
亢得霖	長清縣丞	嘉靖34年（1555）	司香稅於岱頂，尤人易以動者，公兢兢自勵，悉一無所染，一時承邑咸遜服焉。	明・亢思謙，《慎修堂集》卷17，頁31。
劉受	東阿縣丞	嘉靖41年（1562）	監泰山香稅，乃賦詩遨遊其中，未嘗操牙籌問奇贏數，以是有廉名。	明・于慎行，《穀城山館文集》卷17，頁13。
陳富春	濟寧州判	隆慶年間（1567～1572）	監泰山香稅，一無所取。	清・穆彰阿，《大清一統志》卷436，頁29。
因柱	臨清州判	隆慶年間（1567～1572）	監泰山進香稅，皆毫無所染。	清・儲大文，《山西通志》卷111，頁35。
牛成龍	章邱縣丞	萬曆39年（1611）	奉檄收泰山香稅，一塵不染，多銀萬二千五百兩，人尤難之。	清・王贈芳，《道光濟南府志》卷36，頁12。

分理官係由山東省所屬州縣的縣丞、州判等州縣佐貳官出任，因監理香稅為利源所在，乃有極力爭取者，如萬曆15年，山東泰安州同知張西江，「與同寅爭香稅事」，結果被降一級，貶為永平府推官。〔註86〕也有惟恐禁不起香稅誘惑而觸法，故不願擔任分理官者，如青州州判沈應登，即基於「監泰山香稅，不能無染指，……力謝不往。」〔註87〕

　　監管泰山入山香稅，不論總巡官、分理官，均由山東所屬府州縣文職官

〔註86〕明・沈德符，《萬曆野獲編》（元明史料筆記，北京：中華書局，1997年）卷11，頁296。

〔註87〕明・葉向高，《蒼霞草》（四庫禁毀書叢刊，北京：北京出版社，2000年）卷14，頁17。

吏兼理。由於香客至泰山進香，有三個季節，因上、下兩季香客眾多，故總巡官和分理官須全數委用；若是中季，此時香客不多，故僅委任分理官，而總巡官則不必派任。總巡官和分理官的任期，係以季節為準，每季香期結束，須重新委任，以致總巡官，「去住不常」；而分理官，「亦嘗有奉委未到者」。〔註88〕

2. 頂廟香稅管理。為結算香客施捨於頂廟碧霞宮內的香錢，每年係分夏、冬二季，另派專員逐一驗看，依《岱史‧香稅志》載：

> 另委府佐一員前往，會同原總巡香稅委官，登嶺啟門，收驗諸所施捨。

〔註89〕又《喙鳴文集》：

> 每夏冬，濟南府會官啟柵。〔註90〕

又《養吉齋餘錄》：

> 四月十三日封山，香會始罷。是日，藩司委官一人，同泰安縣令至
> 山檢察錢物，謂之掃殿。〔註91〕

於明代，係由濟南府「另委府佐一員」，會同「原總巡香稅委官」，一同登嶺啟開門柵。若是清代，則是濟南府委官一人，會同泰安州知州前往稽查；有此轉變，依《泰安州志》載：「另行委管收解，亦有念及官多祿繁者，令州守（泰安）兼攝，于以省事節財，以惠澤香火之地，近悅遠來。」〔註92〕

（二）太和山香稅管理

太和山的香稅徵收，於明清兩代各異，在明代，香稅徵收係由提督太監主導；在清初，則如同泰山香稅委由地方政府代管。

〔註88〕明‧查志隆，《岱史》卷13，頁史11-607下；清‧金棨，《泰山志》卷19，頁606。

〔註89〕同上前引註，頁史11-607下～608上；清‧金棨，《泰山志》卷19，頁606：「夏冬二季，另委府佐一員，前往會同原總巡官，登頂啟門。」清‧宋思仁，《泰山述記》卷2，頁47：「夏冬二季，另委府佐一員前往，會同總巡官登頂啟門」。前文中，《泰山志》、《泰山述記》所載：「會同原總巡官登頂」、「會同總巡官登頂啟門」為誤，並非總巡官親自登頂查驗頂廟香稅，而是其委官，故應為《岱史》所載：「會同原總巡香稅委官」。

〔註90〕明‧沈一貫，《喙鳴文集》卷5，頁30。

〔註91〕清‧吳振棫，《養吉齋餘錄》卷6，頁342。

〔註92〕明‧任弘烈，《泰安州志》卷2，頁14上；又同書卷4，頁21上：「康熙丁酉，……香稅缺額，檄余（張奇逢）赴頂查核稅單。」可知泰安州兼管頂廟香稅。

1. 明代太和山香稅管理

在明代，因太和山屬於皇家道場為瞭解明代太和山香稅徵收，須先闡明山場的行政管理組織。

（1）山場管理。太和山各宮觀雖設有提點、道士專責焚修香火，但宮殿的維修，道路的修治，溝渠的疏通，環境的掃灑，從永樂朝以後，自成一套行政管理體系。此一管理組織，可分為提督、襄理、執行三個層面。

A. 提督階層：主要由代表湖廣省的提督藩臣（多由湖廣布政司右參議出任）和代表朝廷的提督內臣共同組成，其職責在於選委道官、收支香錢；〔註93〕成化朝以後，為因應荊襄山區流民日眾，民變紛起，成化 15 年（1479），提督內臣韋貴為安撫流民，尚兼理軍民事，其職稱為「分守湖廣行都司，并荊州、襄陽、鄖陽三府所屬州縣并衛所，及河南附近淅川、內鄉二縣，各該山場、哨堡、巡司。」〔註94〕從弘治 7 年（1494）4 月起，提督藩臣陳濬的職銜，也另加「下荊南道分守撫民之任」。〔註95〕

提督內臣既主太和山，又兼理軍民事；因其職責擴大，不僅擅權威福，無法與提督藩臣共理太和山，且危害地方，「侵漁剝削軍民」，〔註96〕以致明中晚期，太和山提督藩臣常奏劾提督內臣不法事，如成化 15 年（1479），湖廣右參議韓文奏劾「中貴（韋貴）督太和山，乾沒公費」，後將香稅餘錢轉購「粟萬石備賑貸。」〔註97〕又嘉靖 13 年（1534），太和山提督參議陳良謨在其生日，贈詩文予提督內臣李學；日後李學派人，「袖數百金及他珍物為報」；陳良謨「怒欲劾治之，急麾出」，此人「長跪謝過乃已」。〔註98〕又嘉靖 22 年（1543），提督參議秦鰲奏報提督內臣王佐，「主香案，頗為民害。」〔註99〕又嘉靖 42 年（1563），提督內臣呂祥，「其人頗擅威福」，湖廣參議楊儲提督太和山，「輒戒其下，毋輕相犯」。〔註100〕故於弘治、正德二朝，雖有英國公

〔註93〕明・李默，《吏部職掌》（四庫全書存目叢書，臺南：莊嚴文化事業公司，1996年），頁 4：「大嶽太和山提點（正六品）有缺，該提督本山太監，會同提督參議，考選堪補住持。」

〔註94〕明・凌雲翼，《大岳太和山志》卷 3，頁 297。

〔註95〕明・凌雲翼，《大岳太和山志》卷 3，頁 293。

〔註96〕明・周璽，《垂光集》，頁 28。

〔註97〕清・張廷玉，《明史》卷 186，頁 2169 上。

〔註98〕明・張萱，《西園聞見錄》卷 12，頁 33。

〔註99〕清・馮桂芬，《光緒蘇州府志》卷 92，頁 40～41。

〔註100〕明・胡直，《衡廬精舍藏稿》（文淵閣四庫全書，臺北：臺灣商務印書館，1984

張巒、兵部尚書劉大夏、給事中周璽等反對提督內臣兼理分守湖廣行都司，但均未被採行。〔註101〕此可從《大岳太和山志》卷 3〈敕提督內臣〉所載，從弘治元年（1488）至嘉靖 36 年，出任太和山提督內臣者其職務均兼有分守事。〔註102〕

B. 襄理階層：由玉虛宮提點與均州千戶所千戶組成。

玉虛宮提點：太和山擁有太和、南岩、清微、紫霄、五龍、玉虛、遇真、迎恩、淨樂等 9 宮。倘論宮觀地位，玉虛宮則位居「山中甲宮」。〔註103〕在太和山的管理組織中，玉虛宮提點代表太和山各宮觀，襄理提督藩臣與提督內臣管理宮觀的維修與道路、溝渠的修整，依成化元年（1465）9 月，明憲宗對提督內臣韋貴的派令：「今特命爾與湖廣布政司右參議王豫，率同玉虛宮提點、均州千戶所千戶提督軍餘，時常洒掃潔淨。但遇宮觀殿宇有所滲漏損壞，及橋樑道路有所坍塌淤塞，即便修理完整。」〔註104〕

均州千戶所千戶：均州（距府城西北 390 里）隸屬襄陽府，為守禦本地，及控制附近州縣，此處設有均州千戶所；弘治 14 年（1501）其編制，設有指揮 1 員，正千戶 3 員，副千戶 7 員，統領正軍 1832 人，軍餘（餘丁）3 千人。〔註105〕

由於守護山場、修理宮觀、灑掃環境、整修環境、疏通溝渠等事項，主要由千戶所軍餘來擔任。為提調軍餘從事各項工役，均州千戶所千戶在太和山的管理組織中，其所擔任的職務，在於襄理提督藩臣與提督內臣，協同玉虛宮提點，督率軍餘執行各項勤務，如《大岳太和山志》載：「成化八年（1472）八月初八日，皇帝敕諭內宮監左監丞韋貴：……今仍命爾與湖廣布政司右參

年）續稿卷 8，頁 7。

〔註101〕明・李東陽，《明孝宗實錄》（國立中央研究院歷史語言研究所民國 51 年刊本縮印，京都：京都出版社，1984 年）卷 143，頁 15 上，弘治 11 年 11 月壬子；明・費宏，《明武宗實錄》卷 7，頁 10 上，弘治 18 年 11 月辛丑，及同書卷 9，頁 5 下～6 上，正德元年正月戊戌；明・王世貞，《弇山堂別集》卷 94，頁 2、3；明・周璽，《垂光集》，頁 28。

〔註102〕明・凌雲翼，《大岳太和山志》卷 3，頁 301～308。

〔註103〕明・任自垣，《敕建大岳太和山志》卷 8，頁 136。

〔註104〕明・凌雲翼，《大岳太和山志》卷 3，頁 296。

〔註105〕清・黨居易，《康熙均州志》（故宮珍本叢刊，海口：海南出版社，2001 年）卷 2，頁 14；但依明・王恕，《王端毅奏議》（文淵閣四庫全書，臺北：臺灣商務印書館，1984 年）卷 1，頁 11，載：均州千戶所正軍、軍餘人數為：「實有食糧正軍一千二百餘員名，餘丁三千餘名。」

議王豫，率同玉虛宮提點、均州千戶所千戶提調軍餘，時常洗掃潔淨，但遇宮觀殿宇有所滲漏損壞，及橋樑道路有所坍塌淤塞，即便修理完整。」〔註106〕

C. 執行階層：永樂15年（1417），太和山主體宮觀工程竣工時，守護山場的工作，係由均州千戶所旗軍（含正軍、軍餘）輪班撥派，依永樂 17 年（1419）的撥派數為 500 人。致於灑掃宮觀，是時係由均州 8 個里的百姓負起。〔註107〕於天順4年起，守護山場、修理宮觀、灑掃環境、整修環境、疏通溝渠等事項，均由軍餘來擔任。〔註108〕為使其安心工作，不僅豁免「雜泛差役」，還免除「屯田子粒」，〔註109〕使軍餘成為山場的專職工程部隊。

太和山的管理組織，代表湖廣省的提督藩臣，與代表朝廷的提督內臣，係位於管理上層。代表各宮觀的玉虛宮提點，與均州千戶所千戶，是居於管理中層。致於均州千戶所的軍餘（或曾服役的正軍），及曾在山場服役的均州百姓，則處於下層。

（2）香稅管理。官徵太和山金殿香稅始於弘治6年，是時為籌修建廟宇經費，每年正月至 4 月，逢香客盛行時期，由湖廣布政司「委官收受香錢」，解送均州淨樂宮收貯；5 月以後，因香客稀少，則由太和山「提督官員」收受，以備道場焚修之用。〔註110〕至嘉靖11年（1532），因提督內臣王敏的建議，從這年起，不論各月份香稅，均由湖廣布政司「委官收受」，「填註簿籍」，而所徵的香稅，雖仍舊儲存於淨樂宮官庫（4月以前）與玉虛宮官庫（5月以後），但在香稅的運用上，卻與前不同，不僅項目有所調整並大為擴增，淨樂宮官庫香稅係用於「官軍（均州千戶所）折俸，及提督官員門隸顧直。」而玉虛宮官庫香稅，則用於「本觀歲用香炷、油蠟、道眾冬夏布疋，及修葺殿宇，如支用之外，果有羨餘，歲歲儲積，以備兇荒。」〔註111〕

〔註106〕明・凌雲翼，《大岳太和山志》卷 3，頁 296～297。

〔註107〕明・李賢，《明一統志》（文淵閣四庫全書，臺北：臺灣商務印書館，1984 年）卷 60，頁 28：「均州在府城西北三百九十里，……本朝省縣（武當縣）入州（均州）編戶二十九里」；清・黨居易，《康熙均州志》卷 2，頁 1：「洪武年，里五，洪（弘）治後，增里共二十五，自賊殘後，止存六里：在民里、在軍里、茯民里、茯軍里、芝民里；至康熙十一年，奉文歸併更名，田地無幾，編入芝軍里，共計六里。」

〔註108〕明・凌雲翼，《大岳太和山志》卷 3，頁 292；又同卷，頁 292～295，此後各朝皇帝對提督藩臣的敕文，均有提及軍餘須負擔「洒掃」一項工作。

〔註109〕明・任自垣，《敕建大岳太和山志》卷 2，頁 31。

〔註110〕明・張萱，《西園聞見錄》卷 40，頁 8 下。

〔註111〕明・張萱，《西園聞見錄》卷 40，頁 9 上下。

前述，從弘治6年（1493）至嘉靖10年，在金殿徵收香稅者，每年4月以前，係由湖廣布政司「委官收受香錢」；5月以後，則是太和山「提督官員」收受。嘉靖 11 年以後，不論各月份，全由湖廣布政司「委官收受」。所謂太和山提督官員，應指提督藩臣與提督內臣；致於湖廣布政司所「委官」，係指何等官員，依《郭中丞三臺疏草》載：

> 曩時，分守下荊南道一員，駐箚均州，奉敕提督一應香稅，委官收理，盡歸官庫，所從來舊矣。自該道移鎮鄖陽，而後內監專董其事，內監官不便監守，又委之均州所千戶，及各宮提點分理收貯。〔註112〕

又《明抄本嘉靖事例》載：

> 況臣（提督內臣李學）嘉靖十二年三月二十七日，自任以來，未經二載，雖然該部題准，勘合內事，例行委均州守禦千戶所千戶一員，玉虛等宮輪流提點一員，接管收受香錢，督同均州并千戶所掌印官及淨樂宮提點、住持、掌書人等，眼同秤驗，收貯庫註簿。凡有支用，必會提調本山參議，公同（均）州、（千戶）所掌印等官，撙量給發支銷，豈敢濫費。〔註113〕

從前述可知：

A. 在金殿徵收香稅者，起初是由駐紮在均州的湖廣按察司下荊南道負責，由其「委官收理」。下荊南道成立於弘治7年，依本文第3節2項〈太和山香稅管理．提督階層〉，此道剛成立時，係由太和山提督藩臣兼理，首任兼理下荊南道者，即為陳濬，依《嘉靖惠安縣志》載：「陳濬，……宏（弘）治壬子（5年），參議四川，……改湖廣提督太和宮分守下荊南道，太和宮專考校道流及會計香錢之事，其兼分守也，自濬始，濬在荊南最久（6年7月），以清白著聞。」〔註114〕此後歷任提督藩臣均兼理下荊南道。〔註115〕

〔註112〕明．陳子龍，《皇明經世文編》（四庫禁毀書叢刊，北京：北京出版社，2000年）卷406，頁4。

〔註113〕明．范欽，《明抄本嘉靖事例》第2冊，〈議處太和山香錢〉。

〔註114〕清．吳裕仁，《嘉慶惠安縣志》卷23，頁92。

〔註115〕明．凌雲翼，《大岳太和山志》卷3，頁293～295，從弘治7年至隆慶4年10月，共有31位提督參議，其職守中，均有載明：「并分守湖廣下荊南道。」明．李東陽，《明孝宗實錄》卷167，頁9上，弘治13年10月己酉：「陞南京刑部郎中華山為湖廣布政使司右參議，及提督太嶽太和山兼管撫民之事。」明．鄭曉，《端簡鄭公文集》（四庫全書存目叢書，臺南：莊嚴文化事業公司，

B. 正德 2 年（1507），朝廷以「地方無事」，召還巡撫鄖陽都御史汪舜民，〔註116〕於是將下荊南道駐守地點，由均州移至鄖陽。如是提督藩臣改駐鄖陽後，導致太和山香稅徵收事全由提督內臣主導；因「內監官不便監守」，乃委任均州千戶所千戶與玉虛等宮觀提點管收。

C. 在金殿旁有兩廂房，作為「司香火香錢者，宿于其中。」〔註117〕

正德 2 年以後，金殿香稅既由提督內臣委任千戶所千戶、玉虛等宮觀提點管收，因「此輩紈綺之子，披緇之流，始蟻聚而貯之私家」，「藉本山為奇貨而壟斷罔利」，以致剋扣香稅，「公得十之三、四」，「私匿十之五、六」，〔註118〕此一情形，依《皇明大政紀》載：

> 正德元年（1506）三月，撫治鄖陽都御史孫需，……初祈禱諸費皆民出，需曰：山有香錢鉅萬，典守者私之，是不可取為享神之用耶，令有司籍記，悉貯均州，於是祈禱之費，不擾于民。〔註119〕

又《明書》：

> 陳奉，……萬曆中累陞為太監，……且奉敕提督泰（太）和山，轄行都司，擅香稅、林木之利。〔註120〕

又《兩垣奏議》：

1996 年）卷 6，頁 2：「（陸杰）嘉靖癸未（2 年），陞湖廣右參議，分守荊南兼理太和山，荊南在豫雍間，民竄雜漏，徭賦狡黠，不可踪跡。」又明・皇甫汸，《皇甫司勳集》（文淵閣四庫全書，臺北：臺灣商務印書館，1984 年）卷 56，頁 9：「（嘉靖 27 年，吳子孝）出為湖藩右參議，分守下荊南道，提督太和山。」明・胡直，《衡廬精舍藏稿》續稿卷 8，頁 7：「（嘉靖 42 年，楊儲）乃出為湖廣布政司參議，分守下荊南，兼提督太和山。」清・張夏，《雒閩源流錄》（四庫全書存目叢書，臺南：莊嚴文化事業公司，1996 年）卷 19，頁 1：「隆慶戊辰（2 年）第進士，……遷湖廣參政，提督太和山，兼撫民及分守下荊南道，治鄖裏。」明・溫體仁，《神宗實錄》卷 193，頁 3 上，萬曆 15 年 12 月癸亥：「以湖廣右參政兼僉事詹貞吉調補本司右參政，提督大嶽太和山兼管撫民，及分守下荊南道。」

〔註116〕清・顧炎武，《天下郡國利病書》（臺北：廣文書局，1979 年）卷 72，頁 29 下：「至（成化）十五年，始命（吳）道宏撫治鄖陽等處，提督撫治之名自此始，撫屬之也（地），北至華陽，南跨江漢。」

〔註117〕明・何鏜，《古今游名山記》卷 9，頁 20。

〔註118〕明・陳子龍，《皇明經世文編》卷 406，頁 5。

〔註119〕明・雷禮，《皇明大政紀》卷 19，頁 3，正德元年 3 月；明・焦竑，《國朝獻徵錄》卷 27，頁 19。

〔註120〕清・傅維鱗，《明書》（四庫全書存目叢書，臺南：莊嚴文化事業公司，1996 年）卷 159，頁 24。

（萬曆十四年）臣謂：太和山之香稅，積之徒以供內臣之乾沒。
〔註121〕

為防止提督內臣侵漁香稅，正德 11 年 9 月，巡撫湖廣右副都御史秦金基於「委官不得其人，不免為侵牟之計」，奏請太和山每年徵收香稅，應「如山東泰山香錢開報」，務令提督藩臣委派官員一人，兼同均州千戶所委官，管收香稅出入。〔註122〕又隆慶 3 年（1569）5 月，戶部尚書劉體乾也請「太和山香稅，宜如泰山事例」，「令撫按官選委府佐一員，專收正費之外，餘銀盡解部供邊；其修理諸務，俱命有司董之，內官不得干預。」卻因違背上意，被奪俸半年。〔註123〕

提督藩臣與提督內臣雖共理太和山香稅，其實「收掌出入，多內臣主之。」〔註124〕由其委任均州千戶所千戶與玉虛等宮觀提點，駐守金殿管收香稅。因香稅管理制度的提督內臣與千戶、提點等均屬山場人士，缺乏太和山以外的文官體制的有效監督，產生以多報少，侵剋香稅等情事，故於晚明，常有建言：應仿泰山徵收香稅的制度，由提督藩臣主導，委派府州縣佐貳官監管香稅。〔註125〕

2. 清初太和山香稅管理

太和山的山場行政管理，從崇禎 17 年李自成攻陷北京城後，不僅原設於均州的提督內臣衙署遭毀壞，從此也不再設置提督內臣監管山場。〔註126〕

於清初，太和山的管理轉至地方政府，從順治 2 年（1645）至康熙 10 年（1671）的 26 年間，兼管山場的行政單位歷經 5 次的更易：（1）順治 2 年，均州知州單惺將太和山「一應事宜」，全歸均州管理。（2）順治 5 年（1648）

〔註121〕明·逢中立，《兩垣奏議》（文淵閣四庫全書，臺北：臺灣商務印書館，1984年），頁 5。
〔註122〕明·秦金，《安楚錄》卷 2，頁 6。
〔註123〕明·張居正，《明穆宗實錄》卷 32，頁 4 下，隆慶 3 年 5 月壬子；清·張廷玉，《明史》卷 214，頁 2489 上。
〔註124〕同上前引註。
〔註125〕明·陳子龍，《皇明經世文編》卷 406，頁 5，郭惟賢建議太和山徵收香稅方式：「查得東岳泰山，歲有香稅，該省委佐貳官收解，……合無議將香稅，聽分守道，同監官照舊兼提，每歲輪委鄖、襄二府廉幹佐貳官一員收掌之，除焚獻禮儀，定為規則，修飾殿宇，隨時估支外，其餘稅銀，委官收完解府，轉解布政司貯庫，非遇災傷急缺，不許動支，此香稅之所當議者也。」
〔註126〕清·賈洪詔，《光緒續輯均州志》卷 16，頁 14；清·黨居易，《康熙均州志》卷 1，頁 8。

9 月，撫治鄖陽都御史趙兆麟題請將太和山事宜，歸屬分守下荊南道（雍正 6 年以後改名為分守襄陽道）管理。〔註 127〕（3）康熙 6 年（1667）7 月，因裁革分守下荊南道；同年 10 月將太和山改由鄖陽府管理。（4）康熙 7 年（1668），均州知州佟國玉則認為太和山屬於均州，而均州在行政層級上係隸屬於襄陽府而非鄖陽府，為詳明地方職掌，以正官箴；經巡撫林天擎奏請後，奉旨改由均州管理。（5）康熙 9 年 5 月，恢復設置分守下荊南道，明年巡撫林天擎基於「太和山隸均州，均州隸屬襄陽府，非隸鄖陽府，而鄖襄兩府俱屬守道統轄」，於是將太和山批歸分守下荊南道統理。可知於清初，太和山的管理者，曾歷經均州、分守下荊南道、鄖陽府三個單位，但從康熙 10 年以後，則歸屬於分守下荊南道。〔註 128〕

康熙 10 年，太和山劃歸分守下荊南道管理後，金殿香稅的徵收，係由其委派下屬兼管，如康熙 48 年（1709）、52 年（1713）、53 年（1714）係派遣襄陽府司獄王□顯帶領其子及王遵中等 18 名下屬負責徵收。〔註 129〕

太和山香稅的徵收，於明代係由提督內臣主導，至清初才由地方文官系統管理。

四、泰山與太和山香稅運用

泰山所繳香稅多於太和山，泰山香稅除頂廟香稅需上繳國庫外，其餘用於山場與地方用需上；太和山香稅主要用於山場的公務開銷，倘有剩餘再用於地方其他應急的需要。

（一）泰山香稅運用

尚未開徵泰山入山香稅之前，朝山香客為禮敬碧霞元君，於頂廟已奉獻頗多香錢，依〈劉定之記略〉載：「泰山絕頂，舊有祠，祀碧霞元君，……自昔登山捐施，委諸巫祝，妄費不可稽。」〔註 130〕是時，香錢因缺乏有效管理，以致官府、道祝操弄其間，但為數可觀的頂廟香錢，已運用於修廟、賑濟等方面，如成化 6 年（1470）5 月，山東、河南等地患旱，為濟助濟寧、兗州、

〔註 127〕清・夏力恕，《湖廣通志》（文淵閣四庫全書，臺北：臺灣商務印書館，1986 年）卷 29，頁 2。

〔註 128〕清・賈洪詔，《光緒續輯均州志》卷 16，頁 14；清・黨居易，《康熙均州志》卷 1，頁 8～9。

〔註 129〕梅莉，《明清時期武當山朝山進香研究》第 7 章，頁 275。

〔註 130〕明・查志隆，《岱史》卷 9，頁史 11-581 下。

泰和三地災民,「許暫借泰山所貯香錢,定擬米價給民。」〔註131〕又成化9年（1473）3月,北直隸、山東饑民相食,戶科左給事中鄧山等為賑濟青州、登州、萊州三府災民,建言:「宜借太倉銀六萬兩,及泰山香錢,以為糴本,相兼賑濟。」〔註132〕又弘治8年（1495）,頂廟碧霞宮燬於火,為籌重建經費7千3百餘兩,除有內帑支應「若干兩」外,大多從泰山香錢支應,此因「四方走士女,操金帛為祈禱者,歲所積甚夥。」〔註133〕

正德11年開徵泰山入山香稅後,入山香稅與頂廟香稅如何運用:

茲先述明頂廟香稅於嘉靖37年前後,其徵收項目及存貯地方,依本文第3節1項〈釋香稅與香錢〉,此項收入於嘉靖37年以前,僅可稱為頂廟香錢或混施錢,依《岱史・香稅志》載:

> 將金銀、珠寶、玉石、首飾,并金銀娃娃、銅錢等項,同前項香稅銀（入山香稅）,一併解赴布政司儲庫,以待轉解支用。其旛蓋、袍服、紗羅、段幣等項,解赴濟南府儲庫,支送三司堂上、并首領與運司、濟南府各佐貳員下折俸。〔註134〕

又同書,〈香稅志・會計事例〉:

> 每年（入山）香稅并混施銀兩（頂廟香錢）,多寡不等,照數坐派,一曰:解部。卷查嘉靖三十七年,為傳奉事,內開泰山頂廟香錢,除旛蓋、袍服等物,照舊該省官員折俸外,其餘金銀、首飾等項,按季類部,等因以後,節年二季,差官起解赴部,據近年解部,大約春季銀一萬兩有零,冬季一萬二、三千兩有零。……一曰銅錢。
> 舊例解禮部,近歲,部中久不取解,俱貯之藩司。〔註135〕

可知:

1. 嘉靖37年以前,所徵收入山香稅與頂廟香錢存放於兩個地方:

（1）山東布政司庫:收儲入山香稅、頂廟香錢中較為值錢的金銀、珠寶、玉石、首飾、金銀娃娃、銅錢等,以作為「有司公費」（如布政司公務:專供

〔註131〕明・劉吉,《明憲宗實錄》（國立中央研究院歷史語言研究所民國51年刊本縮印,京都:京都出版社,1984年）卷79,頁9上,成化6年5月丙申。

〔註132〕清・嵇璜,《欽定續文獻通考》卷32,頁106;明・劉吉,《明憲宗實錄》卷114,頁7下,成化9年3月庚申。

〔註133〕明・徐溥,《謙齋文錄》（文淵閣四庫全書,臺北:臺灣商務印書館,1986年）卷2,頁56。

〔註134〕明・查志隆,《岱史》卷13,頁史11-608上。

〔註135〕明・查志隆,《岱史》卷13,頁史11-608上下。

公堂、慶賀、表箋、扛夫、車價、公差人役、六房文冊、紙劄、寫字、書手工食），〔註136〕及德魯衡三府郡王的祿糧。

（2）濟南府庫：主要存放頂廟香錢中，香客所奉獻的物件，如旛蓋、袍服、紗羅、段幣等，以供三司、運司、濟南府各佐貳官員折俸。〔註137〕

2. 嘉靖37年以後，入山香稅與頂廟香稅則存放於三個地方：

（1）太倉銀庫：頂廟香錢中「金銀、首飾等項」，轉上繳國庫，每年分兩季轉解入太倉，約有2萬3千兩，以助國用。

（2）山東布政司庫：茲僅收儲入山香稅、頂廟香錢中的銅錢（曾一度由山東布政司轉解禮部，萬曆年間又存放於山東布政司）；運用項目如嘉靖37年以前。

（3）濟南府庫：仍如嘉靖37年以前，存放頂廟香錢中，香客所奉獻的物件，如旛蓋、袍服、紗羅、段幣等；運用項目如前。

從前述，儲存於山東布政司庫的錢物，於嘉靖37年前後，共有三項：1. 入山香稅；2. 嘉靖37年以前，頂廟香錢中的金銀、珠寶、首飾等項；3. 嘉靖37年以後，頂廟香稅中的銅錢。前述3項錢物，除主要用途外（作為有司公費，及德魯衡三府郡王的祿糧），尚用於哪些方面？另嘉靖37年以後的頂廟香稅（約2萬3千兩），雖每年分兩季轉解入國庫，但也曾因地方上的需要，將其全部或部分留在山東應急。茲將香稅在其他方面的用途，論述於後：

1. 修建廟宇。入山香稅的開徵，即為籌措修建廟宇經費而起，因此明代在銀8分的入山香稅，即明定其中5釐作為修廟基金。清初，則在正稅8分之外，外加廟工銀1分，作為「遞年廟內，添補用度之用」；倘「一時尚不用」，則暫存於布政司庫，待需動用時，再申請發給。〔註138〕此筆經費如何使用於廟宇，詳見於下表：

〔註136〕明・查志隆，《岱史》卷13，頁史11-608上。

〔註137〕明・查志隆，《岱史》卷13，頁史11-608上；明・沈一貫，《喙鳴文集》卷5，頁30：「每冬夏，濟南府會官啟柵，金銀、珠寶、玉石、首飾、館娃、銅錢、與香稅（入山香稅），並輸藩司；旛蓋、袍服、紗羅、諸幣輸濟南府。金錢以待有司公費，及德、魯、衡三府郡王之祿幣，物以充三司及運司，濟南府官屬折俸。嘉靖三十七年後，輸太倉二萬有奇。」

〔註138〕明・查志隆，《岱史》卷1，頁史11-587下。

表三：明清泰山香稅用於重修泰山各廟宇知見表

時　間	廟　宇	主事者	經　費	備　註
嘉靖42年（1563）	酆都廟（泰山南麓）傾圮	濟南知府翟濤	興事貲費，取給於香稅，而於農民，秋毫無所干擾。	明·查志隆，《岱史》卷9，頁史11-587下。
隆慶3年（1569）	闕里先聖孔廟	巡撫都御史姜廷頤等	會議捐嶽祠之香稅，與司之贖鍰，得一千六百（兩）。	明·歸有光，《震川集》卷16，頁1。
萬曆13年（1585）	東嶽廟（泰山南麓）漸圮	濟南府通判張世臣等	香稅所積，自可充修廟費，毋用虀明旨，動內帑為也，凡費金九百餘，不動民財。	明·查志隆，《岱史》卷9，頁史11-573下。
萬曆22年（1594）	闕里先聖孔廟頹蔽	山東巡按御史連格	計當用金三千，以兩臺之贖鍰，當三分之一；以嶽祠之香稅與將作之餘，當三之一；以笐庫之羨金，當三之一。	清·岳濬，《山東通志》卷35之9，頁80。
萬曆年間（1573～1619）	碧霞靈應宮，構翼室，以居黃冠。		有司以香稅餘錢。	明·查志隆，《岱史》卷9，頁史11-569。
康熙23年（1684）	虔修泰山頂上各廟		本年泰山香稅免解該部用以鳩工庀材。	清·張玉書，《聖祖仁皇帝御製文集》卷14，頁9。
康熙28年（1689）	上下嶽廟與元君諸祠，時加修葺，以壯往來觀瞻		每歲香稅錢糧內，量給數百金。	清·清世宗，《聖祖仁皇帝聖訓》卷31，頁5～6。

從前表可知：（1）於明代，泰山的酆都廟、東嶽廟、碧霞靈應宮的整建，所需經費全由香稅支應。致於兩次修建闕里孔廟，香稅僅佔其中一部份。（2）於清初，康熙23年，特將原應解戶部的頂廟香稅，全用在泰山各廟修建上；康熙28年，每年從香稅銀內撥出「數百金」，作為道士生活、修葺廟宇等經費。

2. 築城牆。此項所需經費，儲存於山東布政司庫。隆慶年間，山東沿海的靈山等衛所，因城牆倒踦，重建計需工料銀1萬9千7百兩；為籌此筆經費，山東巡撫御史梁夢龍建言：除變賣先前試行海運貯存於天津的米麥3千2百餘石外，不足之數，則以「泰山香錢湊補，及撫按贓罰除解濟邊正數外，

餘剩數內動支。」〔註139〕崇禎12年，山東布政司參政蔡懋德分守濟南時，曾「卻泰山香稅羨餘二千金，脩泰安城。」〔註140〕

3. 協助科場。嘉靖元年（1522），山東監察御史李獻為辦理當年鄉試，於巡視貢院後，認為考場過於狹窄，於是「盡以嶽廟香錢」，予以擴建。〔註141〕雍正4年（1726），為更新貢場舖墊，動用「額設香稅銀二千五百一十二兩」，及「耗羨銀六千四百兩」。雍正7年，為修理貢院與添購舖墊，因「額設香稅銀兩」不足，另從俸工銀添補。至乾隆3年（1738），山東巡撫御史法敏為籌辦當年文武鄉試，所需經費，因泰山入山香稅已於雍正13年停徵，於是改從地丁銀項內支應。〔註142〕

4. 補里甲差銀。嘉靖6年2月，明世宗為體恤民艱，下令山東布政司庫所存香稅，除補支王府祿米及官員俸糧折鈔外，其餘之數，作為「聽補銀差，如京班、皂隸，及馬夫、柴夫、齋膳夫，不及之數」，以免重派小民。〔註143〕各項里甲差役，減補之數，在《泰安州志》有詳載：「夫馬銀，二千八百三十二兩，除香稅抵補銀三十六兩，實編銀二千六百九十六兩。……走遞白夫，九十三名，每名十二兩，除香稅抵銀六十八兩，實編銀一千四十八（兩），……走遞馬，三十八匹，每匹草料工食十二兩，除香稅抵補銀六十八兩，實編銀七百六十八兩。」此為清初香稅於泰安州里甲夫役抵補實情，雖然抵補數額不多，但多少可減輕百姓負擔。〔註144〕

5. 支山場公務。於明代，為徵收香稅，山東各府州縣所委派官員的「廩給」，及跟隨人役的「工食」，係從泰安州所收的入山香稅內支給。在清初，每名朝聖者的入山香稅係1錢4分8釐4毫8絲，其中5分8釐4毫8絲係屬山場公款，作為「各年奏銷部飯，及在山辦事人役工食、收稅、經承、紙筆、飯食、解稅、盤費等」項的支給。據雍正7年山東布政司的查核，「收稅、經承、紙筆、飯食等費」，每年應給銀144兩，另「部飯銀」600兩，及「解稅

〔註139〕明‧梁夢龍，《海運新考》（四庫全書存目叢書，臺南：莊嚴文化事業公司，1996年）卷下，頁9～10。
〔註140〕明‧陳應陽，《廣輿記》（四庫禁毀書叢刊，北京：北京出版社，2000年）卷5，頁8～9；清‧魏禧，《魏叔子文集外篇》（續修四庫全書，上海：上海古籍出版社，2000年）文集卷17，頁48。
〔註141〕清‧胡德林，《乾隆歷城縣志》（南京：鳳凰出版社，2004年）卷10，頁43。
〔註142〕清‧桂慶，《大清高宗純（乾隆）皇帝實錄》卷66，頁17，乾隆3年4月乙未。
〔註143〕明‧傅鳳翔，《皇明詔令》（臺北：成文出版社，1967年）卷20，頁27上。
〔註144〕明‧任弘烈，《泰安州志》卷2，頁12上。

等盤費」，均從此項公款內撥出。〔註145〕

6. 建王府宅邸。明代，山東計有德、魯、衡三藩府，萬曆年間，為修建王府宅邸也動支解送太倉庫的頂廟香稅，如萬曆15年2月，為修建魯王府，「以山東解京香稅并事例銀兩，每年量留一半。」〔註146〕又萬曆19年（1591）11月，彰德府宮遭焚燬，仍照魯府事例，「量留香稅銀兩一半，以充修繕。」〔註147〕

7. 襄助河工。萬曆4年（1576）正月，督漕侍郎張狴為整治湖漕運道（漕河運道其中一段，淮安府城至儀真縣）的寶應縣一帶的堤防工程，所需經費，已從漕糧腳米、修河銀等處，籌得9萬3千餘兩；倘不足用，另從「山東、河南香錢例銀」等處湊補。〔註148〕萬曆13年11月，為堵塞登州龍灣決河，依山東巡撫御史李輔的奏請，撥「泰山香稅銀二千兩給之」。〔註149〕康熙28年（1600），清聖祖南巡，駐蹕山東，「增給香稅以備丹腰河工」。〔註150〕

8. 賑濟災傷。山東發生饑荒，為救濟災民，除發臨清倉米外，常挪用泰山香稅，此詳見下表：

表四：明代泰山香稅賑濟災民知見表

時　間	災　區	香稅賑濟	備　註
嘉靖32年（1553）	山東饑	發臨清倉粟及泰山香錢，賑之。	明・張居正，《明世宗實錄》卷395，頁1上，嘉靖32年3月甲申。
萬曆12年（1584）	登、萊二府水旱	留香稅、雜錢一千九百四十六萬五千餘文，備賑。	明・溫體仁，《明神宗實錄》卷152，頁3下，萬曆12年8月壬子。
萬曆16年（1588）		司農言：義勸香稅銀兩收買二麥。	明・陳子龍，《皇明經世文編》卷444，頁5。
萬曆43年（1615）	山東饑	山東巡按錢士完等，有免雜稅，留香稅之請。	明・溫體仁，《明神宗實錄》卷538，頁2下，萬曆43年10月戊申。
萬曆年間（1573～1619）	山東歲大祲	薛亨任山東少參，督泰山香稅，屬歲大祲，市粟賑饑，市牛助耕。	清・劉於義，《雍正陝西通志》卷57下，頁9。

〔註145〕清・雍正十年敕編，《世宗憲皇帝硃批諭旨》卷201上，頁48～49。
〔註146〕明・溫體仁，《明神宗實錄》卷183，頁3下，萬曆15年2月甲子。
〔註147〕明・溫體仁，《明神宗實錄》卷242，頁4上，萬曆19年11月戊辰。
〔註148〕明・溫體仁，《明神宗實錄》卷46，頁8上，萬曆4年正月己酉。
〔註149〕明・溫體仁，《明神宗實錄》卷168，頁5下，萬曆13年11月戊午。
〔註150〕清・顧汧，《鳳池園集》（近代中國史料叢刊三編，臺北：文海出版社，1988年）鳳池園文集卷2，頁4上。

從「留香稅」,「義勸香稅銀」,可知泰山香稅運用於賑濟並非經常項目,而屬權宜性調用。

9. 濟助軍餉。於晚明,分遼餉、邊餉、山東兵餉三方面論述:

(1) 遼餉。萬曆 20 年（1592）10 月,為救援朝鮮,官兵數萬會集遼陽,為籌糧料,命山東布政司動支「泰山香稅銀,或登州府庫貯民屯銀,共五萬兩」,依時價召買糧料,貯積於登、萊二府附近海口,以利運送。〔註151〕天啟元年（1621）,刑部侍郎鄒元標鑒於天下百姓困於遼餉,為寬解民力,奏請「泰山、太和香稅,宜暫移以急國需。」〔註152〕

(2) 邊餉。如崇禎 2 年 5 月,監察御史曹于汴等會議邊餉,為籌新兵糧餉,其方法之一,即搜括各省雜稅,如浙江省的黃魚稅、福建省的沙埕木稅、山東省的香稅、粵東的南雄橋稅等,這些雜稅各有定額（多者 10 餘萬,少亦有 4、5 萬）,原本「俱作本省公費支銷」,茲為支助邊餉,則「以一半作本處公費,以一半歸臣部。」〔註153〕

(3) 山東兵餉。登州、萊州、青州三府,瀕臨大海,東與朝鮮為鄰,西與天津相望,為京師左輔要地。於晚明,山東沿海一帶,為防倭亂及後金入侵,在籌軍餉上,增加地方的財政負擔,如萬曆 31 年（1603）,因「倭警告急」,添設海防官兵,每年兵餉增至 40 萬餘兩;〔註154〕萬曆 47 年,後金犯邊,遼陽危於旦夕,需調集各省軍隊前往支援;其中山東一省,其水營軍原有 1 千 8 百名,被選調 1 千 5 百名,僅存 300 名於地方;鋒營及南營軍原有 2 千 7 百名,也被選調 2 千名,只存 7 百名。山東省因兵力北調,以致內部防衛空虛,情勢危急;為增強海防兵力,亟需增募善於駕舟者 1 千名,並調募浙閩水軍數千名,〔註155〕如是山東為籌此項軍餉,其方法之一,即是奏請留存原須解送太倉庫的頂廟香稅 2 萬餘兩,如《擬山園選集》載:

> 至留稅募兵一疏,大略就山東也,……為登（州）兵防汛,乞留香

〔註151〕明・宋應昌,《經略復國要編》(明清史料彙編,臺北:文海出版社,1984 年) 卷 2,頁 21 上下。

〔註152〕明・鄒元標,《鄒忠介公奏疏》(續修四庫全書,上海:上海古籍出版社,2000 年) 卷 3,頁 50。

〔註153〕明・畢自嚴,《度支奏議》(續修四庫全書,上海:上海古籍出版社,1995 年) 堂稿卷 6,頁 55;堂稿卷 5,頁 83。

〔註154〕明・黃克纘,《數馬集》(四庫禁毀書叢刊,北京:北京出版社,2000 年) 卷 1,頁 22。

〔註155〕明・王在晉,《三朝遼事實錄》卷 1,頁 20～21。

稅銀二萬,速募兵。〔註156〕

又《三朝遼事實錄》:

> (萬曆 47 年 7 月)東撫王在晉題,東省運道之咽喉,南北水路之
> 總會,……東省饑荒之後,庫藏如洗,別無堪動銀兩,……又有解
> 部泰安香稅,向因年荒,香客稀少,未能充額起解,神明香火之餘,
> 似當留之本省,以充餉兵之費。〔註157〕

又《由庚堂集》:

> 一議兵餉,以足軍食。臣行布按都司議稱,本省自倭警以來,兵餉
> 日益月增,節該兩院題留事例、贓罰、班價、香稅、民屯,及搜括
> 司庫絕軍名糧等銀,并萬曆二十一年,呈允加派本省地丁內,總計
> 銀二十八萬二千二百三十二兩有奇,節次支給防海官兵行月糧銀,
> 及打造軍火器械等項外。……今查本省新加防倭兵馬,……其調至
> 南兵三千五百餘員名,歲該餉銀六萬三千五百餘兩。……查得兩院
> 贓罰、事例、香稅等銀,原議事寧解部,乞將前項贓贖并戶部事例
> 及吏承班價、香稅等銀,俱留充客兵糧餉,俟倭警寧息,南兵撤還
> 之日,照舊解部。〔註158〕

萬曆 20 年,山東為防倭警,不僅將布政司庫所存香稅,充當兵餉;且奏請暫
將原應徵入太倉庫的頂廟香稅 2 萬餘兩,充作客兵(南兵 3500 餘名)糧餉。
萬曆 47 年,為防後金侵犯山東,需增強海防兵力,山東巡撫御史王在晉也將
「解部泰安香稅」留充兵餉。

於清初,也有將泰山香稅充當兵餉的情形,如順治 10 年,山東濟南道參
議畢振姬將入山香稅,「歲羨餘七千金」,原按例「充公使錢」,卻全數移作軍

〔註156〕明·王鐸,《擬山園選集》(四庫禁毀書叢刊,北京:北京出版社,2000 年)
卷 28,頁 19。

〔註157〕明·王在晉,《三朝遼事實錄》卷 1,頁 19～21。

〔註158〕明·鄭汝璧,《由庚堂集》(續修四庫全書,上海:上海古籍出版社,2002 年)
卷 26,頁 4～5;又明·陳子龍,《皇明經世文編》卷 410,頁 5:「蓋自倭警
震隣,東省無歲不治兵,其已經請留者,不過贓罰、香稅、民屯,支剩二三
萬兩止耳。至于事例、班價,前撫臣鄭汝璧一曾請之,未奉俞允。」又明·
黃克纘,《數馬集》卷 1,頁 24～25:「南營水陸并旅順水兵,係題留香稅、
民屯二項銀,約有一萬四千餘兩,其餘不足之數,亦于通省派徵。今查香稅
銀,自二十七年起,泰安州扣解稅監,收抵東省不敷額稅外,節年解到不多,
俱作正支,尚不足用,止有民屯,并先年裁減人役,及登州積餘、採草、變
價鳥糧等銀,共三萬二千九百五十八兩六錢零,俱應抵作兵餉。」

餉。〔註159〕

　　10. 其它項目。於嘉靖年間，入山香稅等也曾使用於如下方面：(1)興建郊壇。嘉靖9年(1530)，北京計畫建造郊壇，右春坊右中允廖道南見於「天下民財告匱」，而「今湖廣之太和山，山東之泰山，歲有香錢，以供儲用，取之神明，以奉乎神明，似亦為可。」因此建請挪用泰山、太和山香稅，作為興建郊壇的經費。〔註160〕(2)刊刻農書。山東布政司李緋、顧應祥等於嘉靖9年為出版「梨版」的王禎《農書》(36卷)，所需工食銀兩(刻字、畫匠)，從「司庫貯泰山頂廟香錢」內動支。〔註161〕(3)開墾荒地。嘉靖42年，山東巡撫御史張鑑為召民開墾「沂、嶧、郯、滕、費、泗六處荒地」，動用「本省香稅銀」，「三千兩」，購買耕牛以供墾民。〔註162〕

　　頂廟香錢於嘉靖37年以後，分三方面運用：一是徵入太倉庫，稱頂廟香稅；二為旛蓋、袍服等物件存於濟南府庫，作為山東省官員折俸；三係銅錢一項，於晚明轉存於山東布政司庫。而儲存於山東布政司庫錢物計有三項：入山香稅、嘉靖37年以前的頂廟香錢，嘉靖37年以後頂廟香錢中的銅錢，論此三項錢物曾使用項目，除主要用於布政司公務與及德、魯、衡三府郡王的祿糧，尚用於修建廟宇、修築城牆、協助科場、補里甲差銀、支山場公務、補王府祿米、襄助河工、賑濟災民、佐濟軍餉、興建郊壇、刊刻農書、開墾荒地等方面。另頂廟香稅雖於嘉靖37年以後徵入國庫，但於晚明曾為濟助山東兵餉(萬曆20年、萬曆47年)、邊餉(崇禎2年)、賑濟災民(萬曆12年、萬曆43年)、修建魯王府(萬曆15年)與彰德府宮(萬曆19年)、興修泰山各廟(康熙23年)，將其全部或部分留用於山東。

(二)太和山香稅運用

　　太和山各宮觀營建完成後，此後至弘治6年，山場的焚香及廟宇維修等經費，主要依賴湖廣布政司編列預算支應，例如：

　　在祀神香料上：宣德元年7月，各宮觀所需降真諸香每3年需7千斤，

〔註159〕民國・趙爾巽，《清史稿》(臺北：鼎文書局，1981年)卷247，頁9653。

〔註160〕明・廖道南，《楚紀》(四庫全書存目叢書，臺南：莊嚴文化事業公司，1996年)卷28，頁65～66。

〔註161〕清・丁丙，《善本書室藏書志》(臺北：廣文書局，1957年)卷16，頁6；又民國・葉德輝，《書林清話》(叢書集成續編，臺北：新文豐出版公司，1989年)卷8，頁2。

〔註162〕明・張居正，《明世宗實錄》卷522，頁2上下，嘉靖42年6月乙卯。

按例從「湖廣、廣東買用」,但明宣宗考慮到「買于民間」,必然加倍科擾百姓;而其剛即位,尚未能有恩澤於百姓,為減輕百姓負擔,因此下令此事暫時停止,所需費用改由「京庫」支應。〔註163〕景泰4年(1453),太和山所需「香炷」,按例由「襄陽府夏稅折辦」。〔註164〕成化3年(1467)正月,各宮觀每3年所需油蠟4萬5千9百36斤,令由「襄陽府於夏稅內折辦」。

在宮觀維修上:成化3年5月,殿宇房舍因「歲久不葺損者,十六、七」,其中33處近已開始整修,其繪飾所需經費,「欲取之旁近郡邑」。〔註165〕成化23年(1487)6月,為修理宮觀殿宇,詔令「湖廣均州,鹽鈔、農桑、絲絹,并皮張、魚油、翎鰾折銀,悉留修理。」〔註166〕

從前述,弘治朝以前,太和山宮觀道士為焚修「上以祝延聖誕,下為天下蒼生祈福」,所需祈神降真香(1萬1百23斤)、宿香(3千7百25斤)、香油(2萬2千5百12斤)、黃蠟(924斤)、道官每年冬夏布(4千8百疋),均由湖廣布政司坐派襄陽府所屬州縣於夏稅內折徵。〔註167〕致於修建廟宇所需經費,也從均州等「旁近郡邑」籌措支應。

弘治6年,太和山開始設官徵收金殿香錢後,此後山場的各項開支,逐漸由香稅支應,依《明抄本嘉靖事例》載:

> 是以弘治六年,本部題奉欽依,令湖廣布政司每年正月至四月,香客盛行之時,委官收受香錢,解送均州淨樂宮庫收貯,以備本山修葺廟宇之資。其五月以後,香客稀疏,所捨香錢,聽從提督官員收受,以備歲時修焚之用。……是以嘉靖元年,該撫治郧陽都御史徐蕃,議將提督衙門額設隸卒,不必有司徵派,俱取辦于香錢。〔註168〕

〔註163〕明·楊士奇,《明宣宗實錄》(國立中央研究院歷史語言研究所民國51年刊本縮印,京都:京都出版社,1984年)卷19,頁6下,宣德元年7月乙巳。明·林堯俞,《禮部志稿》(文淵閣四庫全書,臺北:臺灣商務印書館,1984年)卷3,頁21,載此事是在宣德2年為誤;另載「每三歲七十斤」也誤植。清·閻鎮珩,《六典通考》(續修四庫全書,上海:上海古籍出版社,1995年)卷90,頁16~17:「憲宗時,……大嶽太和山降真諸香,通三歲用七千斤,至是倍之。」清·張廷玉,《明史》卷82,頁860下:「憲宗時,……太嶽太和山降真諸香,通三歲用七千斤,至是倍之。」

〔註164〕明·張學顏,《萬曆會計錄》卷4,頁91。

〔註165〕明·劉吉,《明憲宗實錄》卷42,頁5下,成化3年5月甲申。

〔註166〕明·劉吉,《明憲宗實錄》卷291,頁2上,成化23年6月庚午。

〔註167〕明·范欽,《明抄本嘉靖事例》第2冊,〈議處太和山香錢〉。

〔註168〕明·范欽,《明抄本嘉靖事例》第2冊,〈議處太和山香錢〉。

又同書載：

> 嘉靖二年，又該提督本山太監潘真題稱：連年各屬災傷拖欠，各宮
> 香炷、油蠟、布疋，并修理宮觀竹木、枋板、釘鐵、油蔴、膠漆、
> 金箔，各色顏料，所費甚多。及每歲恭遇聖壽千秋，真武聖誕，䌷
> 學，各該修建醮壇製造，二季進貢，往迴護扛路費，提點朝觀盤纏，
> 既無所處；其歷年提督太監合用廩給、口糧、柴薪、門皂供應，先
> 年亦在有司辦納。并千戶所官軍俸糧折色，俱在官銀動支。……題
> 奉欽依，各官祈神香炷、油蠟、道眾布疋、脩宮物料、太監廩粮、
> 官軍折色等項，俱支香錢，再免科派，迄今官民稱便。〔註169〕

又同書載：

> 今該左少監王敏具題，……自嘉靖十一年為始，一年香錢，通行委
> 官收受，填註簿籍，查照先年題准事例，四月以前所得香錢，仍充
> 均州淨樂宮庫，以備官軍折俸，及提督官員門隸雇直；五月以後，
> 所得香錢，收貯本山官庫，以備本觀歲用香炷、油蠟、布疋，及修
> 葺殿宇。〔註170〕

從上可知：

1. 弘治6年，始徵金殿香稅，但僅限於每年1～4月，所得存放於淨樂
宮庫，作為「本山修葺廟宇之資」。致於「本山祀神香炷、油蠟、修理宮觀物
料、道眾冬夏布疋，及守臣廩糧、官軍折俸等項」，〔註171〕仍承續永樂以來
的慣例，由湖廣布政司負責。

2. 嘉靖初年，湖廣省連年發生災傷，生民塗炭，以致襄陽府所屬各州縣
拖欠應支給太和山的香炷、油蠟等各項費用。因此嘉靖元年，撫治鄖陽都御
史徐蕃為減輕百姓負擔，將「提督衙門額設隸卒，不必有司徵派，俱取辦於
香錢。」〔註172〕嘉靖2年（1523）提督太監潘真，又將「本山歲用香炷、油
蠟、布疋、修宮物料，并千戶所官軍折色，不必動支官銀，亦於香錢內動支。」

3. 嘉靖11年，金殿香稅的徵收與運用，有重大改變。是時左少監王敏建

〔註169〕明‧范欽，《明抄本嘉靖事例》第2冊，〈議處太和山香錢〉。
〔註170〕明‧范欽，《明抄本嘉靖事例》第2冊，〈議處太和山香錢〉。
〔註171〕明‧范欽，《明抄本嘉靖事例》第2冊，〈議處太和山香錢〉。
〔註172〕提督太監衙門的門皂人數，依明‧秦金《安楚錄》卷2，頁5～6，可探其大
概：「自是以後（成化12年），差協同提督山場太監一員，又行令有司，加
添門皂一百名，差遣相望，供費不貲，而地方始告病矣。」

議：金殿整年香錢全委官收受，而所徵香稅存貯於二個地方，各有不同用途：

（1）淨樂宮庫：4月以前所徵香稅，仍依往例儲存於淨樂宮庫，但運用上卻更改為均州千戶所官軍折俸，及提督官員廩糧、門隸雇值。

（2）玉虛宮官庫：5月以後所得香稅，則存於玉虛宮官庫，作為歲用香炷、油蠟、道眾冬夏布衣，及修葺殿宇，不許再徵派於襄陽府所屬州縣百姓。
〔註173〕

官徵香稅以來，山場各項開支已逐漸達到自足，尤其嘉靖11年，更明文規定，不再徵派於襄陽府。倘有剩餘，尚可運用於山場以外的賑濟等方面，茲論述如下：

1. 賑濟災傷。地方有災傷，為賑濟災民，太和山香稅常作為救急經費之一，此詳見於下表：

表五：明清太和山香稅賑濟湖廣災傷知見表

時　　間	災　　情	賑　　濟	備　　註
弘治7年 （1494）		沈暉以都察院右副都御史任鄖陽七府，收太和山香錢，以賑民饑。	明·雷禮，《國朝列卿紀》卷112，頁10。
正德11年 （1516）	水大漲，壞堤障，沒田廬，民死徒殆半。	帑銀至日，數有不敷，多方察出，如太嶽香錢、州庫、魚課之類。	明·童承敘，《內方先生集》卷8，頁33。
正德12年 （1517）	襄陽、荊州等府水災異常。	戶部覆議：准借均州香錢三千兩，及本省倉庫錢糧，亦准動支。	明·費宏，《明武宗實錄》卷147，頁3下，正德12年3月壬辰。
嘉靖元年 （1522）	湖廣旱，民饑。	令將嘉靖三年分，淨樂宮庫賑查盤，節年所積香錢，暫支二千兩，賑濟湖廣旱災地方。	清·嵇璜，《欽定續文獻通考》卷32，頁110。
嘉靖2年 （1523）		詔蠲太嶽太和山香錢一年，備賑，從湖廣守臣奏請也。太監潘真奏留，不許。	明·張居正，《明世宗實錄》卷26，頁6上，嘉靖2年閏4月癸丑。
嘉靖5年 （1526）	湖廣地方災傷	各預備倉原積穀米、雜糧八十二萬石，銀四萬兩，并太和山嘉靖四年、五年分香錢銀兩，見在實數，十分內摘取六分，酌量輕重賑濟。	明·申時行，《大明會典》卷17，頁51。

〔註173〕明·范欽，《明抄本嘉靖事例》第2冊，〈議處太和山香錢〉。

嘉靖6年 （1527）	湖廣大水，漂沒民田廬，凡五府二十四州縣。	以今年兌運米二十五萬、南京倉三十萬皆折銀，或量折其半；今歲以前，太和山香錢，發一、二萬等相兼賑濟。	明・張居正，《明世宗實錄》卷79，頁7下，嘉靖6年8月庚午。
嘉靖13年 （1534）	湖廣災傷	留顯陵衛年例兌軍折銀一萬六千兩有奇，及太和山香銀，與各司府州縣倉庫無礙、贓罰、錢穀，悉出之，以贍貧民。	明・張居正，《明世宗實錄》卷167，頁3上，嘉靖13年9月丙子。
嘉靖14年 （1535）	湖廣旱災	先從撫臣議發太和山香錢，充賑。至是提督太監李學請存留供祀。	明・張居正，《明世宗實錄》卷173，頁8上，嘉靖14年3月己卯。
嘉靖17年 （1538）	湖廣武昌府災	以本年京庫折米銀，及太和山香錢、荊州府抽分料銀、倉庫銀穀，相兼賑濟。	明・張居正，《明世宗實錄》卷218，頁5下，嘉靖17年11月乙酉。
嘉靖23年 （1544）	湖廣旱甚	留雲南借用支剩銀、本省贓罰、缺官、柴薪等銀共九萬七千八百餘兩，與預備倉穀、太和山香銀，相兼備賑。	明・張居正，《明世宗實錄》卷290，頁4上，嘉靖23年9月壬子。
順治13年 （1656）		議准太和山香稅留貯常平，積穀賑濟。	清・陳夢雷，《古今圖書集成》，〈考工典・倉廩部彙考四〉卷63，頁641。

從前表可知：

（1）湖廣地方發生水旱災，太和山香稅賑濟數額，正德 12 年為 3 千兩，嘉靖 3 年是 2 千兩，但湖廣布政司常認為太和山香稅數額甚多，「每歲燒香布施銀錢等項，不下萬計」，〔註 174〕應多負擔賑濟費用，不要罔顧民艱，如正德 11 年，是時安陸、沔陽、漢陽、漢川、景陵、石首、公安、監利等 45 州縣，災情慘重，漂流房屋 7663 間，溺死人口 1495 人，無法徵收秋糧 43 萬 8 千餘石。於是太和山提督參議張瀚等即轉行提督太和山太監梁英，「那借銀一萬兩，給發災重州縣」；並建請太和山每年徵收香稅，務令提督參議參與管理，並保留 3 分之 1 作為修理宮觀經費外，其餘「送布政司貯庫，預備賑濟，及撥補俸糧等用。」〔註 175〕

（2）反觀太和山提督內臣在面臨湖廣巡撫御史等建請應多提撥太和山香稅以賑濟地方災傷時，則常表達香稅數額短收，已不足於支應山場的日常開

〔註 174〕明・秦金，《安楚錄》卷 2，頁 36。
〔註 175〕明・秦金，《安楚錄》卷 2，頁 32、36。

銷，因此奏請將香稅留在太和山，如嘉靖 2 年閏 4 月，提督內臣潘真奏留香稅，明世宗「不許」；嘉靖 14 年，提督內臣李學也請「存留供祀」。茲以嘉靖 14 年為例予以說明：是時為賑濟災民，明世宗下令「嘉靖十四年分，正月起至年終止，本山香錢務要從實開報。」但提督內臣李學為存留香稅於山場，提出如下二項理由：

A. 因連年凶荒，香客稀少，「每年正月、四月，正數香錢，雖委官收，猶不及其各項應用，其餘月（5 月～12 月）香錢，亦在截長補短之數，歲支不足歲出。」故嘉靖元年至嘉靖 10 年，採購香炷、油蠟經費，年年拖欠，道眾所需衣料雖已支過 6 千 6 百零 4 疋，尚欠 1 千 3 百 96 疋。

B. 其於嘉靖 12 年 3 月奉命提督山場以來，量入為出，不敢濫費，但為時僅有 2 年，蓄積還不多。況現今尚待整修的殿宇房舍、道路橋樑等，計有 2 百餘處；每項工程，買辦物料經費，約需 3、5 百兩或 8、9 百兩，故「雖以二、三歲之香錢，尚不殼其一歲之應用。」〔註 176〕

太和山現有香稅既無法支援地方災傷，但為襄助災情，李學建議將現存於湖廣布政司與均州官庫的「嘉靖十年解京郊工香錢銀一千兩，均州未起解銀一千六百餘兩」，合計 2 千 6 百餘兩，挪為賑濟經費。〔註 177〕

2. 補王府祿米。於明中晚期，為何以太和山香稅補足興王府祿米，其情形有二：一係地方有災傷，蠲免稅額數多，以致興王府祿米不足；為補足其缺額，即挪用太和山香稅，如嘉靖元年，因「常賦拖欠，蠲免數多，宗藩祿米，官軍俸糧不足」，為補足其不足數額，籌措方法之一，借留「荊州府抽分料價、太和山香錢各二年。」〔註 178〕二是興王府所屬佃戶積欠租稅，為免拖累小民，乃以太和山香稅抵補，如萬曆 20 年承天府守備太監為追討興王府舊有稅賦，「請罪潛江知縣及諸佃民」，巡撫湖廣右僉都御史郭惟賢則奏請以「太和山香稅充王府逋祿，免加派小民。」〔註 179〕

3. 濟助軍餉。嘉靖朝以後，太和山香稅用以支應均州千戶所官軍俸糧，

〔註 176〕明・范欽，《明抄本嘉靖事例》第 2 冊，〈議處太和山香錢〉。
〔註 177〕清・陳夢雷，《古今圖書集成》，〈食貨典・荒政部彙考十七〉卷 84，頁 837：「按明會典（嘉靖）十四年令將太和山嘉靖十年以前香錢，并均州貯庫銀二千六百餘兩，盡數發湖廣布政司賑濟，并補給祿糧月俸支用，今後香錢除正用外，果有羨餘，歲歲儲積，以被凶荒賑濟。」
〔註 178〕明・張居正，《明世宗實錄》卷 14，頁 8 上，嘉靖元年 5 月丁卯。
〔註 179〕清・張廷玉，《明史》卷 227，頁 2620 上。

即為常項開支之一,如《肇域志》載:「均州,……分守與守備內臣駐劄,設千戶所,官軍俸糧俱於太和山香錢給取。」〔註180〕此項香稅尚調用於其他軍事開支上,如嘉靖30年(1551)11月,因地方有災傷,為抵補顯陵官軍俸糧,即將「太和山今歲香錢及明年之半」挪用支應。〔註181〕崇禎元年(1628)正月,兵部尚書閔鳴泰奏請「借武當之香稅,以應黔餉。」〔註182〕

4. 其它項目。太和山香稅尚用於採辦皇木、整治當地水利工程、興建北京郊壇(此項已述於本文第5節1項〈泰山香稅運用・其它項目〉)等方面:

採辦皇木。嘉靖21年(1542)正月,督木都御史潘鑑因湖廣負責採辦楠杉板木1萬餘根,需用銀57萬兩,不足之數,則從「本省未解事例,并贓罰、軍餉,及應解兩京料價叚疋銀兩、太和山香錢、荊州抽分商稅」等方面籌措以供急用。〔註183〕

興修水利。湖廣從正德11、12年大水氾濫以後,江岸南北大堤被衝塌,河湖淤淺,「即今十數年來,水患無歲無之。」嘉靖年間,處於南岸的監利縣車木堤,因水口衝塌,每遇江水盛發,不僅監利縣受害,並危及沔陽縣後峰、茅埠等16村,稅糧8千餘石,均被洪水所淹侵,寸土不能耕種。另潛江縣排沙頭班家村及沔陽縣石碑舖等處水口,也被襄河水衝塌,每遇河水泛漲,則潛江、景陵二縣,沔陽縣深江、西范等27村,漂沒稅糧1萬50餘石,無寸土可耕。因此沔陽縣知縣儲洵為整建堤防工程,大江從監利縣以下至沔陽縣,襄河從安陸縣以下至漢口縣,總計3百餘里,所需經費,奏請「撥均州香錢或借支司庫官銀」調用。〔註184〕

金殿香稅,最初係為籌措修建宮觀殿宇經費而徵收;嘉靖朝以後則為減輕襄陽府所屬州縣對太和山焚香等各項開支的負擔,而將降神諸香、油蠟、道眾布衣、提督衙門皂隸、均州千戶所官軍俸糧、山場公務等項開支,均由所徵香稅支應;倘有剩餘,主要用於地方災傷賑濟、也挪用於補足興王府祿米、濟助軍餉、採辦皇木、整治水利、興建北京郊壇等方面。

〔註180〕清・顧炎武,《肇域志》(續修四庫全書,上海:上海古籍出版社,1995年)卷31,頁40下~41上。

〔註181〕明・張居正,《明世宗實錄》卷379,頁1下,嘉靖30年11月丁亥。

〔註182〕明・不著撰人,《崇禎長編》(國立中央研究院歷史語言研究所民國51年刊本縮印,京都:京都出版社,1984年)卷5,頁27上,崇禎元年正月庚寅。

〔註183〕明・張居正,《明世宗實錄》卷257,頁1下,嘉靖21年正月丁亥。

〔註184〕明・孫旬,《皇明疏鈔》(續修四庫全書,上海:上海古籍出版社,1998年)卷66,頁17~18;明・萬表,《皇明經濟文錄》卷22,頁40。

五、結論

　　泰山的碧霞元君，掌管人世間一切禍福，於晚明每年多達 80 萬人少亦有 40 萬人登岱頂禮敬神明。太和山的真武大帝，具有賜子延壽等功能，每年也有數萬人登金頂，朝聖真武大帝。

　　明清時期，政府向香客或廟宇科徵香稅，除泰山與太和山之外，尚有徽州府休寧縣齊雲山（玄天太素宮供奉真武大帝）、海州雲臺山（三元聖宮供奉三官大帝）、順天府懷柔縣丫髻山（碧霞元君祠奉祀碧霞元君）等。論其香稅性質，齊雲山與雲臺山應如同泰山的「頂廟香稅」，〔註 185〕但徵收時間並不長。齊雲山因「僻處萬山之中，故進香則少」，〔註 186〕所收香稅不多，且停徵於嘉靖 18 年（1539）。〔註 187〕雲臺山的香稅，始徵於萬曆 28 年，係依內臣陳增的建議，年收約 1 千餘兩。〔註 188〕致於丫髻山，則屬地方政府於雍正初年擅自開徵而未經朝廷核准的入山香稅，〔註 189〕依此凡香客前往丫髻山進香，須「於金盞河地方掛號取稅」，〔註 190〕但雍正 2 年（1724）4 月雍正皇帝

〔註 185〕 明・不著撰者，《皇明恩命世錄》（中華道藏，北京：華夏出版社，2004 年）卷 8，頁 333：「（嘉靖）十八年，准奏齊雲山如太和山，例除官道，住持，管理，賜神宮名曰玄天太素宮，仍免本山香錢解京，降敕禁護。」從「仍免本山香錢解京」，可知齊雲山香稅性質如同泰山頂廟香稅。清・丁耀亢，《續金瓶梅》（臺北：天一出版社，1975 年）第 25 回，頁 149：「早望見雲臺山三官大殿好不巍峨。……兩人謝了籤，就有道人請去雲堂。齋飯已畢，捧過緣簿，求二位娘子布施，玉樓留了二兩香資，不肯叫月娘另費，月娘不肯，留了五錢香資。」明・朱國楨，《朱文肅公集》（續修四庫全書，上海：上海古籍，1995 年）第 5 冊，頁 199：「晚歲授海州丞，……靈（雲）臺山香稅，約令自輸，從儉得免于擾。」從「玉樓留了二兩香資」，「月娘不肯，留下五錢銀子」，以及「靈（雲）臺山香稅，約令自輸」，可知雲臺山香稅性質如同泰山頂廟香稅。

〔註 186〕 明・謝肇淛，《五雜組》卷 4，頁 11。

〔註 187〕 明・魯點，《齊雲山志》（四庫全書存目叢書，臺南：莊嚴文化事業公司，1996 年）卷 2，頁 11：「嘉靖己亥（18 年），御賜齊雲觀名玄天太素宮，除免納本府香錢，備本山焚修給護敕。」

〔註 188〕 清・嵇璜，《續文獻通考》卷 24，頁 34；明・溫體仁，《明神宗實錄》卷 465，頁 5 上，萬曆 37 年 12 月乙丑：「稅監陳增死」。

〔註 189〕 清・允祿，《世宗憲皇帝旨上諭內閣》卷 18，頁 18：「又往丫髻山進香人等，於金盞河地方掛號取稅，皆與朕旨不合。……金盞河地方交與直隸巡撫，令其查明具奏。」

〔註 190〕 清・允祿，《世宗憲皇帝旨上諭內閣》卷 18，頁 18：「又往丫髻山進香人等，於金盞河地方掛號取稅，皆與朕旨不合。……金盞河地方交與直隸巡撫，令其查明具奏。」

即以「皆與朕旨不合」而予廢除。﹝註191﹞故明清時期，政府有派官員長期駐守山場以科徵香稅者，則為泰山與太和山。

　　為瞭解泰山與太和山這二大道教聖地，在香稅的性質、徵收、管理及運用上的內涵，茲列表如下：

表六：明清泰山與太和山的香稅徵收、管理與運用比較

項　目	泰　山	太和山
香稅性質	入山香稅（正德11年） 頂廟香稅（嘉靖37年）	頂廟香稅（弘治6年）
香稅源起	籌整修廟宇經費	籌整修廟宇經費
香稅收入	晚明：約7萬兩（入山香稅約4萬餘兩、頂廟香稅約2萬3千兩、頂廟香錢存留山東部分約1萬餘兩） 清初：約3萬兩（入山香稅約1萬兩、頂廟香稅約2萬餘兩）	約4千兩
香稅管理	設有總巡官、分理官，由山東司府縣佐貳官吏兼理	明代：由提督太監委派玉虛等宮觀提點、均州千戶所千戶監管 清初：下荊南道管理
香稅運用	除頂廟香稅上繳國庫外，其餘主要用於布政司公費、德魯衡三府郡王祿糧、三司運司濟南府各佐貳官折俸，以及尚用於修建廟宇、修築城牆、協助科場、補里甲差銀、山場公務、襄助河工、賑濟災傷、濟助軍餉、興建郊壇、刊刻農書等。	主要用於山場公費（修葺廟宇、香炷、道眾布衣、油蠟、千戶所官軍折俸、提督官員廩糧門隸雇值），尚用於賑濟災傷、補興王府祿米、濟助軍餉、採辦皇木、整治水利、興建北京郊壇等。

可知：（一）泰山香稅分入山香稅與頂廟香稅兩種，而太和山的香稅性質如同泰山的頂廟香稅。（二）泰山香稅平均年收約 3～7 萬兩，而太和山僅有 4 千兩。（三）泰山香稅管理嚴謹，設有總巡官與分理官，由山東司府州縣佐貳官兼理。太和山在明代則由提督太監主導，委派玉虛等宮觀提點、均州千戶所千戶監管；因太監、道官的濫權，以致財務不清，據《五雜組》載：「均州諸黃冠千數，放縱無忌，此則岱宗所無也。」﹝註192﹞又《垂光集》：「傳奉印綬

﹝註191﹞清・不著撰者，《新例要覽》，頁 9：「今金盞河地方，竟立稅程，凡往丫髻山進香者，俱要掛號上稅，此係何人主意，著直隸巡撫查明具奏。」
﹝註192﹞明・謝肇淛，《五雜組》卷 4，頁 10。

太監韋英著大嶽太和山燒香管事兼分守湖廣行都司等處地方，……韋英以貪財蠹國之輩，用之以分守前項地方，必侵漁剝削軍民，深為國家厲階。」〔註193〕故晚明甚多朝臣如隆慶 3 年戶部尚書劉體乾等即建言：太和山的香稅管理應如同泰山事例。直至清初，太和山失去帝王家廟的地位，才改由下荊南道兼理。（四）泰山香稅除頂廟香稅上繳國庫外，主要用於地方與山場的公務支出。而太和山則主要用於山場公費，倘有剩餘，才用於地方公務。

雖然明・王嘉言〈重修聖母元君祠記〉載：「玄帝北方神也，而建殿於太和山，殿以金飾，……而士女之奔走如雲，與（碧霞）元君埒。」〔註194〕又《郭中丞三臺疏草》：「查得東岳泰山，歲有香稅。……今太和之利，埒于岱岳。」〔註195〕事實上，太和山的每年朝山香客人數與香稅徵收額均不如泰山，並非「埒于岱岳」。〔註196〕

參考文獻

一、古籍

1. 明・于慎行，《穀城山館文集》，四庫全書存目叢書，臺南：莊嚴文化事業公司，1996 年。

2. 明・王恕，《王端毅奏議》，文淵閣四庫全書，臺北：臺灣商務印書館，1984 年。

3. 明・王鐸，《擬山園選集》，四庫禁毀書叢刊，北京：北京出版社，2000 年。

4. 明・王士性，《廣志繹》，北京：中華書局，1997 年。

〔註193〕明・周璽，《垂光集》，頁 28；明・王世貞，《弇山堂別集》卷 94，頁 3：「命太監韋興往太和司香兼分守湖廣行都司地方，……兵部尚書劉大夏亦言：興於成化年間，引用憸邪，進用奇巧，大壞朝廷之法，先帝嗣統之初，斥興不用，臣民痛快。今泰陵之土未乾，而姦邪之黨復進，恐於聖孝不為無損，乞如給事、御史言，將興斥退，俱不聽。」
〔註194〕清・黃宗羲，《明文海》卷 371，頁 12。
〔註195〕明・陳子龍，《皇明經世文編》卷 406，頁 5。
〔註196〕王嘉言、郭惟賢等之所以認為太和山的朝山熱潮與香稅每年收入如同泰山；本文推知：一則太和山為明代的皇家道場，為壯大其聲勢；二則此為描述兩地朝山旺季時的盛況，尤其神明聖誕前。就後者論，泰山朝山季節一年分三季，上季（1～4 月）、下季（9～12 月）均為旺季，香客眾多，僅中季（5～8 月）香客較少。致於太和山，每年 1～4 月為旺季，5 月以後，則因農忙、天氣炎熱等因素，香客稀少。僅以朝山季節論，太和山一年中淡季佔三分之二，所收混施錢必然不如泰山。

5. 明‧王世貞，《弇山堂別集》，文淵閣四庫全書，臺北：臺灣商務印書館，1984 年。

6. 明‧王世貞，《弇州四部稿》，文淵閣四庫全書，臺北：臺灣商務印書館，1986 年。

7. 明‧王在晉，《三朝遼事實錄》，四庫禁燬書叢刊，北京：北京出版社，2000 年。

8. 明‧不著撰者，《皇明恩命世錄》，中華道藏，北京：華夏出版社，2004 年。

9. 明‧不著撰者，《崇禎長編》，國立中央研究院歷史語言研究所民國 51 年刊本縮印，京都：京都出版社，1984 年。

10. 明‧亢思謙，《慎修堂集》，四庫全書未收書輯刊，北京：北京出版社，2000 年。

11. 明‧申時行，《大明會典》，臺北：新文豐出版公司，1976 年。

12. 明‧朱國楨，《朱文肅公集》，續修四庫全書，上海：上海古籍出版社，1995 年。

13. 明‧任自垣，《敕建大岳太和山志》，湖北：湖北人民出版社，1999 年。

14. 明‧任弘烈，《泰安州志》，中國地方志叢書華北，臺北：成文出版社，1968 年。

15. 明‧周璽，《垂光集》，文淵閣四庫全書，臺北：臺灣商務印書館，1984 年。

16. 明‧周嘉冑，《香乘》，文淵閣四庫全書，臺北：臺灣商務印書館，1986 年。

17. 明‧汪子卿，《泰山志》，泰山文獻集成，濟南：泰山出版社，2005 年。

18. 明‧宋應昌，《經略復國要編》，明清史料彙編，臺北：文海出版社，1984 年。

19. 明‧李賢，《明一統志》，文淵閣四庫全書，臺北：臺灣商務印書館，1984 年。

20. 明‧李默，《吏部職掌》，四庫全書存目叢書，臺南：莊嚴文化事業公司，1996 年。

21. 明‧李東陽，《明孝宗實錄》，國立中央研究院歷史語言研究所民國 51 年刊本縮印，京都：京都出版社，1984 年。

22. 明‧何鏜，《古今游名山記》，四庫全書存目叢書，臺南：莊嚴文化事業公司，1996 年。

23. 明‧何喬遠，《名山藏》，四庫禁毀書叢刊，北京：北京出版社，2000 年。

24. 明‧沈一貫，《喙鳴文集》，續修四庫全書，上海：上海古籍出版社，2000 年。

25. 明‧沈德符，《萬曆野獲編》，元明史料筆記，北京：中華書局，1997 年。

26. 明‧查志隆，《岱史》，四庫禁燬書叢刊，北京：北京出版社，2000 年。

27. 明‧皇甫汸，《皇甫司勳集》，文淵閣四庫全書，臺北：臺灣商務印書館，1984 年。

28. 明‧林堯俞，《禮部志稿》，文淵閣四庫全書，臺北：臺灣商務印書館，1984 年。

29. 明‧胡直，《衡廬精舍藏稿》，文淵閣四庫全書，臺北：臺灣商務印書館，1984 年。

30. 明‧凌雲翼，《大岳太和山志》，湖北：湖北人民出版社，1999 年。

31. 明‧夏原吉，《明太宗實錄》，國立中央研究院歷史語言研究所民國 51 年刊本縮印，京都：京都出版社，1984 年。

32. 明‧徐溥，《謙齋文錄》，文淵閣四庫全書，臺北：臺灣商務印書館，1986 年。

33. 明‧徐宏祖，《徐霞客遊記》，文淵閣四庫全書，臺北：臺灣商務印書館，1986 年。

34. 明‧秦金，《安楚錄》，四庫全書存目叢書，臺南：莊嚴文化事業公司，1996 年。

35. 明‧孫旬，《皇明疏鈔》，續修四庫全書，上海：上海古籍出版社，1998 年。

36. 明‧范欽，《明抄本嘉靖事例》，北京：北京圖書館出版社，1997 年。

37. 明‧黃克纘，《數馬集》，四庫禁毀書叢刊，北京：北京出版社，2000 年。

38. 明‧陸應陽，《廣輿記》，四庫禁毀書叢刊，北京：北京出版社，2000 年。

39. 明‧陳子龍，《皇明經世文編》，四庫禁燬書叢刊，北京：北京出版社，2000 年。

40. 明‧陳宏緒，《寒夜錄》，叢書集成新編，臺北：新文豐出版公司，1986 年。

41. 明‧梁夢龍，《海運新考》，四庫全書存目叢書，臺南：莊嚴文化事業公司，1996 年。

42. 明‧張萱，《西園聞見錄》，明人傳記叢刊，臺北：明文書局，1991 年。

43. 明‧張居正，《明世宗實錄》，國立中央研究院歷史語言研究所民國 51 年刊本縮印，京都：京都出版社，1984 年。

44. 明‧張居正，《明穆宗實錄》，國立中央研究院歷史語言研究所民國 51 年刊本縮印，京都：京都出版社，1984 年。

45. 明‧張學顏，《萬曆會計錄》，續修四庫全書，上海：上海古籍出版社，2000 年。

46. 明‧傅鳳翔，《皇明詔令》，臺北：成文出版社，1967 年。

47. 明‧畢自嚴，《度支奏議》，續修四庫全書，上海：上海古籍出版社，1995 年。

48. 明‧逯中立，《兩垣奏議》，文淵閣四庫全書，臺北：臺灣商務印書館，1984 年。

49. 明‧葉向高，《蒼霞草》，四庫禁毀書叢刊，北京：北京出版社，2000 年。

50. 明‧鄒元標，《鄒忠介公奏疏》，續修四庫全書，上海：上海古籍出版社，2000 年。

51. 明‧費宏，《明武宗實錄》，國立中央研究院歷史語言研究所民國 51 年刊本縮印，京都：京都出版社，1984 年。

52. 明‧溫體仁，《明神宗實錄》，國立中央研究院歷史語言研究所民國 51 年刊本縮印，京都：京都出版社，1984 年。

53. 明‧萬表，《皇明經濟文錄》，四庫禁燬書叢刊，北京：北京出版社，2000 年。

54. 明‧童承敘，《內方先生集》，叢書集成續編，臺北：新文豐出版公司，1989 年。

55. 明‧雷禮，《皇明大政紀》，四庫全書存目叢書，臺南：莊嚴文化事業公司，1996 年。

56. 明‧雷禮，《國朝列卿紀》，明代傳記叢刊，臺北：明文書局，1991 年。

57. 明‧楊一魁，《山東觀風便覽》，明萬曆刊本。

58. 明‧楊士奇，《明宣宗實錄》，國立中央研究院歷史語言研究所民國 51 年刊本縮印，京都：京都出版社，1984 年。

59. 明・廖道南，《楚紀》，四庫全書存目叢書，臺南：莊嚴文化事業公司，1996 年。

60. 明・過庭訓，《明分省人物考》，明代傳記叢刊，臺北：明文書局，1991 年。

61. 明・魯點，《齊雲山志》，四庫全書存目叢書，臺南：莊嚴文化事業公司，1996 年。

62. 明・談遷，《棗林雜俎》，四庫全書存目叢書，臺南：莊嚴文化事業公司，1996 年。

63. 明・謝肇淛，《五雜組》，四庫禁燬書叢刊，北京：北京出版社，2000 年。

64. 明・劉吉，《明憲宗實錄》，國立中央研究院歷史語言研究所民國 51 年刊本縮印，京都：京都出版社，1984 年。

65. 明・鄭曉，《端簡鄭公文集》，四庫全書存目叢書，臺南：莊嚴文化事業公司，1996 年。

66. 明・鄭汝璧，《由庚堂集》，續修四庫全書，上海：上海古籍出版社，2002 年。

67. 明・歸有光，《震川集》，文淵閣四庫全書，臺北：臺灣商務印書館，1986 年。

68. 明・顧憲成，《涇皋藏稿》，清刊本。

69. 明・嚴書開，《嚴逸山先生文集》，四庫禁燬書叢刊，北京：北京出版社，2000 年。

70. 明・瞿景淳，《瞿文懿公集》，四庫全書存目叢書，臺南：莊嚴文化事業公司，1996 年。

71. 清・丁丙，《善本書室藏書志》，臺北：廣文書局，1957 年。

72. 清・丁耀亢，《續金瓶梅》，臺北：天一出版社，1975 年。

73. 清・王澐，〈楚遊紀略〉，小方壺齋輿地叢鈔，臺北：廣文書局，1962 年。

74. 清・王士禎，《居易錄》，文淵閣四庫全書，臺北：臺灣商務印書館，1986 年。

75. 清・王培荀，《鄉園憶舊錄》，濟南：齊魯書社，1993 年。

76. 清・王贈芳，《道光濟南府志》，南京：鳳凰出版社，2004 年。

77. 清・毛奇齡，《西河集》，文淵閣四庫全書，臺北：臺灣商務印書館，1986 年。

78. 清‧允祿,《世宗憲皇帝上諭內閣》,文淵閣四庫全書,臺北:臺灣商務印書館,1986 年。

79. 清‧不著撰者,《新例要覽》,四庫全書未收書輯刊,北京:北京出版社,2000 年。

80. 清‧西周生,《醒世姻緣傳》,古本小說集成,上海:上海古籍出版社,1994 年。

81. 清‧宋思仁,《泰山述記》,泰山文獻集成,濟南:泰山出版社,2005 年。

82. 清‧岳濬,《乾隆山東通志》,文淵閣四庫全書,臺北:臺灣商務印書館,1984 年。

83. 清‧余縉,《大觀堂文集》,四庫全書未收書輯刊,北京:北京出版社,2000 年。

84. 清‧李祖陶,《國朝文錄》,續修四庫全書,上海:上海古籍出版社,2002 年。

85. 清‧吳暻,《左司筆記》,四庫全書存目叢書,臺南:莊嚴文化事業公司,1996 年。

86. 清‧吳振棫,《養吉齋餘錄》,筆記小說大觀,臺北:新興書局,1986 年。

87. 清‧吳裕仁,《嘉慶惠安縣志》,上海:上海書店,2000 年。

88. 清‧吳錫麒,《有正味齋集》,續修四庫全書,上海:上海古籍出版社,2002 年。

89. 清‧金棨,《泰山志》,泰山文獻集成,濟南:泰山出版社,2005 年。

90. 清‧查嗣瑮,《查浦詩鈔》,四庫全書未收書輯刊,北京:北京出版社,2000 年。

91. 清‧胡德林,《乾隆歷城縣志》,南京:鳳凰出版社,2004 年。

92. 清‧哈達清格,《塔子溝紀略》,臺北:廣文書局,1968 年。

93. 清‧唐仲冕,《岱覽上》,泰山文獻集成,濟南:泰山出版社,2005 年。

94. 清‧涂鴻儀,《道光蘭州府志》,中國方志叢書,臺北:成文出版社,1976 年。

95. 清‧夏力恕,《湖廣通志》,文淵閣四庫全書,臺北:臺灣商務印書館,1986 年。

96. 清‧清世宗,《聖祖仁皇帝聖訓》,文淵閣四庫全書,臺北:臺灣商務印書館,1986 年。

97. 清‧黃宗羲，《明文海》，文淵閣四庫全書，臺北：臺灣商務印書館，1986年。

98. 清‧桂慶，《大清高宗純（乾隆）皇帝實錄》，臺北：華文書局，1963年。

99. 清‧陳昌齊，《道光廣東通志》，臺北：華文書局，1968年。

100. 清‧陳夢雷，《古今圖書集成》，臺北：文星書局，1966年。

101. 清‧雍正十年勅編，《世宗憲皇帝硃批諭旨》，文淵閣四庫全書，臺北：臺灣商務印書館，1986年。

102. 清‧張岱，《岱志》，泰山文獻集成，濟南：泰山出版社，2005年。

103. 清‧張夏，《雒閩源流錄》，四庫全書存目叢書，臺南：莊嚴文化事業公司，1996年。

104. 清‧張玉書，《聖祖仁皇帝御製文集》，文淵閣四庫全書，臺北：臺灣商務印書館，1986年。

105. 清‧張廷玉，《明史》，新刊本，臺北：國防研究院明史編纂委員會，1962年。

106. 清‧傅維鱗，《明書》，四庫全書存目叢書，臺南：莊嚴文化事業公司，1996年。

107. 清‧彭元瑞，《孚惠全書》，北京：北京圖書館出版社，2005年。

108. 清‧嵇璜，《欽定續文獻通考》，文淵閣四庫全書，臺北：臺灣商務印書館，1986年。

109. 清‧趙懷玉，《亦有生齋集》，續修四庫全書，上海：上海古籍出版社，2002年。

110. 清‧賀長齡，《清經世文編》，臺北：中華書局，1992年。

111. 清‧賈洪詔，《光緒續輯均州志》，南京：江蘇古籍出版社，2001年。

112. 清‧閻鎮珩，《六典通考》，續修四庫全書，上海：上海古籍出版社，1995年。

113. 清‧魏禧，《魏叔子文集外篇》，續修四庫全書，上海：上海古籍出版社，2000年。

114. 清‧戴鈞衡，《方望溪（苞）先生全集》，臺北：文海出版社，1973年。

115. 清‧劉於義，《雍正陝西通志》，文淵閣四庫全書，臺北：臺灣商務印書館，1986年。

116. 清‧劉錦藻，《皇朝續文獻通考》，續修四庫全書，上海：上海古籍出版社，2000 年。

117. 清‧儲大文，《山西通志》，文淵閣四庫全書，臺北：臺灣商務印書館，1986 年。

118. 清‧穆彰阿，《大清一統志》，臺北：臺灣商務印書館，1966 年。

119. 清‧謝香開，《嘉慶東昌府志》，南京：鳳凰出版社，2004 年。

120. 清‧顧汧，《鳳池園集》，近代中國史料叢刊三編，臺北：文海出版社，1988 年。

121. 清‧顧炎武，《肇域志》，續修四庫全書，上海：上海古籍出版社，1995 年。

122. 清‧顧炎武，《天下郡國利病書》，臺北：廣文書局，1979 年。

123. 清‧黨居易，《康熙均州志》，故宮珍本叢刊，海口：海南出版社，2001 年。

124. 民國‧趙爾巽，《清史稿》，臺北：鼎文書局，1981 年。

125. 民國‧葉德輝，《書林清話》，叢書集成續編，臺北：新文豐出版公司，1989 年。

二、近人研究

1. 成淑君，〈自是神人同愛國，歲輸百萬佐升平——明代泰山碧霞靈應宮香客經濟初探〉，《濟南大學學報》13：3，2003 年，頁 38～41。

2. 李程，〈明代武當山的駐軍制度初探〉，收入《自然、歷史、道教：武當山研究論文集》第 4 期（總第 44 期），1994 年，頁 325～331。

3. 呂繼祥，《泰山娘娘信仰》，北京：學苑出版社，1994 年。

4. 葉濤，《泰山香社研究》，上海：上海古籍出版社，2009 年。

5. 黃仁宇，《十六世紀明代中國之財政與稅收》，臺北：聯經出版社，2001 年。

6. 陳寶良，〈明代的宗教旅游〉，《中州學刊》5 期（總第 155 期），2006 年，頁 199～203。

7. 梅莉，《明清時期武當山朝山進香研究》，湖北：華中師範大學出版社，2007 年。

8. 吳龍安，《碧霞元君信仰、傳說之研究》，臺北：中國文化大學中國文學研究所碩士論文，1989 年 6 月。

9. 張偉然，《湖北歷史文化地理研究》，武漢：湖北教育出版社，2000 年。

10. 彭慕蘭，〈上下泰山——中國民間信仰政治中的碧霞元君（約公元 1500 年至 1949 年）〉，《新史學》20：4，2009 年，頁 169～215。

11. 楊立志，《武當文化概論》，北京：社會科學文獻出版社，2008 年。

12. 楊立剛，〈明清時期武當宮觀經濟收入初探〉，《武當學刊（社會科學版）》4 期（總第 44 期），1994 年，頁 13～16。

13. 劉慧，《泰山廟會》，山東：山東教育出版社，1999 年。

14. 劉慧，《泰山宗教研究》，北京：文物出版社，1994 年。

15. 劉秀池，《泰山大全》，濟南：山東友誼出版社，1995 年。

16. 魏元平，〈泰山的民俗與宗教〉，收入《泰山研究論叢》2 集，青島：青島海洋大學出版社，1990 年，頁 106～115。

17. 韓光輝，〈泰山香稅考〉，收入《泰山研究論叢》5 集，青島：青島海洋大學出版社，1992 年，頁 189～197。

18. 間野潛龍，〈明朝と太和山について〉，《大谷學報》38：3，1958 年，頁 59～73。

19. 間野潛龍，〈明代の武當山と宦官の進出〉，《東方宗教》22 號，1963 年，頁 29～44。

20. 澤田瑞穗，〈泰山香稅考〉，《福井博士頌壽紀念東洋文化論集》，東京：早稻田大學出版社，1969 年，頁 547～563。

明代太和山的行政管理組織

一、前言

　　太和山即武當山，明永樂16年（1418）敕封為「太嶽太和山」，〔註1〕嘉靖32年（1553）又賜名「治世玄岳」，〔註2〕使太和山的地位和聲望超越泰山等五嶽，成為明代皇室欽定的天下第一名山，明・王世貞即云：「至明太宗文皇帝尊之曰大嶽，世宗朝復尊之曰玄嶽，而五嶽左次矣。」〔註3〕

　　真武神源於古代的玄武崇拜，於北宋初年，相傳太和山為真武神修練和升天之地，且為藉助真武護佑北方邊患，以求得國家安寧，故真武神乃成為太和山奉祀的主神。於元代，因其由北方入主中原，故對北方之神的真武信仰崇信有加。在明代，真武崇拜達於頂峰，明皇室對真武神的崇祀，始於明太祖，相傳明太祖平定天下時，有感於真武神「陰翊顯佑，靈明赫奕」，於定都南京後，即建真武廟奉祀之。〔註4〕至明成祖，其從北方起兵而入繼大統，

〔註1〕明・任自垣，《敕建大岳太和山志》（湖北：湖北人民出版社，1999年9月），卷2，〈誥副墨第一〉，頁23；明・夏原吉，《明太宗實錄》（京都：京都出版社，1984年，國立中央研究院歷史語言研究所民國51年刊本縮印），卷207，頁1上，永樂16年12月丙子條。

〔註2〕明・張居正，《明世宗實錄》（京都：京都出版社，1984年，國立中央研究院歷史語言研究所民國51年刊本縮印），卷394，頁4上，嘉靖32年2月壬戌條。

〔註3〕明・王世貞，《弇州四部稿》（文淵閣四庫全書，臺北：臺灣商務印書館，1986年），卷1，〈賦部・玄嶽太和山賦（有序）〉，頁1。

〔註4〕梅莉，《明清時期武當山朝山進香研究》（武漢：華中師範大學出版社，2007年10月），第1章，〈武當山朝香民俗的歷史〉，頁37、42。

真武神更被尊奉為「護國家神」；並於永樂 10 年（1412）至永樂 21 年（1423），「凡竭天下之府庫」，營建真武宮於太和山，以天柱峰金頂為中心，共建 9 宮 9 觀 33 處建築群，大小房宇 1800 多間。〔註 5〕

　　由於帝王的崇信，於明代掀起真武崇拜的熱潮；也因明成祖大修太和山宮觀後，太和山成為當時百姓傾心嚮往的名山仙境，依《敕建大岳太和山志》載：

　　　　其地擁接崇山，縈帶流水，四方居民每遇春，三趨謁而徼福者，莫
　　　　不駢肩接踵，不數百里，歡呼而至。〔註 6〕

又《大岳太和山志》：

　　　　今（萬曆 8 年 4 月）該州（均州）八宮官道數逾萬人，每歲香客從
　　　　四方絡繹來者，豈止數萬。〔註 7〕

又明・郭惟賢〈郭中丞三臺疏草〉：

　　　　本山刱自永樂初年，原以其神靈，陰佑國家，有功于民，祀之。四
　　　　方虔禱祝獻者，肩摩踵接。〔註 8〕

又《道光濟南府志》：

　　　　張學詩，禹城人，性孝友，初家小康，以急人之困，蕩且盡。父沒
　　　　廬墓三年，母欲登太和山，製木架，坐母其上，首戴而手翼之，往
　　　　返三千餘里，上下險峻，卒無傾跌，如是者三。〔註 9〕

從前述史料可知：

　　1. **朝山人數**：太和山的進香活動，至宣德、弘治年間已達繁盛，於萬曆年間則至最高潮。每年香客「豈止數萬」，「行者肩摩，入山如市」，〔註 10〕主要來自大江以南的湖廣、四川、江西、浙江、福建、廣東等地。且從「三趨謁而徼福者」，「如是者三」，可知當時朝聖太和山有進香 3 次的習俗。

　　2. **朝山日期**：每年正月至 4 月，為進香盛行時期，《弇州四部稿》載：「每

〔註 5〕明・任自垣，《敕建大岳太和山志》，卷 2，〈誥副墨第一〉，頁 26。
〔註 6〕明・任自垣，《敕建大岳太和山志》，卷 8，〈樓觀部第七〉，頁 140。
〔註 7〕明・凌雲翼，《大岳太和山志》（湖北：湖北人民出版社，1999 年 9 月），補遺，〈請給關防疏〉，頁 517。
〔註 8〕明・陳子龍，《皇明經世文編》（四庫禁燬書叢刊，北京：北京出版社，2000年），卷 406，〈郭中丞三臺疏草・改全書議香稅疏〉，頁 4。
〔註 9〕清・王贈芳，《道光濟南府志》（南京：鳳凰出版社，2004 年 10 月第 1 版），卷 52，〈人物八・明〉，頁 7。
〔註 10〕明・凌雲翼，《大岳太和山志》，卷 5，〈藝文・汪道昆太和山記二〉，頁 358。

到春時，中國焚香者，傾動郡邑。」〔註11〕此因真武大帝的聖誕為3月3日，且此時太和山景色迷人，各地香客「莫不駢肩接踵，不數百里，歡呼而至。」5月以後，則因「農忙，天道炎寒」，以致香客稀疏。〔註12〕至於太和山所在的均州百姓，其相率攀登金頂，並建醮以答神庥的時間，則在9月冬麥收成以後，俗稱「秋香」。〔註13〕

3. 朝山目的：真武大帝雖為萬能之神，因其早期形象為龜蛇合體，被認為是陰陽交感演化萬物的生殖之神；也因龜的壽命長，亦視為長壽象徵。因此香客長途跋涉，主要祈求目的有二：(1)求子嗣。依《大岳太和山志》載：「南陽少婦道人裝，皂紗蒙紒白帢方，口誦彌陀數聲佛，手齋玄帝一瓣香，有女求如南海相，生兒早作綉衣郎。」〔註14〕《隱秀軒集·李母曾孺人墓志銘》：「以求子歲禱玄嶽」。〔註15〕又《北游記玄帝出身傳》：「武當山祖師，大顯神威，逢難救難，……孝子順孫，求父母，妻子求嗣者，無有不驗，名揚兩京一十三省，進香祈福者，不計其數。」〔註16〕可知真武具有延繁子嗣的功能。(2)延壽治病。蔣夢龍(南直隸長洲人)，嘉靖44年(1565)進士，曾任官陝西按察副使，性至孝，聽說「修虔太和山，可致親壽」，遂徒步前往，十步一跪拜，行走1千餘里不知勞苦，父母年壽均達80歲。〔註17〕又盧應瑞，其兄「嘗為炮火延熱疾，幾殆」，到處求醫，至廢寢忘食，「復躬禱太和山，得奇乃愈。」〔註18〕

太和山擁有龐大宮觀群，每年有無數香客前往進香，雖然各宮觀設均有

〔註11〕明·王世貞，《弇州四部稿》，卷174，〈說部·宛委餘編十九〉，頁13～14。

〔註12〕明·范欽，《明抄本嘉靖事例》(北京：北京圖書館出版社，1997年12月第1版)，第2冊，〈議處太和山香錢〉；明·萬表，《皇明經濟文錄》(四庫禁燬書叢刊，北京：北京出版社，2000年)，卷22，〈湖廣·太和山香錢〉，頁41。

〔註13〕清·賈洪詔，《光緒續輯均州志》(南京：江蘇古籍出版社，2001年第1版)，卷3，〈風土志〉，頁2。

〔註14〕明·凌雲翼，《大岳太和山志》，補遺，〈武當道上所見戲成短歌〉，頁484。

〔註15〕明·鍾惺，《隱秀軒集》(上海：上海古籍出版社，1992年9月第1版)，卷33，〈墓志銘〉，頁544。

〔註16〕明·余象斗，《北游記玄帝出身傳》(臺北：天一出版社，1985年5月)，卷4，〈祖師復下凡間救民〉，頁26上。

〔註17〕明·張萱，《西園聞見錄》(明人傳記叢刊，臺北：明文書局，1991年)，卷2，〈孝順後·蔣夢龍〉，頁17上～18上。

〔註18〕明·亢思謙，《慎修堂集》(四庫全書未收書輯刊，北京：北京出版社，2000年第1版)，卷18，〈誌銘·九品散官乾渠盧公曁配孺人衛氏楊氏遷葬墓誌銘〉，頁6。

提點、道士專責焚修香火；但宮殿的維修，道路的修治，溝渠的疏通，環境的掃灑，則因太和山於明代享有皇室家廟的殊榮，自有一套管理體系，有別於泰山等道教聖地。本文旨在闡明太和山的行政管理組織如何構成？以及此一管理組織所產生的流弊。

二、山場行政管理制度

明代太和山的行政管理組織，可分為提督、襄理、執行三個層面。

（一）提督階層

主要由代表湖廣省的提督藩臣和代表朝廷的提督內臣共同組成，其職責在於選委道官、收支香錢；[註19]成化朝以後尚兼理軍民事。

1. 提督藩臣

永樂17年（1419）11月，太和山主體工程完成時，即任命吏部郎中諸葛平出任湖廣布政司右參議，其職責並非掌理布政司事，而「專在大岳太和山提調事物」，兼管均州事。宣德3年（1428），諸葛平病故後，至正統6年（1441）的13年間，提督一職，由太常寺丞任自垣（宣德3年2月），[註20]禮部員外郎吳禮（宣德6年，1431），[註21]禮部郎中邵正（正統元年，1436）擔任。[註22]此後出任此一職務者，其職銜多為湖廣布政司右參議（亦有以右參政擔任者）。[註23]

提督藩臣的職責，起初專在太和山維護宮觀，修治道路，疏通溝渠等，

[註19] 明・李默，《吏部職掌》（四庫全書存目叢書，臺南：莊嚴文化事業公司，1996年），頁4，〈僧道科・僧道陞除〉：「大嶽太和山提點（正六品）有缺，該提督本山太監，會同提督參議，考選堪補住持。」

[註20] 明・任自垣，《敕建大岳太和山志》，卷2，〈誥副墨第一〉，頁31，任自垣原為玉虛宮提點。

[註21] 明・任自垣，《敕建大岳太和山志》，卷2，〈誥副墨第一・湖廣等處承宣布政使司為民情等事〉，頁34；又同書，卷2，〈皇帝敕諭禮部員外吳禮及均州千戶所千戶〉，頁38，吳禮曾為均州知州，但不管均州事，專一提調在太和山種田的5百餘名佃戶。

[註22] 明・凌雲翼，《大岳太和山志》，卷3，〈敕提督藩臣〉，頁291。

[註23] 明・凌雲翼，《大岳太和山志》，卷3，〈敕提督藩臣〉，頁291～295；明・溫體仁，《明神宗實錄》（京都：京都出版社，1984年，國立中央研究院歷史語言研究所民國51年刊本縮印），卷193，頁3上，萬曆15年12月癸亥條：「以湖廣右參政兼僉事詹貞吉調補本司右參政，提督大嶽太和山兼管撫民及分守下荊南道。」

如永樂 22 年（1424），諸葛平的任職勅文，即記載：「常川用心巡視，遇宮觀有滲漏透濕之處，隨即修理；溝渠路道有淤塞不通之處，即便整治。合用人工，就于均州千戶所官軍內撥用。」〔註24〕至成化 8 年（1472），因荊襄山區流民日眾，民變紛起，從這年起，提督藩臣的職守，除原提調事物外，尚兼理軍事，「無事之日，仍提督正伍官軍，操守城池，防禦盜賊。或本處并鄰近府縣草寇生發，本所官軍相應調用。」〔註25〕由於征剿荊襄流民無效，成化 12 年（1476）以後，改採設置鄖陽等府縣以撫輯流民，故從弘治 7 年（1494）4月起，提督藩臣的職銜，另加「下荊南道分守撫民之任」，此一兼職的內涵，「爾不妨本務，往來所屬，巡視地方。將一應附籍安插并陸續逃移人民，必須以時戒飭，嚴加禁約，不許非為。敢有擾害居民者，爾即量情懲治。」以陳濬為例，其擔任提督藩臣時的職官全銜，即為「大岳太和山提調官並分守湖廣下荊南道兼管撫民布政司右參議」。〔註26〕

2. 提督內臣

宣德 10 年（1435）3 月，尚膳監左監丞陳垈出任首任提督內臣，較首任提督藩臣晚 16 年。其職責，「茲特命爾前去，與原差禮部員外郎吳禮一同提督，凡有未修殿宇、房屋，及坍塌、橋樑、路道，就行修理。」〔註27〕依此可知提督內臣與提督藩臣共同提調太和山。至成化 12 年，因荊襄二府，山深地廣，惟恐流民漸多，難於撫治，此時巡撫湖廣右副都御史劉敷建言宜請提督太和山內臣韋貴兼理安撫流民，以利防姦緝盜，〔註28〕於是韋貴在不妨原管事務下，兼理「分守荊襄二府所屬州縣并衛所，各該山場、哨堡、巡司，兼管附近淅川、內鄉二縣。」〔註29〕成化 15 年（1479），荊襄等地增設湖廣行都司（以湖廣都司衛所改設），韋貴的兼職，改為「分守湖廣行都司，并荊州、襄陽、鄖陽三府所屬州縣并衛所，及河南附近淅川、內鄉二縣，各該山場、哨堡、巡司。」〔註30〕

〔註24〕明・任自垣，《敕建大岳太和山志》，卷 2，〈誥副墨第一〉，頁 26。
〔註25〕明・凌雲翼，《大岳太和山志》，卷 3，〈敕提督藩臣〉，頁 292。
〔註26〕明・凌雲翼，《大岳太和山志》，卷 3，〈敕提督藩臣〉，頁 293。
〔註27〕明・任自垣，《敕建大岳太和山志》，卷 2，〈誥副墨第一〉，頁 38。
〔註28〕明・劉吉，《明憲宗實錄》（京都：京都出版社，1984 年，國立中央研究院歷史語言研究所民國 51 年刊本縮印），卷 151，頁 7 上，成化 12 年 3 月丁卯條。
〔註29〕明・凌雲翼，《大岳太和山志》，卷 3，〈敕提督內臣〉，頁 297。
〔註30〕明・凌雲翼，《大岳太和山志》，卷 3，〈敕提督內臣〉，頁 297。

提督內臣既主管太和山，又兼理軍民事；因其職責擴大，以致擅權威福，不僅無法與提督藩臣共理太和山，且危害地方。此一情形，詳見下列二表：

表1：明代太和山提督藩臣奏劾提督內臣不法知見表

時　　間	提督藩臣	提督內臣	不和及不法事蹟	備　　註
成化15年（1479）	韓文	韋貴	中貴督太和山，乾沒公費，文（韓文）力遏之，以其羨，易粟萬石，備賑貸。	清·張廷玉，《明史》，卷186，〈列傳七十四·韓文〉，頁2169上。
嘉靖2年（1523）	陸杰		與中貴人共事，類多齟齬，公（陸杰）嚴正善張弛，竟莫能相撓。	明·鄭曉，《端簡鄭公文集》，卷6，〈正議大夫工部右侍郎兼都察院右副都御史贈工部尚書石涇陸公神道碑銘〉，頁2。
嘉靖13年（1534）	陳良謨		中貴人守太和者，冀交懽，公（陳良謨）誕日，得公詩，袖數百金及他珍物為報，公怒欲劾治之，急麾出，長跪謝過乃已。	明·張萱，《西園聞見錄》，卷12，〈狷介·陳良謨〉，頁33。
嘉靖21年（1542）	鍾雲瑞		時中貴橫恣，繩以法。	清·陳昌齊，《道光廣東通志》，卷278，〈列傳十一·明〉，頁707。
嘉靖22年（1543）	秦鰲	王佐	時中官王佐主香案，頗為民害，因投劾歸。	清·馮桂芬，《光緒蘇州府志》，卷92，〈人物十九·崑山縣〉，頁40～41。
嘉靖23年（1544）	王鎬		督發中貴人贓幣，人以天神目之。	明·過庭訓，《明朝分省人物考》，卷3，〈北直隸永定府·王鎬〉，頁32上。
嘉靖25年（1546）	張緒		不欲與寺人伍，疏請中官治山事，分守理民事，獲允，著為令。	清·謝旻，《江西通志》，卷74，〈人物九·臨江府〉，頁40。

嘉靖27年（1548）	吳子孝		太和歲例出納，悉委所司，乃稽其贏，籍記之，權璫斂手，錙銖莫敢私者，陰畜憾焉。	明·皇甫汸，《皇甫司勳集》，卷56，〈碑表·明朝列大夫湖廣布政使司右參議吳公墓表〉，頁10。
嘉靖37年（1558）	楊儲		太和，故有中官共事，其人頗擅威福，聞公（楊儲）至，輒戒其下，毋輕相犯，公所行，咸斂手憚服，無擾。	明·胡直，《衡廬精舍藏稿續稿》，卷8，〈雲南按察司憲副毅齋楊公墓誌銘〉，頁7。
萬曆27年（1599）	楊道會		太和山故有香璫，習與地方官為難，惟宗（楊道會，字惟宗）獨善馭之，得其心。	明·張夏，《雒閩源流錄》，卷19，〈楊道會〉，頁2。

表2：明代太和山提督內臣擅權事蹟知見表

時 間	奏劾者	提督內臣	擅權事蹟	備 註
弘治18年（1505）	兵部尚書劉大夏	韋興	（韋）興於成化年間，引用憸邪，進用奇巧，大壞朝廷之法，先帝嗣統之初，斥興不用，臣民痛快。今泰陵之土未乾，而姦邪之黨復進，恐於聖孝不為無損，乞如給事、御史言，將興斥退，俱不聽。	明·王世貞，《弇山堂別集》，卷94，〈中官考五〉，頁3。
正德元年（1506）		韋英	韋英以貪財蠹國之輩，用之以分守前項地方，必侵漁剝削軍民，深為國家厲階。	明·周璽，《垂光集》，頁28。
嘉靖12年（1533）	撫治鄖陽右僉都御史胡東皋	王敏	貪婪當斥，召敏還。	清·談遷，《國榷》，卷55，頁3476，嘉靖12年正月甲辰。
嘉靖44年（1565）	鄖州同知鄭舜臣		太和山太監，每歲解銀進鮮，往返十二次，必經於鄖（鄖州），其從者，倚勢橫行，需索無厭，少不如意，輒鞭掠夫役，民畏之，甚於豺狼。乙丑（嘉靖44年）	明·張萱，《西園聞見錄》，卷11，〈剛方後·鄭舜臣〉頁62下～63上。明·焦竑，《國朝獻徵錄》，卷101，〈廣西柳

			春，余（鄭舜臣）署州篆，亭午退食，忽閣者報曰：太和山人來矣，余出視之，見二緋衣人，擅坐州堂，將欽賞二表裏及勑諭一道，置之坐上，余怒而叱之，曰：汝輩亡賴，敢干余三尺法，遂命左右，擒十餘輩，逮於獄，連夜具文申兩院，欲正其罪。	州府知府鄭舜臣自序〉，頁94。
萬曆34年（1606）	南京御史孫居相	黃勳	湖廣襄陽知府馮若愚，偕推官程啟南以公事，道經太和山淨樂宮，其所轄界也，循例入謁，遇道士官趙本深、袁進賢等醉，忤無禮。若愚杖之，提督本山太監黃勳嗾令本深等，擊鐘聚眾呼噪，若愚等疾驅得免，猶為飛甓中額出血。勳貪橫無紀，賄收無賴，羽流萬計，若愚為政清嚴，素與勳忤，勛（勳）至是乘機，修報。	明·溫體仁，《明神宗實錄》，卷417，頁1下～2上，萬曆34年正月辛未條。
崇禎14年（1641）	巡撫宋一鶴	陰象坤	時武當山太和宮，有內監司香稅者，謁文廟脇諸生講書明倫堂，諸生非之，稅監怒誣陷諸生數十人。	明·鄒鍾泉，《道南淵源錄》，卷6，〈高彙旃先生傳〉，頁30。

提督內臣擅權專恣，突顯在「乾沒公費」，「習與地方官為難」，「主香案，頗為民害」，「必侵漁剝削軍民」，如嘉靖44年（1565），太和山太監進鮮物經鄧州，「擅坐州堂」；萬曆20年（1592），太監黃勉嗾使道士趙本深等毆擊襄陽知府馮若愚等；又崇禎14年，太監陰象坤威脅均州諸生講學於明倫堂。

為免提督內臣危害地方，從弘治朝以來，常有朝臣奏請提督內臣所領權責，僅專一提調太和山事務，不可兼任分守湖廣行都司，此詳見下表：

表3：明代朝臣建言革除太和山提督內臣免兼分守湖廣行都司知見表

時　　間	建言者	提督內臣	事　　由	備　　註
弘治11年（1498）	英國公張懋等		應詔言三十四事，其中之一，「革冗官」：提督湖廣太和山內臣，不許分守湖廣行都司地方。	明·李東陽，《明孝宗實錄》，卷143，頁15上，弘治11年11月壬子條。
成化23年（1487）	明孝宗即位詔		提督大嶽太和山潘記，不許分守地方。	明·不著輯者，《皇明詔制》，卷6，頁史57-662上。
弘治18年（1505）	六科給事中周璽等、十三道御史曹來旬等	韋興	命太監韋興往太嶽太和山司香，兼分守湖廣行都司地方。初詔革天下守備內官非舊額者，今詔墨未乾，弊端復作，何以全大信於天下，且數興罪惡，乞寢其命，仍加斥逐，上皆不聽。	明·費宏，《明武宗實錄》，卷7，頁10上，弘治18年11月辛丑條。
正德元年（1506）	兵部尚書劉大夏	韋興	詔墨未乾，倖門復啟，齊玄方（弘治17年提督太和山）取回，即遣韋興補之，皆臣等匡正無術，使陛下之詔旨徒頒，而人心之欺玩如故。伏望革興分守，止令於太和山司香，今後但有違命妄陳者，聽言官及本部執奏，明正其罪。不聽。	明·費宏，《明武宗實錄》，卷9，頁5下～6上，正德元年正月戊戌條。
隆慶元年（1567）	巡按湖廣御史陳省	呂祥	劾太和山守備太監呂祥罪七，乞徵祥還，并罷守備官。兵部言：內臣有事太和山，始于成化初，然止用以提督道流，于地方無與也，宜如（陳）省言，罷之便，上是之。	明·張居正，《明穆宗實錄》，卷10，頁8上～下，隆慶元年7月壬申條。

隆慶元年（1567）	兵部尚書郭乾	柳朝	左監丞柳朝代呂祥，仍兼提督分守湖廣行都司等處。兵部郭乾言：部臣曰：分守可革，陛下亦曰：可革；科臣曰：分守可革，陛下亦曰：可革。而旨從內降，旋復易之，傳播中外，殊駭聽聞。臣等以天事陛下，願陛下以天自處，而堅四時之信，天下幸甚。疏入，上是之，命改朝提督太和山關防，毋兼分守。	明‧張居正，《明穆宗實錄》，卷10，頁8下，隆慶元年7月壬申條。
萬曆11年（1583）	兵科都給事中張鼎思、御史蔡時鼎	田玉	司禮監太監田玉調內官監提督太和山兼分守湖廣行都司，給符驗關防印。宣德時，始命左監丞亦止提督，自成化未兼分守，按祖制，提督本山，原非內臣，內臣提督，原非分守，乞收成命，專委提督。不聽。	清‧談遷，《國榷》，卷72，頁4447，萬曆11年7月甲申。

從前表可知：

（1）弘治、正德二朝，雖有英國公張懋、給事中周璽、兵部尚書劉大夏等反對提督內臣兼理分守湖廣行都司，但均未被採行。此可從《大岳太和山志》卷3〈敕提督內臣〉所載從弘治元年（1488）至嘉靖36年（1557），出任太和山提督內臣者其職務均兼有分守事。〔註31〕

（2）於晚明，提督內臣未兼分守時期，僅限於隆慶元年（1567）至萬曆11年（1583）。此時期為何提督內臣未兼分守？而萬曆11年以後為何又兼分守？茲論述如下：

隆慶元年，因提督內臣呂祥（嘉靖36年出任）被巡按湖廣御史陳省奏劾其犯有貪殘等七大罪，是時兵部也認為：「內臣有事太和山，始於成化初，然止用以提督道流，于地方無與也，罷之便。」以致明穆宗下詔：「革太和山分

〔註31〕明‧凌雲翼，《大岳太和山志》，卷3，〈敕提督內臣〉，頁301～308。

守」。〔註32〕但呂祥被調回北京後，接替者為左監丞柳朝，其職守仍兼分守如故，因此兵部尚書郭乾反應激烈言：革除分守一事，既已詔告中外，卻旋又更易，將失信於民。迫使朝廷不得不拔除提督內臣兼理分守一職，再更動柳朝的任命，「今命爾提督大岳太和山宮觀，照舊于均州住扎。……其餘地方事務，不得干預。」〔註33〕

提督內臣未兼分守15年之後，於萬曆11年（1583），明神宗諭命司禮監太監田玉改調內官監提調太和山兼分守湖廣行都司等處。此事又引起朝臣反對，兵科給事中張鼎思言：「宣德時（10年），始命左監丞亦止提督（太和山）；自成化末（15年），兼分守。按祖制提督本山，原非內臣（應為提督藩臣）；內臣提督，原非分守，乞收成命，專委提督。」同時，御史蔡時鼎也表達相同意見，但均未獲採納。稍後，大學士申時行也上奏言：

> 先年柳朝、譚彥敕稿，俱止提督本山事務，今奉明旨，添入分守湖
> 廣行都司等處事宜，已經撰稿進呈。昨文書官劉愷復傳聖諭，查先
> 年王佐、呂祥敕書，除王佐稿，散失無存，止查有呂祥一稿，臣等
> 復加參閱，委與柳朝等不同。但查柳朝，奉差在隆慶元年，其敕乃
> 皇考所定，遵行已久，在太和山提督，專奉香火，為國家祝釐祈福；
> 在鄖陽都御史專整飭軍務，為國家弭盜安民事，有定規即百世不易，
> 可也。今臣等已于稿內增入分守事權，有會同撫治都御史，督令軍
> 衛有司，量調官軍、民快等項，皆近年稿內所未有者。蓋比于呂祥
> 之敕，職任更簡而易遵；比于柳朝等敕，體統已尊而不褻，既不違
> 皇上特令分守之旨，又不失皇考所以更定之意。上命如前旨行。
> 〔註34〕

申時行委婉表達：從隆慶朝以來，提督內臣柳朝、譚彥二人，僅提督太和山未兼分守，此一制度為皇考（明穆宗）所定，遵行已久；此期間，提督內臣專在太和山提督香火為國家祈福，而鄖陽都御史專心整頓軍務為國家弭盜。茲在「不違皇上特令分守之旨」，「不失皇考以更定之意」，其建議：田玉的職務任命，雖未俱分守的職稱，但在任命的敕文中已「增入分守事權」。但明神宗

〔註32〕明・雷禮，《皇明大政紀》（四庫全書存目叢書，臺南：莊嚴文化事業公司，1996年），卷2，頁23，隆慶元年6月。

〔註33〕明・凌雲翼，《大岳太和山志》，卷3，〈敕提督內臣〉，頁309。

〔註34〕明・溫體仁，《明神宗實錄》，卷139，頁1下～2上，萬曆11年7月甲申條。

仍「命如前旨行」，未採納申時行所建議的折衷案。從此晚明的提督內臣均兼理分守，如萬曆 15 年（1587）的黃勳，萬曆 43 年（1615）的張時，天啟 7 年（1627）的趙中和等。〔註35〕

　　明中晚期，甚多朝臣反對提督內臣兼分守的原因，誠如《世經堂集》所載：「今若勅內仍載分守事權，一則違憲廟（明憲宗）之初制，一則背近日之明旨，一則貽地方之患害，事體不便，人心不服。」其中以第 3 項「貽地方之患害」最為主要。因湖廣的荊州襄陽等府，從成化 15 年（1479），為撫治該地區，有設置撫治鄖陽都御史，但此一職官的任命，必須知會「太和中官」，對於軍民事務也須「公同計議，不許違拗。」〔註36〕提督內臣既兼理地方軍民事，以致無法專理太和山事務，為分擔其太和山事務，遂增派協守太監一員，如是必然擴編協守太監衙門的衙役員額，增加均州地方百姓的力役負擔，如《安楚錄》載：「成化十二年，因鄖陽地方流民嘯聚為患，由是憲臣建議設湖廣行都司等衙門，太監韋貴原差提督本山遂兼分守地方，行令均州編僉門皁，亦未聞有再差協守地方之官也。自是以後，差協同提督山場太監一員（潘記），又行令有司加添門皁一百名，差遣相望，供費不貲，而地方始告病矣。……以一州之小，治置立分守、協守兩處衙門，供給之費，不勝浩繁。」〔註37〕

（二）襄理階層

　　由玉虛宮提點與均州千戶所千戶構成。

1. 玉虛宮提點

　　太和山擁有太和、南岩、清微、紫霄、五龍、玉虛、遇真、迎恩、淨樂等 9 宮。審山勢高下，太和宮最高，其次南岩宮；若視宮圍大小，玉虛宮最大，

〔註35〕明・溫體仁，《明神宗實錄》，卷 185，頁 8 下，萬曆 15 年 4 月癸未條：「諭兵部司禮監太監黃勳調內官監太監，著太岳太和山提督兼分守湖廣行都司等處地方。」又同書，卷 532，頁 8 上，萬曆 43 年 5 月己未：「命司禮監左監丞張時調內官監左監丞，著太和山提督兼分守湖廣行都司等地方。」又明・不著撰者，《明崇禎長編》（京都：京都出版社，1984 年，國立中央研究院歷史語言研究所民國 51 年刊本縮印），卷 2，頁 37 下，天啟 7 年 10 月辛酉條：「長陵神宮監監丞趙中和為內官監太監，提督太岳太和山兼湖廣行都司等處地方。」

〔註36〕明・徐階，《世經堂集》（四庫全書存目叢書，臺南：莊嚴文化事業公司，1996 年），卷 4，〈論太和山提督內臣敕書·隆慶元年七月〉，頁 15。

〔註37〕明・秦金，《安楚錄》（四庫全書存目叢書，臺南：莊嚴文化事業公司，1996 年），卷 2，〈秦疏·欽差巡撫湖廣地方兼贊理軍務都察院右副都御史秦題為地方事〉，頁 5～6。

其次淨樂宮；〔註38〕倘論宮觀地位，則玉虛宮則位居「山中甲宮」。〔註39〕

　　玉虛宮位於展旗峰北（在金頂的東方，紫霄宮的後山），層巒疊嶂，萬仞千尋。相傳洪武年間，真仙張三豐結庵於此。永樂11年（1413）玉虛宮落成，賜額為玄天玉虛宮，欽選道士120人，以焚修香火，設提點4人（官階正6品）統領宮事。〔註40〕凡遇朝廷為求國泰民安而修崇醮典，總壇則設於此。永樂22年（1424）7月，太和山各宮觀修建完成，朝廷特命正一嗣教真人張宇清率領道眾，於玉虛宮修建金籙報恩延禧普度羅天大醮7晝夜（7月19日至25日），並在淨樂、五龍、紫霄、南岩、太和、遇真等宮設置分壇，諷誦經詮，以答天心。〔註41〕

　　在太和山的管理體系中，玉虛宮提點所擔任的職責，依宣德元年正月，明宣宗對提督藩臣諸葛平及均州千戶朱彝等的任職派令：

> 特將均州一千戶所軍餘雜泛差役優免，聽爾等提督，但遇宮觀有滲漏、損壞之處，隨即修理；溝渠、道路有淤塞不通之處，隨即整治。……已敕玄天玉虛宮提點任自垣，與爾一共提督修理，爾等務在恭勤趨事。〔註42〕

任自垣為玉虛宮首任提點，除管理焚修事務外，其與提督藩臣諸葛平、均州千戶所千戶朱彝共同負起宮觀的維修和道路、溝渠的整治。宣德3年（1428），諸葛平病故後，特將任自垣提升為太常寺寺丞，「職專提督本山宮觀一切之事」，至宣德6年（1431）。〔註43〕正統10年（1445），增派提督內臣前往太和山與提督藩臣共理太和山事務，這時玉虛宮提點仍擔任原襄理職務，依成化元年（1465）9月，明憲宗對提督內臣韋貴的派令：

> 今特命爾與湖廣布政司右參議王豫，率同玉虛宮提點、均州千戶所千戶提督軍餘，時常洒灑潔淨。但遇宮觀殿宇有所滲漏損壞，及橋樑道路有所坍塌淤塞，即便修理完整。〔註44〕

〔註38〕明・凌雲翼，《大岳太和山志》，卷1，〈太岳總圖〉，頁244。

〔註39〕明・任自垣，《敕建大岳太和山志》，卷8，〈樓觀部第七・玄天玉虛宮〉，頁136。

〔註40〕明・任自垣，《敕建大岳太和山志》，卷8，〈樓觀部第七・玄天玉虛宮〉，頁136；明・凌雲翼，《大岳太和山志》，卷1，〈玉虛宮圖〉，頁263。

〔註41〕明・任自垣，《敕建大岳太和山志》，卷2，〈誥副墨第一〉，頁28。

〔註42〕明・任自垣，《敕建大岳太和山志》，卷2，〈誥副墨第一〉，頁31。

〔註43〕明・任自垣，《敕建大岳太和山志》，卷2，〈誥副墨第一〉，頁32～34。

〔註44〕明・凌雲翼，《大岳太和山志》，卷3，〈敕提督內臣〉，頁296。

可知玉虛宮提點代表太和山各宮觀，襄理提督藩臣與提督內臣管理宮觀維修
與道路、溝渠的修整。

2. 均州千戶所千戶

均州隸屬襄陽府（距府城西北 390 里），地當四方之中，與竹山縣（湖北
竹山縣）、房縣（湖北房縣）、上津縣（湖北鄖西縣西北上津）、鄖縣（湖北）、
穀城縣（湖北）、光化縣（湖北老河口市）相為唇齒，於明代中期以後，襄陽、
荊州等府，成為流民逃匿之處。〔註45〕為守禦本地，及控制附近州縣，此處
設有均州千戶所；此千戶所原屬襄陽衛，弘治 14 年（1501）改隸鄖陽行都司，
在編制上，設有指揮 1 員，正千戶 3 員，副千戶 7 員，統領正軍 1832 人，軍
餘（餘丁）3 千人。〔註46〕

由於守護山場、修理宮觀、灑掃環境、疏通溝渠等事項，主要由千戶所
軍餘來擔任。（詳見本項「執行階層」）為提調軍餘從事各項工役，均州千戶
所千戶在太和山的管理組織中，其所擔任的職務，在於襄理提督藩臣與提督
內臣，協同玉虛宮提點，督率軍餘執行各項勤務，如《敕建大岳太和山志》
載：「（景泰 5 年 9 月 12 日）敕湖廣布政司右參議黃順：……特茲命爾前去，
與太岳太和山玄天玉虛宮提點及均州千戶所一同提督軍餘，如前修理整治。
務在恭勤趨事，使宮觀永遠完善，溝渠路道永遠通利，庶稱朕心。」〔註47〕
又《大岳太和山志》：「成化八年（1472）八月初八日，皇帝敕諭內宮監左監丞
韋貴：……今仍命爾與湖廣布政司右參議王豫，率同玉虛宮提點鈞州千戶所
千戶提調軍餘，時常洗掃潔淨，但遇宮觀殿宇有所滲漏損壞，及橋樑道路有
所坍塌淤塞，即便修理完整。」〔註48〕

（三）執行階層

原由均州千戶所的正軍、軍餘，及均州百姓負擔維修宮觀等工作，後漸
由軍餘負起全部執行任務。

〔註45〕明・王恕，《王端毅奏議》（文淵閣四庫全書，臺灣：臺灣商務印書館，1984
年），卷 1，〈處置地方奏狀〉，頁 10～11。
〔註46〕清・黨居易，《康熙均州志》（故宮珍本叢刊，海口：海南出版社，2001 年），
卷 2，〈均州守禦千戶所〉，頁 14；但依明・王恕，《王端毅奏議》，卷 1，〈處
置地方奏狀〉，頁 11，載：均州千戶所正軍、軍餘人數為：「實有食糧正軍一
千二百餘員名，餘丁三千餘名。」
〔註47〕明・任自垣，《敕建大岳太和山志》，卷 2，〈誥副墨第一〉，頁 40。
〔註48〕明・凌雲翼，《大岳太和山志》，卷 3，〈敕提督藩臣〉，頁 296～297。

永樂 15 年（1417），太和山主體宮觀工程竣工時，為守護山場與灑掃宮觀，隆平侯張信建言：

> 合無將那本州該管軍民人戶與免科差，分派輪流，前去玄天玉虛宮等處，守護山場，洒掃宮觀，"奉聖旨"：是，稅糧依舊著辦，其餘科差都免了。〔註49〕

守護山場係由均州千戶所旗軍（含正軍、軍餘）輪班撥派，依永樂 17 年（1419）的撥派數為 500 人。至於灑掃宮觀，則由均州 8 個里的百姓負起，〔註50〕依《明抄本嘉靖事例》載：均州百姓，「歲撥人夫五百名，灑掃各宮觀殿宇。」〔註51〕為優免在山場服役的「軍民」，免除其「科差」，但「稅糧」仍舊繳納。

永樂 21 年（1423），禮部左侍郎胡濚基於山場地勢高且霧氣重，而宮觀建材，多屬磚瓦、木料，日久不免損壞，為籌謀日後宮觀的維修，其建言：

> 就令附近均州守禦千戶所旗軍，常川燒造磚瓦，采辦木植，遇有損壞，隨即修理。〔註52〕

從此千戶所旗軍又增加一項修理宮觀的工作。從洪熙元年（1425）以後，在山場服役的旗軍，改全由 3 千餘名軍餘擔任，「盡數存留在（均）州」，照舊輪班服役。〔註53〕為使其安心工作，不僅享有先前已豁免的「雜泛差役」，於

〔註49〕明・任自垣，《敕建大岳太和山志》，卷 2，〈誥副墨第一〉，頁 23。

〔註50〕明・李賢，《明一統志》（文淵閣四庫全書，臺灣：臺灣商務印書館，1984 年），卷 60，〈襄陽縣〉，頁 28：「均州在府城西北三百九十里，……本朝省縣（武當縣）入州（均州）編戶二十九里」；清・黨居易，《康熙均州志》，卷 2，〈里甲〉，頁 1：「洪武年，里五，洪（弘）治後，增里共二十五，自賊殘後，止存六里：在民里、在軍里、茯民里、茯軍里、芝民里；至康熙十一年，奉文歸併更名，田地無幾，編入芝軍里，共計六里。」

〔註51〕明・范欽，《明抄本嘉靖事例》，第 2 冊，〈議處太和山香錢〉；均州百姓負責打掃宮觀整潔，尚可見於明・任自垣《敕建大岳太和山志》，卷 2，〈誥副墨第一〉，頁 32，宣德 3 年 2 月 19 日太常寺丞任自垣的敕文：「其洒掃人戶，令用心守護山林，潔淨觀宇。」又同書，卷 2，〈誥副墨第一〉，頁 34，景泰 5 年 2 月 24 日，提調太和山湖廣布政司右參議樊敩的奏疏：「均州八里人民在山洒掃；均州一千戶所官軍，用工修理宮觀。」

〔註52〕明・任自垣，《敕建大岳太和山志》，卷 2，〈誥副墨第一〉，頁 26。

〔註53〕明・任自垣，《敕建大岳太和山志》，卷 2，〈誥副墨第一〉，頁 29；明・張瀚，《皇明疏議輯略》（四庫全書存目叢書，臺南：莊嚴文化事業公司，1996 年），卷 24，〈撫治上・王恕撫治荊襄疏〉，頁 5；明・夏原吉，《明仁宗實錄》（京都：京都出版社，1984 年，國立中央研究院歷史語言研究所民國 51 年刊本縮印），卷 6 下，頁 1 上，洪熙元年正月甲申條。

宣德元年（1426）正月，還免除「屯田子粒」。〔註54〕於天順 4 年（1460），軍餘的工作又增加「洒掃」一項，取代原屬於均州 8 個里百姓所從事工作。從此守護山場、修理宮觀、灑掃環境、疏通溝渠等事項，全由軍餘來擔任。〔註55〕

　　至於均州千戶所正軍，從洪熙元年起，則專任操守城池，防禦盜賊，但遇太和山有大營造，也調派其協助興修，如成化 5 年（1469）4 月，適逢各宮觀房舍，橋樑道路，年久損壞甚多，而正軍之中，「多系先前學習木石等匠」，於是調派正軍會同軍餘，從事燒造磚灰，採辦木植，以及修理受損殿宇及道路。〔註56〕

　　太和山的管理組織，代表湖廣省的提督藩臣，與代表朝廷的提督內臣，係位於管理上層。代表各宮觀的玉虛宮提點，與均州千戶所千戶，是居於管理中層。至於均州千戶所的軍餘（或曾服役的正軍），及曾在山場服役的均州百姓，則處於下層。

三、結論

　　明代為維護太和山的宮觀和整修環境等事項，山場的行政管理組織具有三層：提督藩臣和提督內臣構成上層，玉虛宮提點、均州千戶所千戶係中層，均州千戶所軍餘，曾服務於太和山的千戶所正軍，及均州百姓為下層。

　　因太和山位居荊襄山區，於明中葉，此山區群聚數十百萬的流民；成化12 年（1476）設府縣安置流民後，為安撫流民，並維護此地區的治安，以致提督內臣於成化 15 年（1479）兼理「分守湖廣行都司」，提督藩臣於弘治 7 年（1494）兼理「下荊南道」。

　　提督內臣既主太和山又兼理軍民事，因擅權威福，不僅無法與提督藩臣共理太和山，且危害地方。為免提督內臣危害地方，明代中晚期，英國公張懋、兵部尚書劉大夏等建言其不可兼任分守湖廣行都司；為免其侵沒香錢，正德 11 年（1516）巡撫湖廣右副都御史秦金、隆慶 3 年（1569）戶部尚書劉

〔註54〕明・任自垣，《敕建大岳太和山志》，卷 2，〈誥副墨第一〉，頁 31。

〔註55〕明・凌雲翼，《大岳太和山志》，卷 3，〈敕提督藩臣〉，頁 292；又同卷，頁 292～295，此後各朝皇帝對提督藩臣的敕文，均有提及軍餘須負擔「洒掃」一項工作。

〔註56〕明・任自垣，《敕建大岳太和山志》，卷 2，〈誥副墨第一〉，頁 42；又明・劉吉，《明憲宗實錄》，卷 66，頁 7 下～8 上，成化 5 年 4 月庚辰條。

體乾等奏請太和山香錢的徵收，「宜如泰山事例」，由布政司委派府州縣佐貳官員監管。〔註57〕

至清初，太和山失去帝王家廟的地位，其山場的行政管理才歸地方政府。於康熙10年（1671）以前，或由均州，或由襄陽府，或由分守下荊南道兼理；於康熙10年以後，則專屬分守下荊南道管理。〔註58〕

參考文獻

一、中文

（一）史料

1. 明‧于慎行，《穀城山館文集》，四庫全書存目叢書，臺南：莊嚴文化事業公司，1996年。

2. 明‧王恕，《王端毅奏議》，文淵閣四庫全書，臺灣：臺灣商務印書館，1984年。

3. 明‧王世貞，《弇州四部稿》，文淵閣四庫全書，臺北：臺灣商務印書館，1986年。

4. 明‧王世貞，《弇山堂別集》，文淵閣四庫全書，臺灣：臺灣商務印書館，1984年。

5. 明‧不著撰者，《明崇禎長編》，京都：京都出版社，1984年，國立中央研究院歷史語言研究所民國51年刊本縮印。

6. 明‧不著輯者，《皇明詔制》，四庫全書存目叢書，臺南：莊嚴文化事業公司，1996年。

7. 明‧任自垣，《敕建大岳太和山志》，湖北：湖北人民出版社，1999年9月。

8. 明‧李賢，《明一統志》，文淵閣四庫全書，臺北：臺灣商務印書館，1984年。

9. 明‧李默，《吏部職掌》，四庫全書存目叢書，臺南：莊嚴文化事業公司，1996年。

〔註57〕明‧秦金，《安楚錄》，卷2，〈奏疏‧欽差巡撫湖廣地方兼贊理軍務都察院右副都御史秦題為地方事〉，頁6；明‧張居正，《明穆宗實錄》，卷32，頁4下，隆慶3年5月壬子條；清‧張廷玉，《明史》，卷214，〈列傳一百二‧劉體乾〉，頁2489上。

〔註58〕清‧賈洪詔，《光緒續輯均州志》，卷16，〈雜識〉，頁14；清‧黨居易，《康熙均州志》，卷1，〈山水〉，頁8。

10. 明‧李東陽，《明孝宗實錄》，京都：京都出版社，1984 年，國立中央研究院歷史語言研究所民國 51 年刊本縮印。

11. 明‧周璽，《垂光集》，文淵閣四庫全書，臺北：臺灣商務印書館，1986 年。

12. 明‧皇甫汸，《皇甫司勳集》，文淵閣四庫全書，臺北：臺灣商務印書館，1984 年。

13. 明‧胡直，《衡廬精舍藏稿》，文淵閣四庫全書，臺北：臺灣商務印書館，1984 年。

14. 明‧凌雲翼，《大岳太和山志》，湖北：湖北人民出版社，1999 年 9 月。

15. 明‧秦金，《安楚錄》，四庫全書存目叢書，臺南：莊嚴文化事業公司，1996 年。

16. 明‧徐階，《世經堂集》，四庫全書存目叢書，臺南：莊嚴文化事業公司，1996 年。

17. 明‧范欽，《明抄本嘉靖事例》，北京：北京圖書館出版社，1997 年 12 月第 1 版。

18. 明‧夏原吉，《明太宗實錄》，京都：京都出版社，1984 年，國立中央研究院歷史語言研究所民國 51 年刊本縮印。

19. 清‧馮桂芬，《光緒蘇州府志》，臺北：成文出版公司，1970 年 5 月臺 1 版。

20. 清‧陳昌齊，《道光廣東通志》，臺北：華文書局，1968 年。

21. 清‧張夏，《雒閩源流錄》，四庫全書存目叢書，臺南：莊嚴文化事業公司，1996 年。

22. 明‧張萱，《西園聞見錄》，明人傳記叢刊，臺北：明文書局，1991 年。

23. 明‧張瀚，《皇明疏議輯略》，四庫全書存目叢書，臺南：莊嚴文化事業公司，1996 年。

24. 明‧張居正，《明世宗實錄》，京都：京都出版社，1984 年，國立中央研究院歷史語言研究所民國 51 年刊本縮印。

25. 明‧張居正，《明穆宗實錄》，京都：京都出版社，1984 年，國立中央研究院歷史語言研究所民國 51 年刊本縮印。

26. 清‧張廷玉，《明史》，新刊本，臺北：國防研究院明史編纂委員會，民國 51 年。

27. 明‧費宏,《明武宗實錄》,京都:京都出版社,1984 年,國立中央研究院歷史語言研究所民國 51 年刊本縮印。

28. 明‧焦竑,《國朝獻徵錄》,明人傳記叢刊,臺北:明文書局,1991 年。

29. 明‧溫體仁,《明神宗實錄》,京都:京都出版社,1984 年,國立中央研究院歷史語言研究所民國 51 年刊本縮印。

30. 明‧雷禮,《皇明大政紀》,四庫全書存目叢書,臺南:莊嚴文化事業公司,1996 年。

31. 清‧賈洪詔,《光緒續輯均州志》,南京:江蘇古籍出版社,2001 年第 1 版。

32. 明‧過庭訓,《明分省人物考》,明代傳記叢刊,臺北:明文書局,1991 年。

33. 清‧談遷,《國榷》,臺北:鼎文書局,1978 年 7 月初版。

34. 明‧鄒鍾泉,《道南淵源錄》,四庫全書未收書輯刊,北京:北京出版社,2000 年第 1 版。

35. 清‧謝旻,《江西通志》,文淵閣四庫全書,臺北:臺灣商務印書館,1986 年。

36. 明‧劉吉,《明憲宗實錄》,京都:京都出版社,1984 年,國立中央研究院歷史語言研究所民國 51 年刊本縮印。

37. 明‧鄭曉,《端簡鄭公文集》,四庫全書存目叢書,臺南:莊嚴文化事業公司,1996 年。

38. 清‧黨居易,《康熙均州志》,故宮珍本叢刊,海口:海南出版社,2001 年。

（二）專書

1. 黃仁宇,《十六世紀明代中國之財政與稅收》,臺北:聯經出版社,2001 年第 1 版。

2. 梅莉,《明清時期武當山朝山進香研究》,湖北:華中師範大學出版社,2007 年 10 月第 1 版。

3. 張偉然,《湖北歷史文化地理研究》,武漢:湖北教育出版社,2000 年第 1 版。

4. 楊立志,《武當文化概論》,北京:社會科學文獻出版社,2008 年 10 月第 1 版。

（三）論文

1. 李程，〈明代武當山的駐軍制度初探〉，《自然、歷史、道教：武當山研究論文集》，1994 年第 4 期（總第 44 期），頁 325～331。

2. 陳寶良，〈明代的宗教旅游〉，《中州學刊》，2006 年 9 月第 5 期（總第 155 期），頁 199～203。

3. 楊立剛，〈明清時期武當宮觀經濟收入初探〉，《武當學刊（社會科學版）》，1994 年第 4 期（總第 44 期），頁 13～16。

4. 蔡泰彬，〈泰山與太和山的香稅徵收、管理與運用〉，《臺大文史哲學報》74 期，頁 127～179。

二、日文

1. 間野潛龍，〈明朝と太和山について〉，《大谷學報》（京都：大谷學會，昭和 33 年 12 月 20 日），38 卷 3 號，頁 59～73。

2. 間野潛龍，〈明代の武當山と宦官の進出〉，《東方宗教》（東京：日本道教學會，昭和 38 年 11 月 5 日），第 22 號，頁 29～44。